생산시스템 자동화 개론

주상윤 지음

UUP

생산시스템
자동화 개론

2016년 7월 22일 초판 3쇄 발행
2011년 10월 5일 초판 2쇄 발행
2008년 9월 30일 초판 발행

지은이 | 주상윤
발행인 | 오연천
발행처 | UUP (울산대학교출판부)

출판등록 | 제 370-1996-000001호(1996.3.13)
홈페이지 | http://uup.ulsan.ac.kr
주소 | 680-749 울산광역시 남구 대학로 93
전화 | (052) 259-2488
팩스 | (052) 277-3011

값 15,000원

ISBN 978-89-7868-977-9 93530

머리말

대량생산을 추구하며 근대 산업을 이끌었던 고정식 자동생산시스템은 최근 소비자의 다양한 기호를 만족시키기 위한 유연식 자동생산시스템으로 변화되었다. 생산시스템의 자동화는 생산성향상과 시장의 변화에 신속히 대응하기 위하여 앞으로도 더욱 발전할 것으로 예상된다.

생산시스템자동화를 지속적으로 추구하려면 감지장치, 제어장치, NC공작기계, 로봇과 같은 자동화기기들에 대하여 광범위하고도 전문적인 지식이 요구된다. 오늘날의 생산자동화는 독립적인 개별장비로 이루어지는 단위자동화가 아니라, 자동화기기들을 통합한 생산시스템의 자동화로 지향하고 있다. 따라서 이러한 자동화를 구현하려면 요소기기들에 대한 지식 외에도 이들을 통합한 시스템을 제어하고 관리하는 기술이 필요하다.

이 책은 5부 13장으로 구성되었다. **1부**는 자동생산시스템의 개요와 감지장치에 관한 내용으로 구성된다. 1장 자동생산시스템개요에서는 자동생산시스템의 발달과 그 구성 요소들을 설명하였다. 2장 센서에서는 검출대상물로부터 발생하는 물리적, 화학적 변화를 감지하여 전기신호로 변환하는 각종 센서와 스위치들을 소개하고 있다. 3장 자동데이터수집방법에서는 현장의 데이터를 자동으로 수집하는 바코드, RFID, 머신비전을 다루고 있다.

2부는 자동화요소장치에 관한 내용으로, 제어신호처리장치, 액추에이터, 동력전달장치를 포함하고 있다. 4장 제어신호처리장치에서는 릴레이, 전자스위치, 전자밸브와 같이 자동으로 신호를 제어하는 요소장치에 대하여 다루었다. 5장에서는 유공압 및 전기 액추에이터와 각종 동력전달장치에 관하여 기술하였다.

3부는 자동화기기에 관한 것으로, NC공작기계, 쾌속조형, 산업용 로봇, 자동조립의 내용들로 구성되어 있다. 6장 NC공작기계에서는 NC시스템의 구성과 NC프로그래밍 방법을 소개하였다. 7장에서는 쾌속조형의 원리와 종류 그리고 응용분야를 설명하고 있다. 8장 산업용 로봇에서는 로봇시스템의 구성과 제어방법 그리고 프로그래밍방법을 기술하였다. 9장에서는 자동조립시스템의 구성과 자동조립을 위한 설계원칙을 다루었다.

4부는 시스템 자동제어에 관한 것으로 시퀀스제어와 PLC가 주 내용이다. 10장 시퀀스제어에서는 부울대수, 논리식, 논리도 등을 소개하고 있다. 11장에서는 PLC프로그램과 실행원리 그리고 각종 명령어들을 설명하였다.

마지막 **5부** 시스템통합에서는 기기간의 데이터전송과 FMS를 다루고 있다. 12장 데이터전송에서는 데이터의 전송방식, RS-232C인터페이스, 통신표준, 근거리망을 취급하고 있다. 13장에서는 FMS의 기능 및 구성요소, 그리고 FMS의 도입효과에 대하여 설명하였다.

이 책은 수년간 대학생들에게 강의하면서 수집한 자료들을 정리한 것이다. 수리적이고 전문적인 내용은 피하고 생산시스템의 자동화에 관한 폭넓은 지식을 제공하는데 주력하였다. 따라서 이 책은 산업공학이나 기계공학을 전공하는 저학년 학부생들에게 적절할 것으로 생각된다.

이 책을 완성하기까지 생명과, 건강과, 지혜를 주신 하나님께 영광과 감사를 돌린다. 또한 사랑하는 아내와, 자랑스런 두 아들 영찬이, 영호와 더불어 출간의 기쁨을 함께 하고 싶다.

2008년 주상윤 교수

목차

2부 자동화요소장치

3부 자동화기기

4부 시스템 자동제어

5부 시스템 통합

서론 및 감지장치 1부

1장

자동생산시스템 개요

자동생산시스템은 제품의 생산을 위한 공정을 자동으로 수행하는 시스템이다. 이는 생산공정에서 사람의 개입을 줄이고 기계가 스스로 작동하도록 하는 것이다. 오늘날 생산시스템은 기계화 단계를 거쳐 상당부분 자동화되었다. 생산시스템을 자동화하는 목적은 생산공정에서 발생하는 비용을 줄이고 제품의 품질을 향상시키며 작업자의 안전을 도모하는데 있다.

1 생산수단의 발전

생산시스템은 노동, 자본, 토지, 설비, 정보, 지식 등의 자원을 투입하여 목표로 하는 제품이나 서비스를 산출하는 과정이다. 고대로부터 현대에 이르기까지 지속적으로 발달되어온 생산활동은 사용된 생산수단에 따라 도구화 단계, 기계화 단계, 자동화 단계로 구분될 수 있다.

1.1 도구화 단계

수렵시대나 농경시대에서 사람들은 육체적인 노동의 효율을 향상시키기 위하여 각종 도구들을 만들어 사용하였다. 이 때 이들 도구들을 움직이는 힘은 사람이나 짐승의 근육에 의존하였다. 이러한 시기를 도구화 단계라고 부른다.

1.2 기계화 단계

사람들은 흐르는 물의 힘을 이용하여 수차를 만들고 제분기의 원동기로 활용했다. 또한 바람의 힘을 이용하여 풍차를 만들기도 하였다. 그 이후 증기기관을 원동기로 사용한 각종 기계가 발명되었고 기계화 단계로 진입하게 되었다. 이들 기계가 이전의 도구와 다른 차이점은 사람이나 짐승의 근력이 아니라 석탄, 석유와 같은 자원을 변환시킨 외부동력을 이용하여 생산활동을 수행한다는 점이다. 기계는 도구와는 비교할 수 없을 만큼 큰 힘을 발휘하므로 생산성에 비약적인 향상을 가져왔으며, 따라서 도구를 사용한 육체적인 노동은 상당부분 기계가 대신 담당하게 되었다.

기계는 거의 대부분 단독으로 활동하지 못하며 사람의 도움을 받는 인간-기계 시스템(man-machine system)의 형태로 목표활동을 수행하고 있다. 인간-기계 시스템에서 사람과 기계는 그 효율성에 따라 각각의 역할을 분담하여 상호협력하게 된다. <그림 1-1>은 인간-기계 시스템이 목표활동을 수행하는 과정을 보여준다. 여기서 사람이 하는 역할은 외부상황의 감지와 판단 그리고 기계에 대한 제어활동인데 반하여, 기계는 강력한 액추에이터를 이용하여 목표 활동을 직접 수행한다.

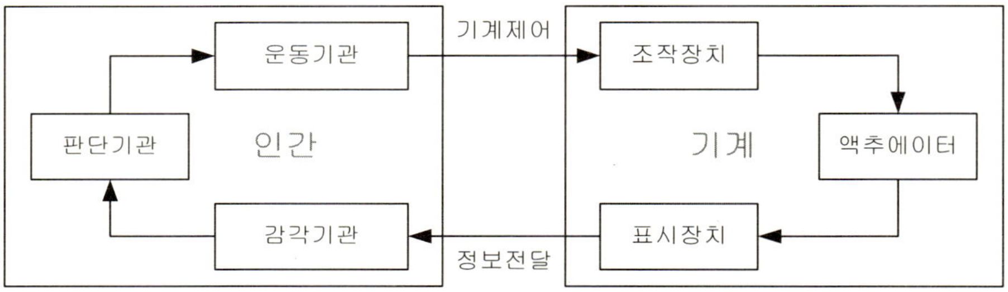

그림 1-1 인간-기계 시스템

인간-기계 시스템의 대표적인 예로 자동차를 들 수 있다. 자동차는 운전자의 도움이 없으면 전혀 움직이지 못한다. 운전자는 신호등, 차선 등 외부 상황과, 자동차의 표시장치를 살피면서 나름대로 판단을 내리고 운전대, 브레이크, 엑셀 등의 장치를 조작한다. 운전자의 기기조작에 따라 자동차는 빠른 속도로 달리거나, 방향을 바꾸거나, 정지하게 된다. 자동차를 운전하는 동안 운전속도와 같은 차량의 제반 상태는 표시장치들을 통하여 운전자에게 알려진다. 이같이 자동차와 운전자의 상호작용을 통하여 자동차는 원하는 목표활동을 수행하게 된다.

1.3 자동화 단계

20세기에 들어서면서 기계, 컴퓨터, 전자기술이 급속히 발달하게 되었고, 이들은 기계화 단계에서 사람이 담당해왔던 감지, 판단, 제어활동을 대신하게 되었다. 이로써 각종 기기들이 사람의 도움 없이 스스로 생산활동을 수행하는 자동화 단계가 시작되었다. 특히 기계기술과 전자기술이 결합된 자동화기기들이 많이 나타나게 되었으며, 이러한 기술을 메카트로닉스(mechatronics)라고 부른다.

생산자동화기기는 <그림 1-2>에서 보는 바와 같이 감지장치, 분석 및 제어장치, 액추에이터(actuator), 기계장비의 요소들로 구성된다. 먼저 감지장치는 생산공정장비와 생산되는 부품, 그리고 주위상황으로부터 각종 정보를 수집하는 역할을 한다. 스위치, 센서, 바코드판독기 등이 감지장치에 해당한다. 일단 외부신호가 센서에 의하여 감지되면 저장과 분석이 이루어진다. 또한 분석결과에 따라 시스템의 활동을 적절히 제어해야 한다. 이런 기능을 수행하는 요소기기들이 분석 및 제어장치이며 컴퓨터, 릴레이, PLC 등이 여기에 해당한다. 수집된 정보가 분석되고 적절히 제어되었다면 그에 따른 일련의 동작이 뒤따라야 한다. 제조공정의 동작을 구동시키기 위한 액추에이터로는 실린더, 솔레노이드, 모터 등이 있다. 이들 액추에이터가 작동하게 되면 그에 따라 기계장치는 원하는 목표활동을 수행하게 된다.

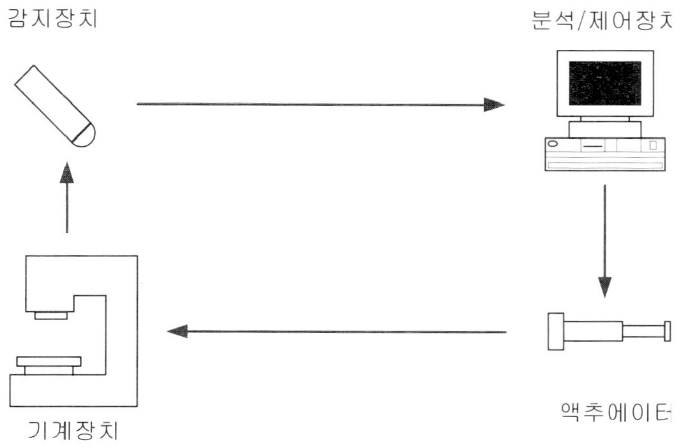

그림 1-2 생산자동화기기의 구성

자동화 단계에서 생산활동은 사람의 직접적인 개입이 없이 이루어지게 된다. 그렇다고 해서 자동화장비를 사용할 때 사람이 전혀 필요없다는 말은 아니다. 부품을 가공하는 도중에 공구가 부러졌다거나, 센서 혹은 다른 자동화 구성요소기기들이 고장나는 등, 돌발적인 상황이 발생했을 때 대부분의 자동화기기들은 이들에 대한 충분한 대책을 마련하지 못하고 있다. 따라서 자동화시스템을 운영할 때에도 예상하지 못한 문제가 발생할 것을 대비하여 감시활동을 하는 요원이 여전히 필요하다.

자동화 단계에서 한 단계 더 발전한다면 무인화 단계가 될 것이다. 무인화 단계에서는 문자 그대로 공장 내에 사람이 전혀 없어도 생산활동은 원활하게 이루어진다. 무인화가 실현되려면 발생가능한 모든 상황에 대하여 시스템이 적절히 대처할 수 있어야 한다. 무인화시스템에서는 자동화기기에 자동제어, 인공지능, 전문가시스템 등을 도입하여 전혀 예상하지 못한 새로운 상황이 발생했을 때에도 시스템이 스스로 해결해 나갈 수 있어야 한다. 또한 이미 발생했던 사건과 그 해결책들을 기억하고 유사한 사건이 발생했을 때 활용하는 학습기능을 갖추고 있어야 한다.

2 자동생산시스템의 발달

자동생산시스템은 원하는 제품을 생산하기 위하여 가공, 조립, 자재취급, 검사 등의 공정을 자동으로 수행하는 시스템이다. 여기서 자동이란 수동에 비하여 사람의 역할이 현격히 감소되었음을 의미하며 사람이 전혀 없을 수도 있다. 자동화 생산시스템은 초기에는 고정식 자동화(fixed automation)로부터 시작하여, 공작기계의 단위 자동화(jobshop automation), 유연식 자동화(flexible automation), 시스템통합의 과정으로 발달해왔다.

2.1 고정식 자동화(fixed automation)

자동화는 20세기에 들어서면서 본격적으로 이루어졌다. 작업순서에 따라 전용 기계장비를 배치한 트랜스퍼라인(transfer line)으로 대량생산을 실시한 것이 바로 그것이다. 이는 그 후에 나타나게 될 유연식 자동화(flexible automation)와 대조됨으로 고정식 자동화(fixed automation)라고 부른다.

1910년대 헨리 포드(Henry Ford)는 자동차생산에 이동조립라인을 도입함으로 고정식 자동화에 의한 대량생산을 시도했다. 대량생산을 위하여 작업과 제품은 단순화되었고, 부품은 표준화되었으며, 전용기계설비들이 사용되었다. 그 결과 1909년 950불에 판매되었던 포드자동차는 1916년에는 360불에, 1926년에는 290불까지 낮아진 가격으로 판매될 수 있었다. 좋은 품질의 차를 저렴한 가격으로 판매하게 되자 소비자들의 수요는 급증하였다. 포드자동차 회사는 1920년대 중반까지 미국 자동차시장에서 전체 판매량의 절반 정도를 확보할 수 있었다.

하지만 고정식 자동화는 초기투자비용이 크고, 소비자의 기호변화에 적응하기 어렵다는 약점이 있었다. 소비자들은 점차 포드자동차에 싫증을 느끼기 시작했고, 보다 다양한 유형의 자동차를 원하였다. 하지만 포드자등차는 이런 소비자들의 요구를 충족시키지 못했다. 포드자동차의 판매량은 점차 줄어들기 시작하여 1930년대 말에는 제너럴모터스(GM)와 크라이슬러(Chrysler)에 뒤쳐진 3위로 밀려나게 되었다.

고정식 자동화의 특징을 정리하면 다음과 같다.

- 소품종 대량생산에 적합하다.
- 생산성이 높다.
- 장비는 특별 주문제작되며 초기투자비용이 크다.
- 제품이나 공정의 변화에 부적절하다.

2.2 단위 자동화(jobshop automation)

생산설비의 자동화는 1952년 미국 MIT에서 NC공작기계를 처음 개발한 이후, 컴퓨터의 발전과 더불어 획기적인 발전을 거듭하였다. NC공작기계는 이전에 작업자의 손으로 작업하던 수동절삭가공을 NC프로그램의 입력에 의한 자동절삭가공으로 전환시켰다. 이는 가공의 정밀도를 높였을 뿐만 아니라 절삭시간과 검사시간을 크게 단축시켰다. 또한 자동공구교환장치(Automatic Tool Changer, ATC)와 자동팔렛교환장치(Automatic Pallet Changer, APC)가 추가된 머시닝센터가 선보임으로, NC기계는 작업자의 도움없이 공구와 작업물을 스스로 교환하면서 원하는 제품을 가공할 수 있게 되었다.

머시닝센터는 작업순서에 따라 많은 전용기계가 순차적으로 배치되었던 고정식 자동화와는 달리, 한 대의 기계만으로 입력프로그램을 변경해가면서 다양한 공정을 수행하는 기계장비다. 따라서 머시닝센터를 사용하면 기계장비들 간에 작업물의 운반이 없어도 독립적으로 원하는 제품을 생산하는 단위 자동화가 가능하게 된다. 이처럼 다양한 제품을 생산하기 위해 단독으로 NC기계를 사용하는 업종은 군수, 항공, 우주산업에서 찾아볼 수 있으며, 하나의 제품을 수백 개 미만으로 생산하는 경우가 대부분이다. 이 같은 단위 자동화는 다품종소량생산의 제품을 생산하는 데는 효과적이지만 제품의 생산량이 늘어나게 되면 그 효율이 매우 낮아진다. 단위 자동화의 특징을 정리하면 다음과 같다.

- 다품종 소량생산에 적합하다.
- 범용장비로 이루어진다.
- 다양한 제품들을 취급할 수 있다.
- 배치생산에 적합한 방식이다.

2.3 유연식 자동화(flexible automation)

산업용 로봇은 1960년대에 개발되어 70년대에 생산활동에 참가하게 되었다. 1970년대 이후에는 컴퓨터의 가격이 크게 낮아져 공장자동화에 적극 도입되었다. 이 시기에 구축되기 시작한 FMS(Flexible Manufacturing System, 유연제조시스템)는 NC기계, 로봇, 물류장비, 컴퓨터 등을 시스템으로 통합하여 특정한 제품군에 속하는 다양한 제품들을 비교적 빠르게 생산할 수 있게 한 자동화시스템의 한 유형이다. 이는 소프트웨어의 변환만으로 다양한 제품을 가공할 수 있으므로 원가절감과 납기단축을 가져왔다. 이 같은 자동화는 소비자들의 변화된 기호에 쉽게 적응하여 다양한 제품을 생산할 수 있으므로 '유연식 자동화'라고 부른다.

FMS에서는 다음과 같은 방법으로 제품의 생산이 이루어진다. 가공할 작업물이 시스템으로 들어오면 물류장비는 정해진 작업순서에 따라 적절한 NC공작기계로 작업물을 운반한다. NC기계에 작업물이 로딩되면 필요한 프로그램을 전송받아 입력하고 공구를 바꾸어가며 가능한 모든 가공을 실시한다. 한 공정에서 필요한 가공이 완료되면 작업물은 다음 공정을 위하여 다른 NC기계로 물류장비에 의하여 운반된다. 이처럼 계획한 작업순서에 따라 필요한 공정들을 찾아다니면서 모든 작업을 완료한 최종 완제품은 자동창고에 옮겨져 저장된다. 유연식 자동화의 특징은 다음과 같다.

- 다품종 중소량생산에 적합하다.
- 시스템 설치에 많은 비용이 소요된다.

- 생산설비들이 호스트컴퓨터의 도움으로 운영된다.
- 제품이나 공정의 다양한 변화에 쉽게 적응할 수 있다.

소개한 3가지 자동화 방식은 <그림 1-3>과 같이 생산된 제품의 다양성과 생산량에 따라 그 유용성이 결정된다. 단위 자동화는 다품종소량생산제품에 적합한 반면, 고정식 자동화는 소품종대량생산에 적합하다. 유연식 자동화는 단위 자동화와 고정식 자동화의 중간 정도에 해당하는 생산에 적합하다. 단위 자동화에서 유연식 자동화, 고정식 자동화로 이동함에 따라 제품의 생산능력은 증대하는데 반하여 생산의 유연성은 감소하고 있다.

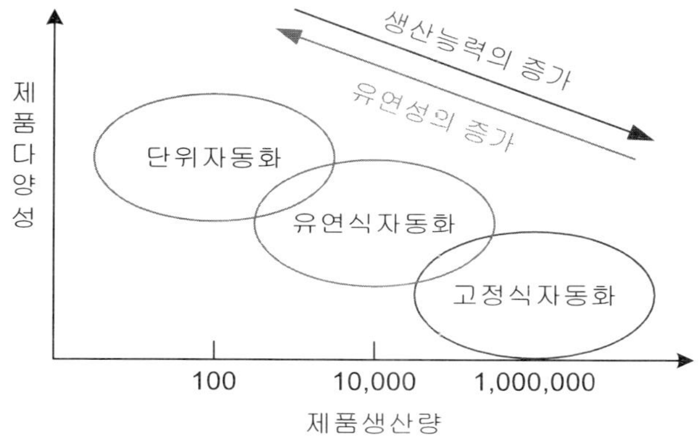

그림 1-3 제굼의 다양성과 생산량에 따른 자동화방식

2.4 시스템 통합

공장자동화에서 빼놓을 수 없는 시스템 제어장치는 1960년대 말에 출현한 PLC (Programmable Logic Controller)다. PLC는 종래에 사용하던 릴레이제어반에서 릴레이, 타이머, 카운터 등의 기능을 LSI, 트랜지스터 등의 반도체소자로 대체하고 프로그램 제어가 가능하도록 만든 디지털제어장치다. 이는 반도체소자, 제어기술, 컴퓨터 등의 급속한 발전과 더불어 놀랍게 발전하고 있으며, 기계장치와 프로세서를 제어하기 위하여 거의 모든 산업 분야에서 사용되고 있다.

1970년대 미국에서는 구내 정보통신망으로 LAN(Local Area Network, 근거리망)이 개발되었다. LAN은 다수의 기기들이 상호 통신할 수 있는 데이터통신시스템으로 사무실, 대학,

공장 등 비교적 한정된 지역에서 이용되는 통신망이다. 초기의 LAN은 공장 내의 이기종 기기들 간에는 정보교환이 불가능하다는 문제점이 있었다. 따라서 1980년 미국의 GM사에서는 ISO(International Standard Organization, 국제표준기구)에서 발표한 OSI(Open Systems Interconnection)의 표준을 따르는 공장용 LAN의 표준 프로토콜로 MAP(Manufacturing Automation Protocol)을 제창하였다.

근래에 와서는 생산시스템자동화가 생산공정의 영역에만 머무르지 않고 설계, 생산계획, 생산관리, 자재관리, 마케팅, 회계, 인사 등 기업의 모든 정보의 수집분석까지 통합한 CIM(Computer Integrated Manufacturing, 컴퓨터통합생산)으로 지향하고 있다.

3 자동생산시스템의 구성

앞서 언급했듯이 자동화기기는 센서, 분석/제어장치, 액추에이터, 생산장비에 의하여 제반 공정활동을 수행한다. 하지만 오늘날의 생산자동화는 독립적인 단위장비에 의하여 활동이 이루어지는 단위자동화가 아니라, 공장 내에서 생산활동에 관여하는 모든 자동화기기들을 통합한 생산시스템의 자동화다. 따라서 관련된 모든 자동화 장비들을 통합하여 시스템자동화를 이루려면 시스템전반을 제어하는 PLC기술과 기기 간에 데이터를 주고받는 데이터통신이 필요하다. 본 교재에서는 <표 1-1>에서 보는 바와 같이 감지장치, 분석장치, 액추에이터, 생산장비 외에 시스템 통합을 추가한 생산시스템자동화의 내용을 다루고자 한다.

표 1-1 자동생산시스템의 구성

구성요소	내용
감지장치	센서, 스위치, 바코드, RFID, 머신비전
분석 및 제어장치	컴퓨터, 릴레이, PLC
액추에이터	솔레노이드, 실린더, 모터
생산장비	NC공작기계, 쾌속조형시스템, 산업용 로봇, 자동조립시스템
시스템통합	PLC, 데이터전송, FMS

3.1 감지장치

감지장치는 검출대상물에서 발생하는 물리적, 화학적 변화를 검출하여 전기신호로 변환하는 소자를 의미한다. 전자기술의 급속한 발전으로 인하여 정보신호를 보다 저렴하게 그리고 고속으로 처리하는 센서기술은 계속해서 발전하고 있다. 생산자동화에서 사용되는 각종 센서와 스위치에 관한 내용은 본 교재의 2장에서 다루기로 한다. 또한 바코드, RFID, 머신비전은 3장에서 설명한다.

3.2 분석 및 제어장치

입력된 정보를 분석하는 장치로는 컴퓨터가 가장 많이 사용된다. 본 교재에서는 컴퓨터와 관련된 자세한 내용은 다루지 않기로 한다. 입력된 정보가 일단 분석되고 원하는 대로 시스템을 가동하려면 제어장치가 필수적이다. 자동화시스템에서 주로 사용되는 제어장치로는 컴퓨터, 릴레이, PLC가 대표적이다. 이들 가운데 컴퓨터와 PLC를 제외한 릴레이, 전자개폐기와 같은 제어신호처리를 위한 요소장치들을 4장에서 소개한다.

3.3 액추에이터

액추에이터는 공압, 유압, 전기 등의 에너지를 기계적 운동을 위한 동력으로 바꾸어 주는 장치를 가리킨다. 실린더, 솔레노이드, 모터 등이 여기에 해당한다. 이는 생산자동화에 필요한 여러 장비들을 구동시키는 장치로 사람의 근육과 같은 역할을 한다. 액추에이터로부터 얻어진 동력은 기어, 벨트와 같은 동력전달장치를 통하여 다른 기기들로 전달된다. 각종 액추에이터와 동력전달장치들은 5장에서 취급한다.

3.4 자동화 생산장비

공장 내에는 생산활동을 위한 다양한 자동화장비들이 존재한다. 가장 대표적인 것으로는 부품을 가공하기 위한 NC공작기계와, 작업물의 운반과 제반 가공을 위한 산업용 로봇이다. 그 외에도 CAD데이터로부터 시제품을 신속하게 성형하는 쾌속조형시스템, 다수의 부품들을 자동으로 조립하여 완제품을 만드는 자동조립시스템이 이에 해당한다.

NC공작기계는 6장에서, 쾌속조형은 7장에서 다루어진다. 또한 산업용 로봇과 자동조립은 8장과 9장에서 각각 소개된다.

3.5 자동화시스템 통합

로봇, NC기계, 컨베이어 등 공장 내의 여러 자동화 기기들을 통합하여 운용하려면 기기들이 통신망으로 연결되어 상호간에 정보교환이 가능해야 한다. 또한 공장 내의 모든 장비들에 대한 자동제어가 유기적으로 이루어져야 한다. 정보의 교환을 위하여 컴퓨터는 필수적으로 이용되며 컴퓨터를 중심으로 자동화시스템은 구축된다. 생산시스템과 공정제어시스템은 수많은 공정으로 구성되며, 이러한 공정들 간의 빈번한 데이터 교환과 공정의 자동제어로 말미암아 자동화시스템은 통합운용된다. 생산시스템을 자동제어하기 위한 PLC는 11장에서, 기기간의 데이터전송은 12장에서, FMS는 13장에서 소개된다.

4 자동제어시스템

한국표준협회의 KSA3008에서는 자동제어를 '어떤 목적에 적합하도록 제어대상에 필요한 조작을 가하는 것'으로 정의하고 있다. 공장자동화에서는 사람에 의하여 행해진 여러 제어활동들을 컴퓨터에 기반을 둔 자동제어시스템으로 수행한다.

4.1 제어시스템의 유형

제어시스템의 유형으로는 개방회로(open loop)제어시스템과 폐쇄회로(close loop)제어시스템이 있다. 개방회로제어시스템은 <그림 1-4(a)>에서 보는 바와 같이 결과값을 피드백하지 않으면서 동작하는 시스템이다. 여기서 시스템 내의 액추에이터는 원하는 목표값에 대하여 결과값이 어떻게 나타나더라도 전혀 상관하지 않는다. 예를 들어 100번 회전하도록 모터에 전기신호를 보냈는데 실제로는 95번 밖에 회전하지 않았다고 하자. 목표값을 만족하려면 당연히 5번의 회전이 더 추가되어야 한다. 하지만 개방회로시스템에서는 잃어버린 5번의 회전을 보상하지 않은 채 그대로 시스템을 종료한다. 시스템에서 5회전만큼 오차가 발생하게 될 것은 당연하다.

(a) 개방회로제어시스템

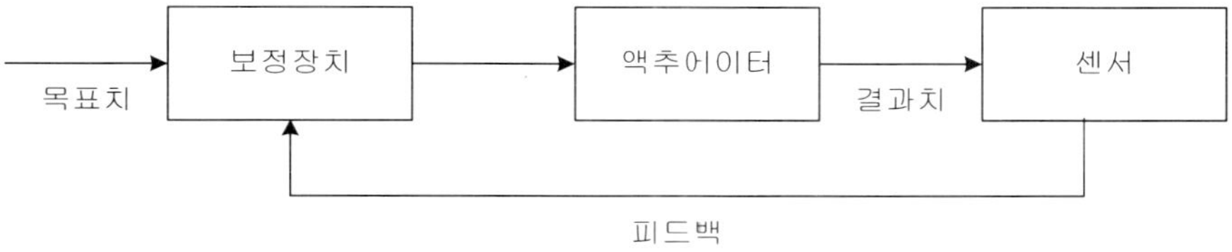

(b) 폐쇄회로제어시스템

그림 1–4 제어시스템의 유형

반면에 '피드백제어시스템'라고도 불리는 폐쇄회로제어시스템은 <그림 1-4(b)>에서 보는 바와 같이 내부에 피드백회로(feedback loop)를 가지고 있다. 입력된 목표값에 따라 액추에이터가 결과값을 출력하면 센서는 출력된 값을 감지하여 피드백회로를 통하여 목표값과 비교하게 된다. 이 때 결과값이 목표값과 차이가 있게 되면 보정장치에서는 그 차이만큼 보정하도록 액추에이터에 다시 신호를 보낸다. 이 같은 보정은 목표값과 결과값이 일치될 때까지 반복되므로 폐쇄회로제어시스템은 원하는 목표값과 동일한 결과값을 출력할 수 있게 된다. 따라서 폐쇄회로제어시스템만이 자동제어의 역할을 제대로 수행할 수 있다.

앞에서 언급했던 모터의 예를 다시 생각해보자. 모터가 100번 회전하도록 전기신호를 보냈는데 실제로 95번만 회전했다고 하자. 이 경우 보정회로에서는 부족한 5회전을 보정하기 위하여 모터에 신호를 추가로 보내게 된다. 그런데 추가로 보낸 신호에 대하여 단지 4번의 추가회전만 이루어졌다면 보정회로는 부족한 1회전을 또 다시 지시하게 된다. 이런 방식으로 모터의 실제회전수가 목표회전수에 일치할 때까지 보정회로는 추가신호를 반복해서 보내게 된다.

4.2 제어시스템의 발달

자동화 설비장치가 원하는 대로 작동되려면 현재의 상태를 감지하고 판단하여 실시간으로 장치를 조작할 수 있어야 한다. 이를 자동으로 수행하는 시스템을 자동제어시스템이라고 부른다. 오늘날 자동화가 가능하게 된 근본적인 원인은 제어시스템이 자동화될 수 있었기 때문이다. 자동제어시스템에서 제어장치는 주어진 명령을 정확히 실행하여 생산공정을 자동제어함으로 공정에서 원하는 기능을 달성할 수 있게 한다.

디지털 컴퓨터가 출현하기 전, 화학이나 철강산업의 연속공정에 대한 제어는 아날로그컴퓨터를 사용하여 이루어졌다. 한편 불연속적으로 제품을 생산하는 제조산업에서 이산공정의 제어는 릴레이가 사용되었다. 1960년대에 들어서 디지털컴퓨터의 성능이 향상되고 가격이 낮아짐에 따라 연속공정제어에서는 디지털 컴퓨터가 아날로그컴퓨터를 대체하기 시작했다. 또한 1970년대에 등장한 PLC는 이산공정제어에서 릴레이시스템을 대체하기 시작했다. 1970년대 이후 마이크로프로세서는 크게 발달하였고 오늘날 산업계의 거의 모든 공정은 마이크로프로세서기술에 기반을 둔 디지털 컴퓨터에 의하여 제어되고 있다.

4.3 컴퓨터제어

컴퓨터제어는 마이크로프로세서를 이용하여 정보를 처리하고 제어를 수행한다. 컴퓨터 제어기기는 마이크로프로세서와 메모리 그리고 입출력장치로 구성된다. 컴퓨터제어에서는 제어내용이 프로그램으로 정의되어 있다. 따라서 제어내용을 변경하려할 경우 제어프로그램을 수정하면 된다.

컴퓨터제어는 적용분야에 따라 서보제어, 프로세스제어, 시퀀스제어로 구분된다.

- **서보제어**: NC공작기계나 로봇과 같이 위치나 경로를 정밀하게 제어하는데 사용된다.
- **프로세스제어**: 온도, 압력, 유량, 성분 등을 제어하는 것으로 연속공정이 진행되는 화학공장, 철강공장, 발전소 등에 적용된다.
- **시퀀스제어**: 정해진 순서에 따라 작업이 이루어지도록 시스템을 제어한다. 세탁기, 자동판매기, 엘리베이터, 교통신호등, 생산공정자동화 등에 이용되고 있다.

표 1-2 컴퓨터제어의 제어대상과 적용분야

제어 형태	제어 대상	적용 분야
서보 제어	위치, 속도, 가속도	NC공작기계, 로봇
프로세스 제어	온도, 압력, 유량, 성분	화학, 석유, 철강
시퀀스 제어	작업순서	승강기, 신호등, 자동화설비

연습문제

1 인간-기계 시스템에서 사람이 담당하는 역할은 무엇인가?

2 자동화 단계에서 사람의 역할을 대신하게된 것은 무엇인가?

3 자동화 단계에서도 시스템을 운영하기 위하여 여전히 사람이 필요하다. 그 이유는 무엇인가?

4 자동화유형이 고정식 자동화에서 유연식 자동화로 바뀌게 된 배경을 설명하라.

5 고정식 자동화와 유연식 자동화의 장단점을 비교하라.

6 머시닝센터를 이용한 단위 자동화의 장단점을 열거해 보라.

7 CIM이란 무엇인지 조사해 보라.

8 폐쇄회로제어시스템을 구성하는 요소들의 기능을 설명하라.

1) 보정장치

2) 센서

3) 피드백회로

2장

센서

자동화시스템에서는 공정관리를 위하여 많은 정보를 필요로 한다. 공정 상태에 대하여 정보를 검출하고 제공하는 역할을 하는 것이 센서다. 센서는 온도, 압력, 힘, 길이, 회전각, 물체의 유무, 유량 등과 같은 제반 물리적인 값을 전기신호로 변환하여 신호처리장치에 전달하는 제어시스템의 한 요소다. 전자기술의 눈부신 발달로 센서의 발전과 이용분야는 확대되고 있다. 이번 장에서는 센서에 대하여 살펴보기로 한다.

1 센서의 구성과 종류

1.1 센서의 구성

센서(sensor)는 외부자극의 절대값이나 변화를 감지하여 전기신호로 변환하는 장치를 의미한다. 자동화시스템을 감시하고 또한 제어하려면 사람의 감각기관을 대신한 센서가 반드시 필요하다. 사람의 경우 눈, 코, 귀와 같은 감각기관들은 외부의 물리적, 화학적 자극을 검출하면 이를 신경을 통하여 뇌에 전송하여 그 내용을 감지하게 된다. 반면에 센서는 외부 측정대상물에서 발생되는 물리량이나 화학량을 검출하여 그 내용을 분석장치에 전달한다. <그림 2-1>에서 보는 바와 같이 센서는 검출기, 변환기, 신호전송기, 신호처리기의 요소로 구성된다.

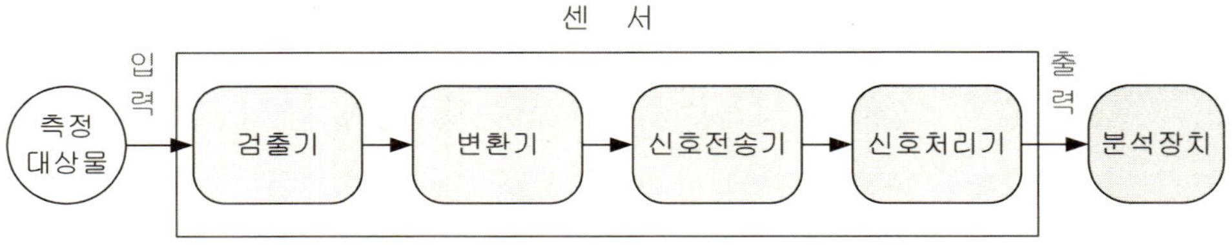

그림 2-1 센서의 구성

1) 검출기

센서는 검출기를 통하여 측정대상물의 상태정보를 검출한다. 검출대상은 길이, 위치, 속도, 힘, 온도, 압력, 빛, 전기, 자기, 성분 등이 포함된다.

2) 변환기

변환기는 어떤 상태를 나타내는 측정대상물의 검출량을 다른 신호로 변환하는 장치로, 측정대상물의 검출량을 전기나 빛과 같이 처리하기 쉬운 신호로 변환시킨다.

3) 신호전송기

신호전송기에서는 변환기에서 출력된 신호를 신호처리기로 전달한다. 이 때 변환된 신호에 따라 적합한 전송방법을 선택해야 한다. 예를 들어 전기신호는 전선으로, 광신호는 광섬유로 전송된다.

4) 신호처리기

신호처리기는 전송된 신호를 증폭 혹은 잡음제거 등의 처리과정을 통하여 분석장치의 연산이나 판단에 이용할 수 있는 신호로 바꾸어 출력해 준다.

1.2 센서의 종류

센서는 사용목적에 따라 물체의 유무를 알아내기 위한 검출용 센서와 대상물의 측정을 위한 계측용 센서로 분류될 수 있다. 검출용 센서는 자동화시스템에서 대상물의 존재를 확인하는 감지기능의 역할을 수행하며 접촉식과 비접촉식으로 분류된다. 또한 계측용 센서는 길이나 각도의 변위, 속도 혹은 가속도와 같은 운동량, 그 외에 무게나 힘 등을 계량적으로 측정하기 위하여 사용된다. <표 2-1>은 센서들을 그 사용목적에 따라 분류하여 정리한 것이다.

표 2-1 센서의 분류

<table>
<tr><td rowspan="2">검출용</td><td colspan="2">접촉식</td><td>리밋스위치, 마이크로스위치, 터치센서</td></tr>
<tr><td colspan="2">비접촉식</td><td>근접스위치, 리드스위치, 광전스위치, 초음파센서, 적외선센서, 공기압검출기</td></tr>
<tr><td rowspan="5">계측용</td><td rowspan="2">변위</td><td>길이</td><td>퍼텐쇼미터, 차동변압기, 마이크로인디케이터, 자기스케일</td></tr>
<tr><td>각도</td><td>리졸버, 퍼텐쇼미터, 차동변압기, 엔코더</td></tr>
<tr><td rowspan="2">운동</td><td>속도</td><td>타코제너레이터</td></tr>
<tr><td>가속도</td><td>압전센서</td></tr>
<tr><td colspan="2">힘</td><td>로드셀, 부르동관, 벨로스, 다이어프램</td></tr>
</table>

2 검출용 센서

검출용 센서는 대상물의 존재여부를 확인하기 의한 것으로, 여기서는 리밋스위치, 마이크로스위치, 근접스위치, 리드스위치, 광전스위치, 초음파스위치, 적외선센서에 대하여 살펴보기로 한다.

2.1 리밋스위치(limit switch)

'한계스위치'라고도 부르는 리밋스위치는 기계나 실린더의 운동에서 설정된 최종 위치를 검출하기 위하여 자주 사용되는 센서로, 자동화 설비에서 매우 중요한 위치를 차지하고 있다. 이는 기계적인 접촉에 의하여 작동되는 스위치로 수많은 형태와 모델이 있어 그 종류가 매우 다양하다. 리밋스위치는 가격이 저렴하고 사용방법이 간단하여 접촉식 검출용 센서로 많이 사용된다. <그림 2-2>는 시판되는 다양한 형태의 리밋스위치들이며, <그림 2-3>은 판스프링을 내장한 리밋스위치의 동작원리를 나타내고 있다.

그림 2-2 리밋스위치(한영전자)

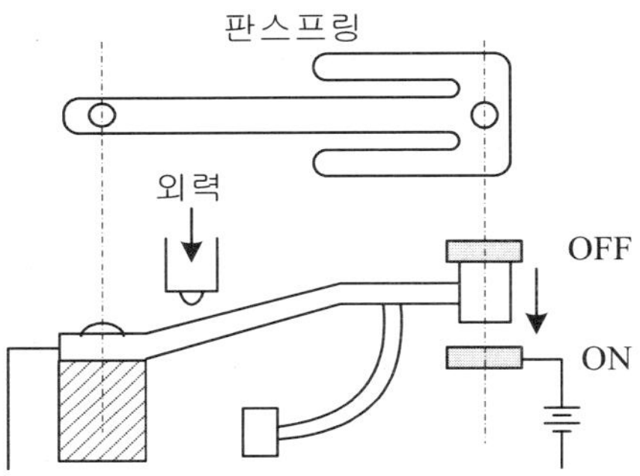

그림 2-3 판스프링 리밋스위치의 동작원리

참고로 리밋스위치와 매우 유사한 마이크로스위치를 간단히 언급하기로 하자. 이들은 사용목적이나 원리에서는 거의 동일하다. 하지만 마이크로스위치는 크기가 작고 기계적 강도가 약하므로 정밀 소형기기에 주로 사용되는 데 반하여, 리밋스위치는 견고한 케이스로 밀봉되어 있어 외력에 견디는 내구성이 강하므로 중대형 자동화기기에서 주로 사용된다. <그림 2-4>는 시판되는 마이크로스위치의 몇몇 예들을 보여준다.

그림 2-4 마이크로스위치(KACON)

2.2 근접스위치

근접스위치는 비접촉방식으로 가까이 위치한 물체의 존재여부를 감지하는 센서다. 이들의 종류로는 전기장을 이용한 유도형 근접스위치와 용량형 근접스위치, 그리고 자기장을 이용한 자기형 근접스위치가 있다. 근접스위치는 다음과 같은 특성이 있다.

- 접점부가 밀폐되어 고온, 고습, 분진 등 외부환경의 영향을 받지 않는다.
- 비접촉이므로 물리적으로 손상될 우려가 없다.
- 접점의 신뢰성이 높고 장기간 사용이 가능하다.
- 응답속도가 빠르다.
- 가볍고 작다.
- 감지거리에 한계가 있다.

2.2.1 유도형 근접스위치

유도형 근접스위치는 일명 '고주파 발진형 근접스위치'라고도 부른다. <그림 2-5>는 유도형 근접스위치의 검출회로를 보여준다. 유도형 근접스위치에서 검출코일에 가까운 영역은 금속체가 없는 경우 항상 발진상태에 있다. 만약 금속물체가 검출코일 근처에 접근하게 되면 코일에서 발생하는 자력선에 의하여 금속체에 와전류가 발생하게 된다. 이 와전류의 영향에 의하여 발진코일의 저항이 커지고 검출코일의 발진이 정지되면서 출력신호가 발생된다.

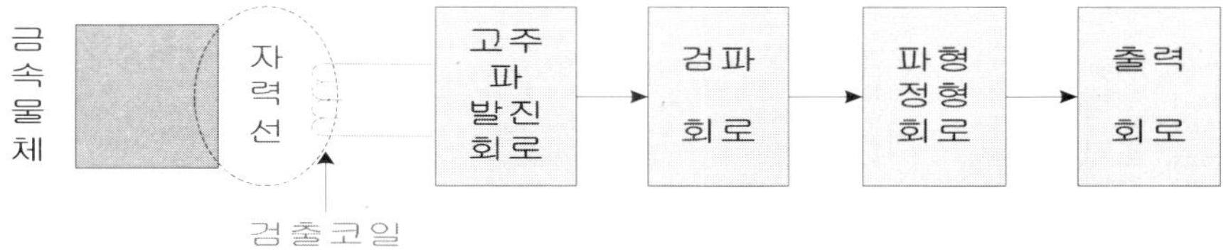

그림 2-5 유도형 근접스위치의 검출회로

<그림 2-6>은 유도형 근접스위치의 예를 보여준다.

그림 2-6 유도형 근접스위치의 예

2.2.2 용량형 근접스위치

용량형 근접스위치는 '정전용량형 근접스위치'라고도 불리며 <그림 2-7>과 같은 검출회로를 갖는다. 용량형 근접스위치의 검출회로는 유도형 근접스위치의 검출회로와 거의 유사하다. 검출회로 내에서 고주파발진회로는 전극판에서 고주파전기장을 발생한다. 이 전기장 내에 검출대상물이 접근하면 전극판과 대상물 사이의 정전용량이 변하게 되고, 이 정전용량의 변화를 검출하여 출력신호를 발생한다. 용량형 근접스위치는 금속과 같은 전도체는 물론 플라스틱, 도자기, 유리, 목재와 같은 절연체, 심지어 물, 기름, 약품과 같은 액체도 검출할 수 있다.

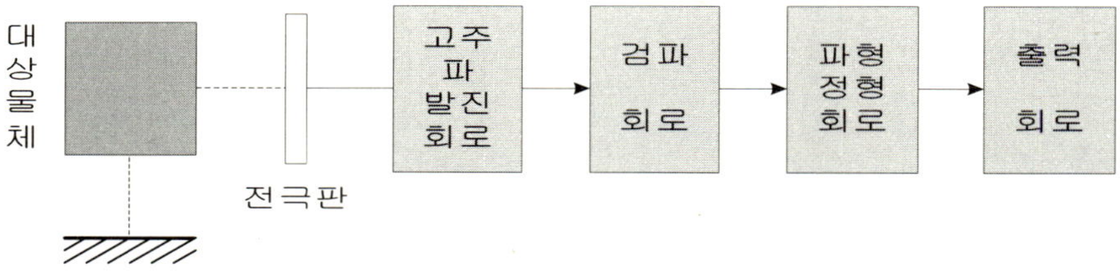

그림 2-7 용량형 근접스위치의 검출회로

그림 2-8 용량형 근접스위치의 예

2.2.3 자기형 근접스위치

자기형 근접스위치는 검출대상물이 자성체로 제한되며 리드스위치(reed switch)가 널리 사용되고 있다. 그 구조는 <그림 2-9>에서 보여주듯이 밀봉한 유리관 내에 두 개의 자성체 리드핀이 상호 분리되거나 접촉할 수 있도록 일부 겹쳐놓은 것이다. 자성체가 가까이 없을 때 <그림 2-9(a)>와 같이 두 개의 리드핀이 서로 떨어져 있다고 하자. <그림 2-9(b)>와 같이 외부에 자성체가 접근하는 경우, 두 개의 리드핀은 서로 접촉하게 된다. 이와 반대로 자성체가 가까이 없을 때 두 개의 리드핀이 서로 접촉하고 있다가 외부에서 자성체가 접근하면 분리되는 스위치도 있다. 통상적으로 전자를 'NO접점'(normal open contact) 스위치, 후자를 'NC접점'(normal close contact) 스위치라고 부른다.

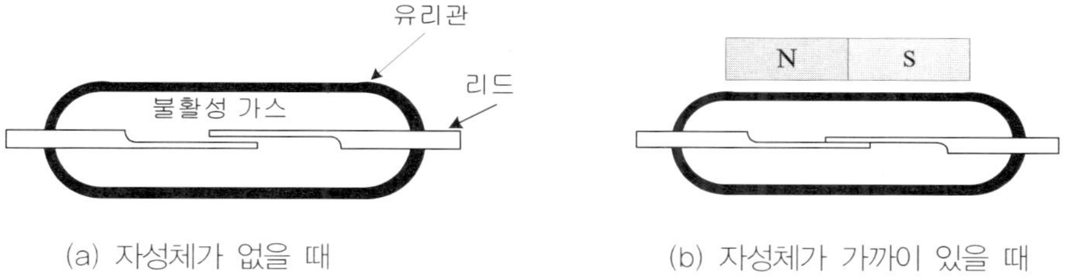

(a) 자성체가 없을 때 (b) 자성체가 가까이 있을 때

그림 2-9 NO접점 리드스위치의 구조

<그림 2-10>은 실린더 내에 존재하는 피스톤자석과 실린더 외부에 있는 두 개의 리드스위치를 보여준다. 실린더 내의 피스톤은 자석과 함께 왕복운동한다. 피스톤자석이 리드스위치에 가까이 접근하게 되면, 서로 분리되어 있던 스위치 내부의 접점은 자석의 힘에 의하여 접촉하게 된다. 반면에 피스톤자석이 멀어지게 되면 두 개의 리드핀은 접점의 탄성에 의하여 원래의 상태로 분리된다.

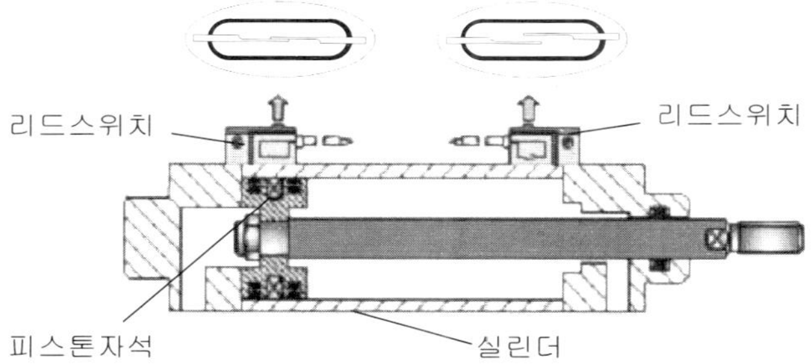

그림 2-10 실린더에 사용된 리드스위치

리드스위치는 소형경량으로 방범용제어기나 자동화시스템의 실린더 위치감지에 응용되며, 그 밖에 자동차, 가전제품, 계측기기 등에서 널리 이용되고 있다. 리드스위치의 장점은 다음과 같다.

- 접점부가 외부와 차단되어 동작이 안정적이다.
- 소형, 경량, 저가격이다.
- 응답속도가 빠르다.
- 정밀도가 크다.
- 수명이 길다.

2.3 광전스위치(photoelectric switch)

광전스위치는 빛을 전기적인 신호로 변환시키는 스위치로 물체의 유무 검출로부터 치수검사, 형태판별 등 다양한 분야에 이용되고 있다. 광원으로는 램프와 발광다이오드(LED, Light Emitting Diode)가 있으며 일반적으로 발광다이오드가 많이 사용된다. 그 이유는 외란광의 영향을 받지 않으며, 수명이 길고, 진동과 충격에 강하고, 소비전류가 적기 때문이다.

광전스위치에 사용되는 광센서(photo 혹은 optical sensor)는 발산된 빛을 감지하여 전기신호로 출력하는 센서로, 광도전형, 광기전력형, 광전자방출형으로 구분된다. 광도전형 광센서는 반도체 양단에 전압을 걸면 빛의 양에 비례하여 전류가 증가하는 현상을 이용한 방식으로, 황화카드뮴(CdS)광센서가 대표적이다. 또한 광기전력형 광센서는 반도체에 빛이 닿았을 때 빛의 양에 비례하여 전극 사이에 기전력이 발생하는 현상을 이용한 센서로, 반도체 양단에 전압을 걸어둘 필요가 없다. 포토다이오드가 대표적이며, 태양전지, 포토트랜지스터, 포토사이리스터 등이 여기에 속한다. 마지막으로 광전자방출형 광센서는 물체에 빛을 비추면 빛의 크기에 따라 광전자가 표면에서 튀어나오는 현상을 이용한 고감도의 광센서다. 광전자증배관이 대표적이다.

광전스위치는 빛을 내보내는 투광부와 방출된 빛을 받아들이는 수광부로 이루어진다. 광전스위치의 투광부에서 방출된 빛은 검출대상물의 차단 또는 반사에 의하여 광전스위치의 수광부에 도달하게 되며, 도달된 빛의 변화를 증폭시켜 출력신호를 얻는다. 광전스위치는 방출된 빛의 검출방법에 따라 투과형과 반사형으로 구분되며 다음과 같은 특징을 가진다.

- 비접촉 검출방식이며 적용대상이 다양하다.
- 설정거리가 길고 응답속도가 빠르다.
- 정밀도가 높고 수명이 길다.

2.3.1 투과형 광전스위치

투과형 광전스위치는 투광기와 수광기를 마주보게 놓음으로써 검출물체의 존재유무에 의하여 수광기에 도달하는 빛의 변화를 검출한다. <그림 2-11>은 투과형 광전스위치의 원리를 보여준다.

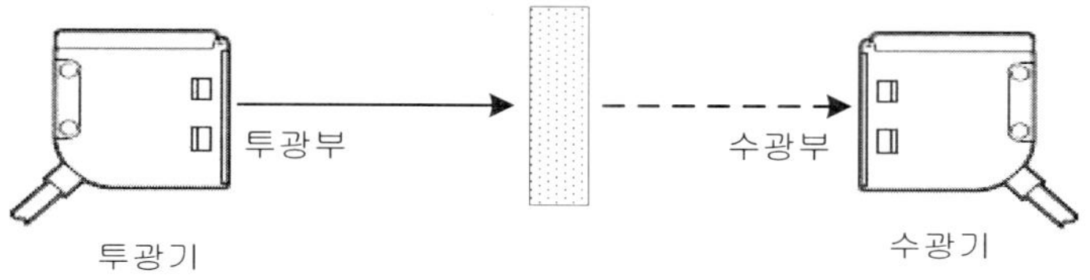

그림 2–11 투과형 광전스위치의 원리

2.3.2 반사형 광전스위치

반사형 광전스위치는 방출된 빛을 반사시켜 되돌아오는 빛을 감지하는 방식으로 대상물체의 존재유무를 검출한다. 이는 반사경을 이용하여 반사된 빛을 받아들이는 거울반사형과, 검출물체에 직접 비추어 반사된 빛을 받아들이는 직접반사형의 두 종류가 있다. <그림 2-12(a)>는 거울반사형 광전스위치의 원리를, <그림 2-12(b)>는 직접반사형 광전스위치의 원리를 보여준다.

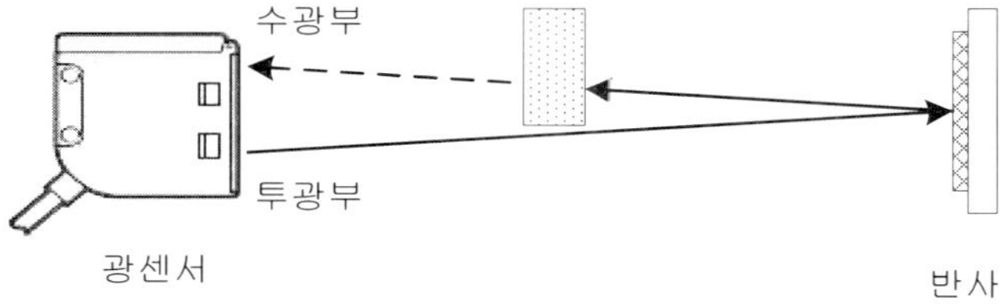

(a) 거울반사형

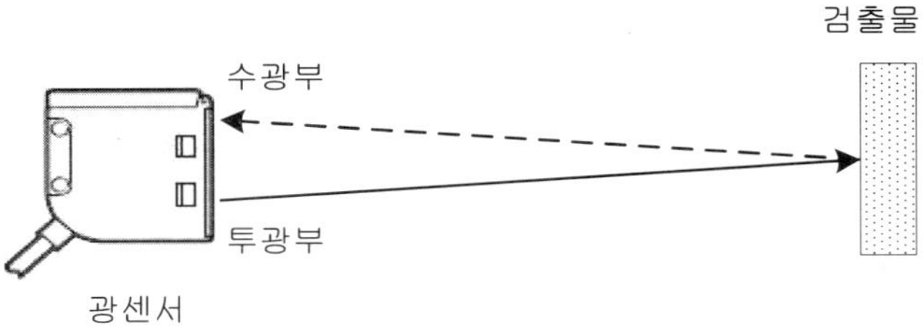

(b) 직접반사형

그림 2-12 반사형 광전스위치의 원리

2.4 적외선센서

<그림 2-13>과 같이 태양광을 프리즘으로 분산시켰을 때 오른쪽의 빨간색을 가진 빛보다 더 바깥쪽에 존재하는 전자기파를 적외선이라고 한다. 적외선은 가시광선이나 자외선에 비해 강한 열작용의 기능을 가지고 있으므로 '열선'이라고도 불리고 있다. 적외선은 자연계에 존재하는 모든 물체에서 방사되고 있으며, 온도가 높은 물체에서는 파장이 짧은 적외선이, 온도가 낮은 물체에서는 파장이 긴 적외선이 나온다. 적외선은 다음과 같은 특징이 있다.

- 강한 열작용을 한다.
- 열을 발산하는 물체는 적외선을 방사한다.
- 파장이 상대적으로 길어서 공기를 잘 통과한다.
- 흑색 면에서는 모두 흡수된다.

그림 2-13 태양광의 구성

적외선센서는 우리의 생활 중에서 많이 활용되고 있다. 대표적인 것이 보안용 감시카메라이며, 그 외에도 가정용 리모컨, 광마우스, 자동문, 핸드드라이어에 이용되고 있다.

적외선센서는 동작원리에 따라 '열형'과 '양자형'의 두 종류로 구분된다. 열형 적외선센서는 적외선을 일단 열로 변환시킨 후, 저항변화나 기전력 등의 형태로 출력을 이끌어낸다. 이는 감도가 낮고 응답속도가 느리다는 단점이 있으나 가격이 저렴하다. 열형 적외선센서는 발광부가 없이 수광부만으로 외부의 열을 감지해 내며 남자 화장실의 소변기, 자동문 등에 활용되고 있다.

반면에 양자형 적외선센서는 광도전효과, 광기전력효과 등을 이용하여 적외선을 검출한다. 이는 감도가 높고, 응답속도가 빠른 것이 장점이지만, 저온에서 사용가능하므로 냉각이 필요하고, <그림 2-14>에서 보는 바와 같이 파장의존성이 있으며, 가격이 비싸다는 단점이 있다. 양자형 적외선센서는 발광부와 수광부로 구성되며, 발광부에서 적외선을 방출하면 수광부에서 이를 감지하여 물체의 유무를 검출하게 된다. 이는 통상적으로 방범장치에 많이 사용되고 있다.

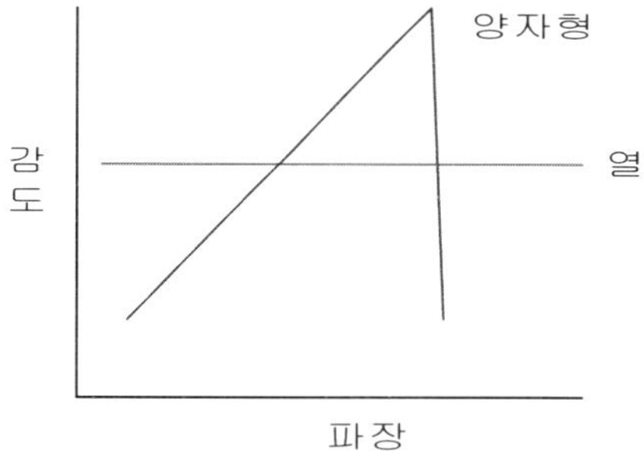

그림 2-14 파장에 따른 적외선센서의 감도특성

열형 적외선센서로는 서모파일(thermopile), 볼로미터(bolometer), 초전형 적외선센서 등이 있고, 양자형 적외선센서로는 광도전형, 광기전형, 광전자형, 쇼트키형 적외선센서가 있다. <그림 2-15>는 시판되는 적외선센서의 예들을 보여준다.

그림 2-15 적외선센서의 예

2.5 초음파센서

초음파는 인간의 귀로 들을 수 있는 20～20,000Hz 영역의 가청음보다 높은 주파수를 가진 음파를 가리킨다. 이는 가청음파에 비하여 직진성이 강하고 밀도가 다른 물질 사이의 경계면에서 반사하기 쉬운 성질을 가지고 있다. 하지만 초음파는 다른 음파와 마찬가지로 매질에 의존하고 있으므로 진공 중에서는 전달되지 않는다. 초음파센서는 송신부에서 발사한 음파가 물체에 반사되어 수신부에 되돌아오는 원리를 이용하여 물체의 존재유무, 거리, 형상 등을 검출한다. 사용되는 음파는 통상적으로 30～300kHz의 주파수영역을 가진다.

초음파센서의 장점은 다음과 같다.

- 검출거리가 비교적 길고 그 거리의 조절이 가능하다.
- 검출체의 형태, 재질, 색깔에 영향받지 않으며 투명체도 검출가능하다.
- 먼지, 분진, 연기 등에 크게 영향받지 않는다.

초음파센서의 단점은 다음과 같다.

- 대상물의 표면이 경사진 경우 검출이 곤란하다.
- 센서의 반응속도가 느리다.
- 다른 근접센서에 비하여 값이 비싸다.

초음파센서는 직접검출방식과 반사검출방식으로 나뉘며, 반사검출방식은 다시 독립형과 겸용형으로 구분된다.

1) 직접검출방식

<그림 2-16>에서 보는 바와 같이 송신기와 수신기를 마주보며 설치하여 송신기에서 방사된 신호파가 수신기에 도달하면 물체가 존재하지 않고, 신호파가 도달하면 물체가 존재하는 것으로 판단한다. 이는 투과형 광전스위치와 유사한 원리이지만 초음파센서는 광전스위치에서 불가능한 투명체 검출이 가능하다. 직접검출방식의 초음파센서는 물체의 유무검출에 주로 사용된다.

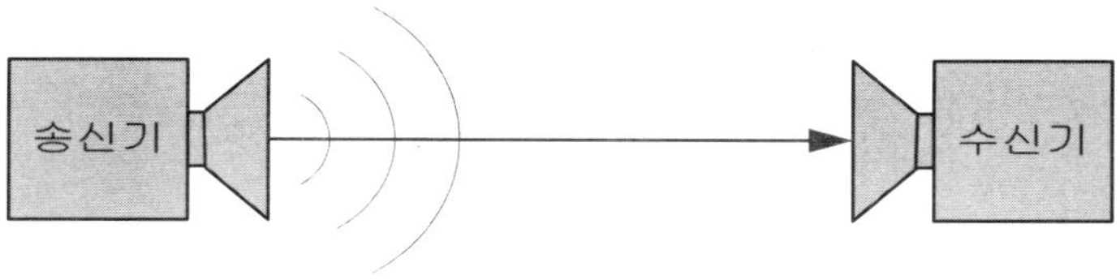

그림 2–16 직접검출방식

2) 반사검출방식

이는 송신기에서 방사된 신호파가 물체에 부딪혀 반사된 후 수신기를 통해 받아들이는 방식이다. <그림 2-17(a)>와 같이 송신기와 수신기가 별도로 있는 독립형과, <그림 2-17(b)>와 같이 하나로 합쳐져 있는 겸용형이 있다. 반사검출방식의 초음파센서는 물체의 유무검출과 거리측정에 사용된다.

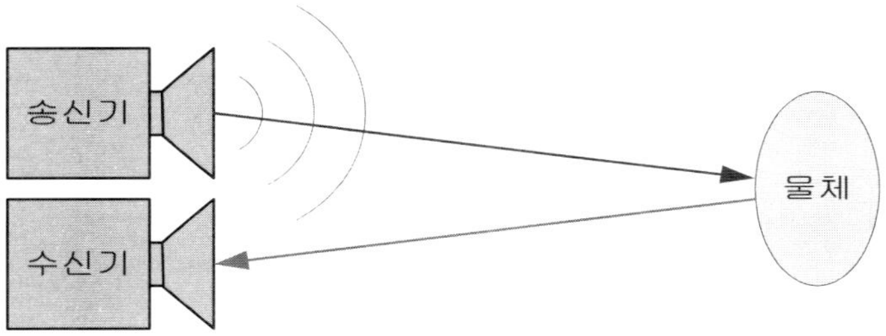

(a) 독립형

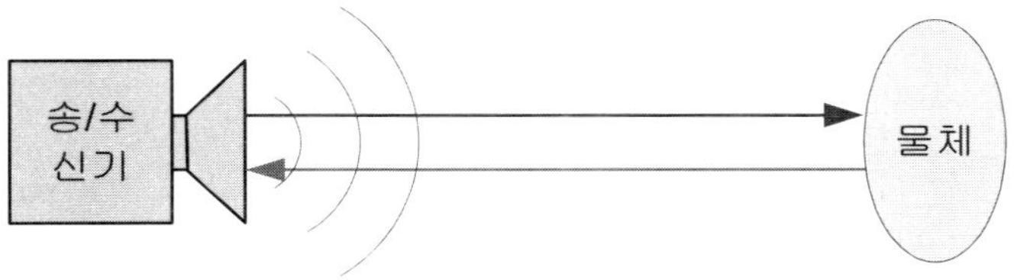

(b) 겸용형

그림 2–17 반사검출방식

초음파센서는 자동차의 후방경보기, 거리측정기, 산업용 물체감지기, 수위측정기, 로봇, 도난방지 등에 활용되고 있다. <그림 2-18>은 초음파센서의 예를 보여주고 있다.

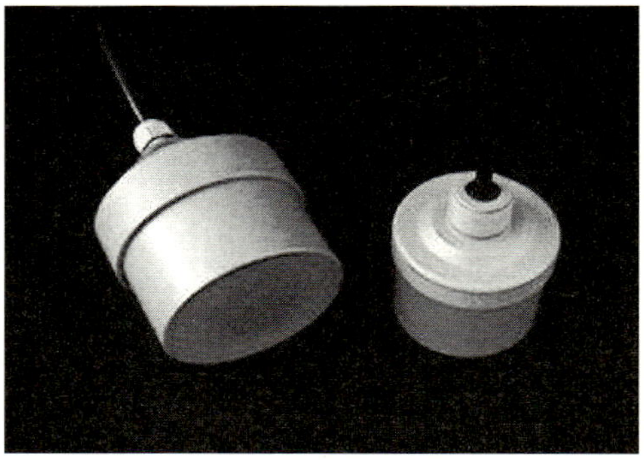

그림 2-18 초음파센서의 예

3 계측용 센서

계측용 센서는 길이나 각도의 변위, 속도 혹은 가속도, 힘 등을 계량적으로 측정하기 위한 것으로, 여기서는 퍼텐쇼미터, 리졸버, 엔코더, 타코제너레이터, 로드셀을 살펴보기로 한다.

3.1 퍼텐쇼미터(potentiometer)

퍼텐쇼미터는 <그림 2-19>와 같이 브러시가 저항체 위를 접촉하면서 이동하면 그에 따라 전기저항의 크기가 변화하는 원리를 이용하여 직선변위나 회전각을 측정하는 센서다. 변위의 크기에 따라 저항값은 일정하게 변하므로 일정한 전압 V_i를 입력하면 변위에 비례한 출력전압 V_o가 얻어진다.

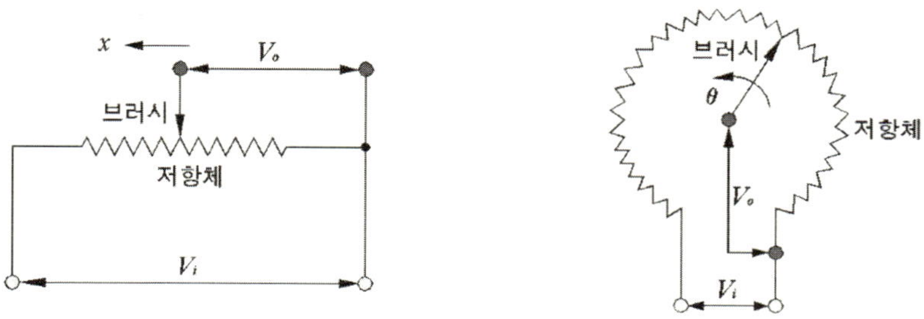

(a) 직선변위형 (b) 회전변위형

그림 2-19 퍼텐쇼미터의 원리

퍼텐쇼미터는 구조가 매우 간단하면서도 정밀도가 비교적 높으므로 많은 분야에서 사용되고 있다. 저항체로는 니크롬선, 탄소막대, 저항플라스틱이 주로 사용되고 있지만, 최근에는 자기장을 가하면 전기저항이 증가하는 자기저항소자를 이용한 비접촉형 퍼텐쇼미터도 출현하였다. <그림 2-20>은 시판되는 퍼텐쇼미터의 예들을 보여준다.

그림 2-20 퍼텐쇼미터의 예

3.2 리졸버(resolver)

리졸버는 서로 수직인 두 개의 고정자와 한 개의 회전자로 이루어진다. 이는 고정자권선과 회전자권선의 어느 한 쪽에 교류전압을 가하면 다른 쪽에 동일주파수의 교류전압이 유도되는 일종의 회전형 변압기다. 여기서 회전자와 고정자가 이루는 각도에 의하여 결합계수가 변하는 것으로 각도를 계측할 수 있다.

<그림 2-21>은 리졸버의 원리를 나타낸다. 회전자의 권선에 $V_i = V\sin\omega t$의 전압을 가진 교류를 입력하면 한쪽 고정자권선에는 $V_s = kV\sin\omega t\,\sin\theta$, 다른 쪽 고정자권선에는 $V_c = kV\sin\omega t\,\cos\theta$의 전압을 가진 교류가 각각 유도된다. 이 때 k는 전자유도에서의 결합계수, θ는 회전자의 축위치 각도를 나타낸다.

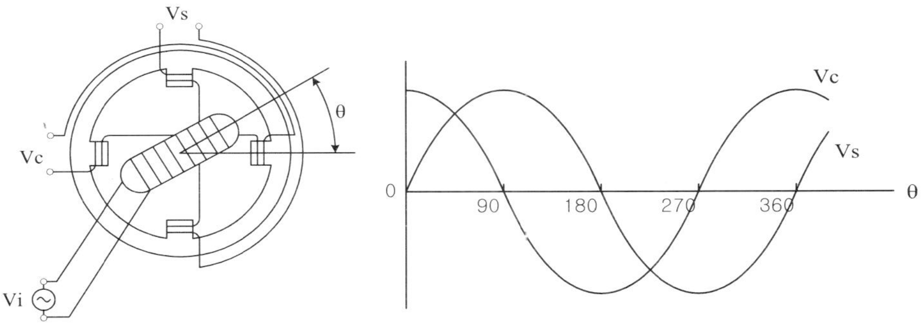

그림 2-21 리졸버의 원리

리졸버는 구조가 비교적 견고하므로 취급하기 쉽고, 노이즈가 잘 발생하지 않으며, 매우 높은 정밀도를 얻을 수 있다. <그림 2-22>는 시판되는 리졸버의 예들이다.

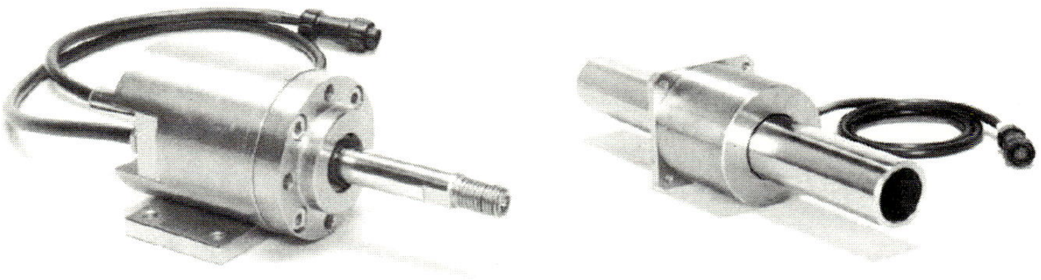

그림 2-22 리졸버의 예

3.3 엔코더(encoder)

엔코더는 회전축의 위치, 즉 회전각의 변화량을 펄스로 출력함으로 회전각을 계측하는 검출기다. 엔코더는 회전한 각도를 검출하는 방법에 따라 증분형과 절대형의 두 가지 형태로 구분되며, 광원, 회전원판, 고정슬릿, 수광소자 등으로 이루어진다. 광원에서 회전원판에 빛을 비추면 검은 부분은 빛을 차단하고, 흰 부분으로 표시된 슬릿은 빛을 통과시킨다. 회전원판 뒤편에는 통과된 빛을 받아들이는 수광소자가 있으며, 여기서 받아들여진 빛의 유무에 의하여 회전축이 회전한 각도를 계측하게 된다.

<그림 2-23>은 증분형 엔코더의 원리를 보여준다. 광원에서 발생한 빛이 회전원판과 고정슬릿을 통하여 수광소자에 도달하면, 수광소자는 회전원반이 회전하는 동안 입력된 빛을 펄스신호로 출력한다. 따라서 출력된 펄스신호의 누적된 갯수로부터 변화된 각도는 계산될 수 있다. 회전원반에 존재하는 링에 슬릿의 수가 많아지면 엔코더의 측정각 분해능은 증가한다. 고정슬릿을 지나는 두 개의 빛을 수광소자는 받아 회전수와 회전방향을 검출한다. 또한 회전원판에 있는 기준슬릿을 지나는 빛을 검출하면 측정각의 원점을 정할 수 있다.

증분형 엔코더는 구조가 단순하여 가격이 저렴하지만 누적오차가 발생할 수 있다. 또한 회전 도중에 정전이 발생하면 현재의 위치값이 소멸되어 버리는 문제점도 있다.

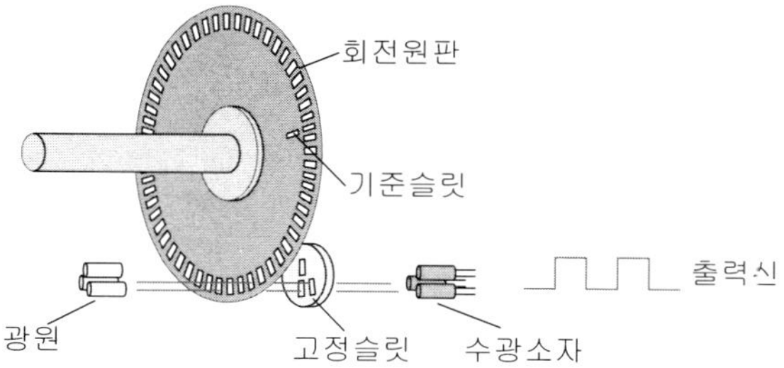

그림 2-23 증분형 엔코더의 원리

<그림 2-24>는 절대형 엔코더의 원리를 보여주고 있다. 광원에서 발생한 빛이 회전원판과 고정슬릿을 통하여 수광소자에 도달하면 수광소자는 입력된 빛을 펄스신호로 변환하여 출력한다. 출력된 신호는 증분형 엔코더와 달리 회전각도의 절대값이므로, 절대형 엔코더에서는 누적오차가 발생하지 않는다. 하지만 복잡한 슬릿모양을 만들어야 하기 때문에 상대적으로 값이 비싸다. 절대형 엔코더는 전원이 차단되는 경우에도 정보의 손실이 발생하지 않는 장점이 있다.

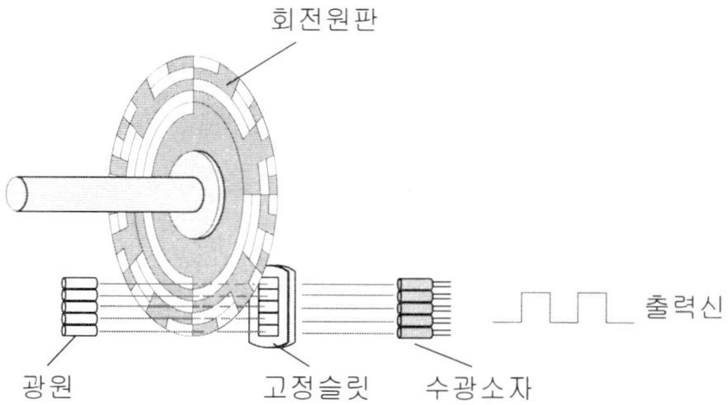

그림 2-24 절대형 엔코더의 원리

절대형 엔코더는 <그림 2-25>에서 보는 바와 같이 회전원판이 다수의 슬릿링으로 이루어져 있으며, 링이 하나씩 추가될 때마다 각도의 분해능은 2배씩 증가한다. 예를 들어 슬릿링이 4개 존재하는 회전원판을 가진 엔코더의 경우, 각도의 분해능은 $360^\circ \times (1/2)^4 = 22.5^\circ$ 이고, 슬릿링이 5개 존재하는 경우에 각도분해능은 11.25° 가 된다.

그림 2-25 엔코더의 회전원판

NC기계축에 장착된 절대형 엔코더의 회전원판이 4개의 슬릿링을 가지고 있다고 가정하자. 엔코더로부터 출력된 신호값이 '0111'일 때 축의 각위치를 구해보자. 이 때 출력된 비트값의 순서는 링의 안쪽에서 바깥쪽의 순이며 엔코더 내의 수광소자는 빛을 감지하는 경우 '0'의 값을 출력한다. 출력값에 따른 회전축의 최소 각위치는 다음과 같이 얻어진다.

엔코더 링번호	회전각	출력패턴	축의 위치
0	180도	0	–
1	90도	1	90도
2	45도	1	45도
3	22.5도	1	22.5도
합			157.5도

여기서 엔코더의 분해능은 22.5도이므로 축의 각위치는 157.5～180도 사이에 존재한다.

엔코더의 분해능을 더 작은 값으로 정하고 싶다면 슬릿링의 수를 늘려야 한다. 예를 들어 회전각도 분해능을 0.1도 이하로 정하기로 하자. 이 경우 필요한 링의 수는 몇 개이겠는가? 엔코더에서 회전원판의 슬릿링이 한 개씩 증가할 때마다 분해능의 크기는 절반씩 줄어든다. 따라서 필요한 링의 수 n은 $360 \times (\frac{1}{2})^n \leq 0.1$을 만족하는 최소값인 n = 12로 정하면 된다. 즉 슬릿링의 수가 12개 이상일 때 엔코더의 분해능은 0.1도를 만족하게 된다.

<그림 2-26>은 시판되는 엔코더의 예를 보여주고 있다.

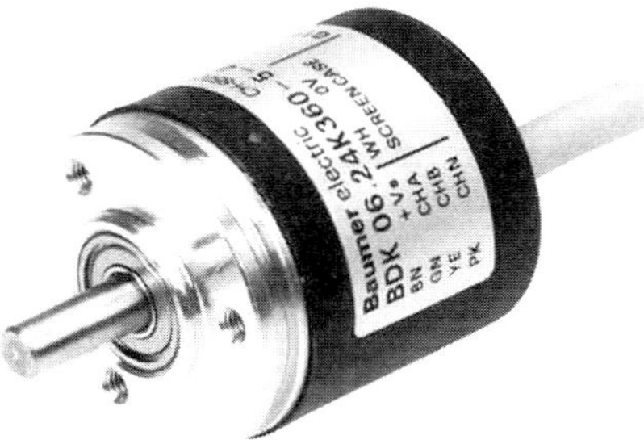

그림 2-26 엔코더의 예(Baumer)

3.4 타코제너레이터(tacho-generator)

타코제너레이터는 회전속도의 측정에 통상적으로 이용된다. 이는 회전속도에 비례하는 전압을 출력하며 직류형과 교류형이 있다. 직류형 타코제너레이터는 <그림 2-27>과 같이 영구자석으로 만들어진 자기장 내에서 원통형 코일로 이루어진 회전자가 회전하는 발전기 구조를 가진다. 이는 회전자에서 발생하는 전압의 크기는 회전속도에 비례한다는 원리를 이용하고 있다. 즉 회전운동을 전기에너지로 바꾸는 것으로, 전기에너지를 회전운동으로 변환시키는 직류모터와 반대원리다. 직류형 타코제너레이터는 교류형에 비하여 잡음이 적으며 직선성이 우수하다.

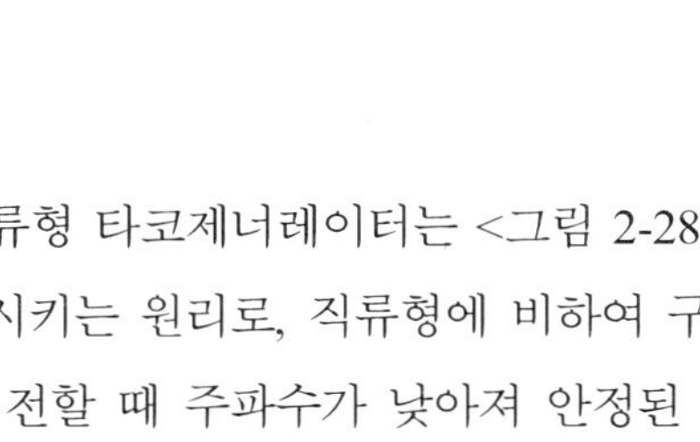

그림 2-27 직류형 타코제너레이터의 원리

교류형 타코제너레이터는 <그림 2-28>과 같이 고정된 권선코일에 대하여 영구자석을 회전시키는 원리로, 직류형에 비하여 구조가 간단하고 마찰손실이 없다. 하지만 저속으로 회전할 때 주파수가 낮아져 안정된 신호출력이 어렵고, 회전방향을 판별할 수 없다는 것이 단점이다.

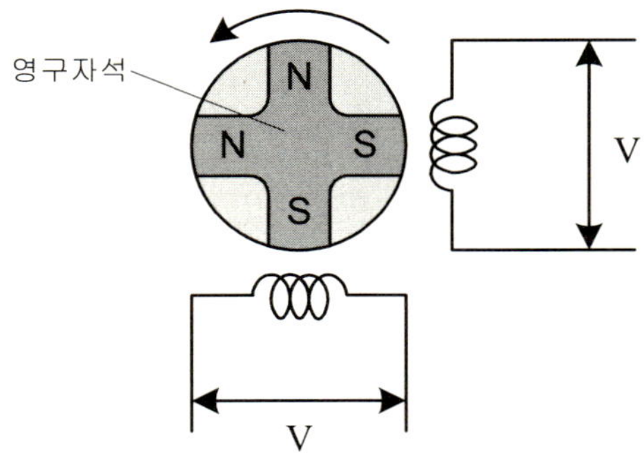

그림 2-28 교류형 타코제너레이터의 원리

3.5 로드셀(load cell)

금속체를 잡아당기면 길이가 늘어남과 동시에 굵기가 가늘어져 전기저항이 증가한다. 반대로 압축하여 길이를 줄이게 되면 두께가 굵어지면서 전기저항이 감소한다. 이러한 원리를 이용하여 외력을 측정하는 기기가 스트레인게이지(strain gauge)다.

금속의 원래 길이를 L, 외력에 의하여 늘어난 길이를 ΔL이라고 하자. 이 길이의 변화율 ΔL/L을 '스트레인'(strain)이라고 한다. 또한 금속의 원래 저항을 R, 외력에 의하여 변화된 저항의 크기를 ΔR이라고 하자. 이 때 스트레인게이지의 감도는 '게이지율'(gauge factor)에 의하여 표현되며, 스트레인에 대한 저항변화율을 ΔR/R이라고 할 때 게이지율 G는 식(2.1)과 같이 정의된다.

$$G = \frac{\Delta R / R}{\Delta L / L} \tag{2.1}$$

스트레인게이지는 사용된 저항체의 재질에 따라 금속 스트레인게이지와 반도체 스트레인게이지로 구분된다. 금속 스트레인게이지는 <그림 2-29>에서 보는 바와 같이 두께가 수μm의 금속저항박막에 수지나 수지를 바른 유리섬유페이퍼로 전기적 절연을 하여 사용한다. 금속 스트레인게이지는 품질이 균일하고, 전기용량이 크며, 온도특성에 안정되고, 가격이 저렴하므로 널리 사용되고 있다.

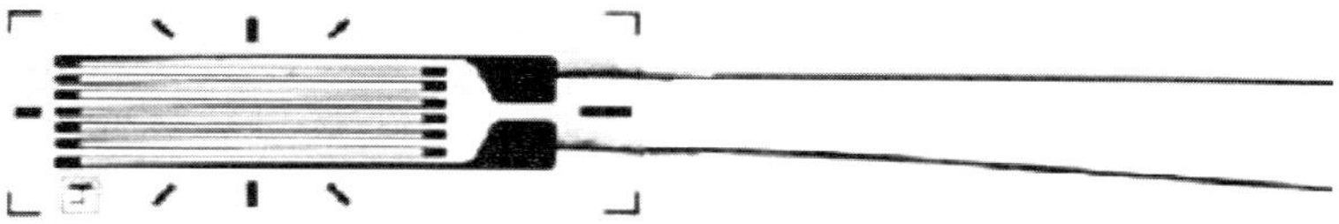

그림 2-29 금속 스트레인게이지

저항체로 금속체 대신 반도체 재료인 실리콘을 사용한 반도체 스트레인게이지가 있다. <그림 2-30>은 반도체 스트레인게이지를 보여준다. 금속 스트레인게이지의 게이지율은 대략 2정도의 값인데 반하여 반도체 스트레인게이지의 게이지율은 100~200정도의 큰 값을 가지므로, 출력이 크고 증폭이 용이하여 낮은 외력의 검출에 매우 적당하다. 하지만 온도에 의한 게이지율의 변화가 크므로 사용할 때 주의가 필요하며 가격이 비싸다.

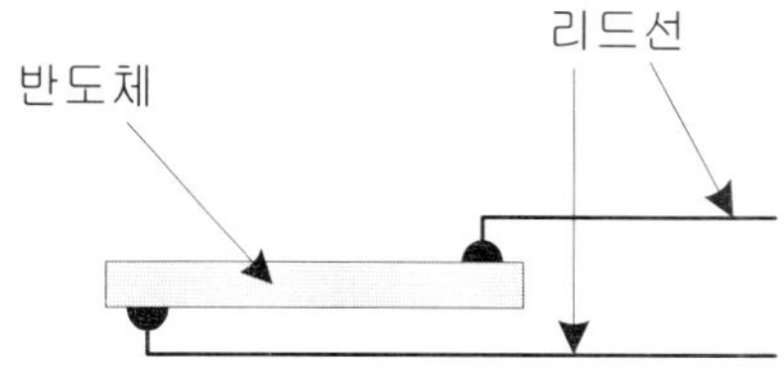

그림 2-30 반도체 스트레인게이지

로드셀은 스트레인게이지를 이용하여 장력이나 중력 등을 측정하기 위하여 만든 하중변환기다. <그림 2-31>에서 보는 바와 같이 하중을 감지하는 4곳에 스트레인게이지를 수직과 수평으로 접착하여 휘트스톤브리지(Wheatstone bridge) 회로를 구성하여 하중에 비례하는 저항변화를 출력한다. 로드셀은 다음과 같은 특징이 있다.

- 정밀한 측정이 가능하다.
- 계량하중에 비하여 비교적 소형이다.
- 수 그램의 가벼운 것부터 수백 톤의 무거운 것까지 측정이 가능하다.
- 구조가 간단하며 수명이 반영구적이다.
- 밀폐된 구조로 외부의 영향을 받지 않는다.
- 사용환경에 제한이 없고 설치가 용이하다.

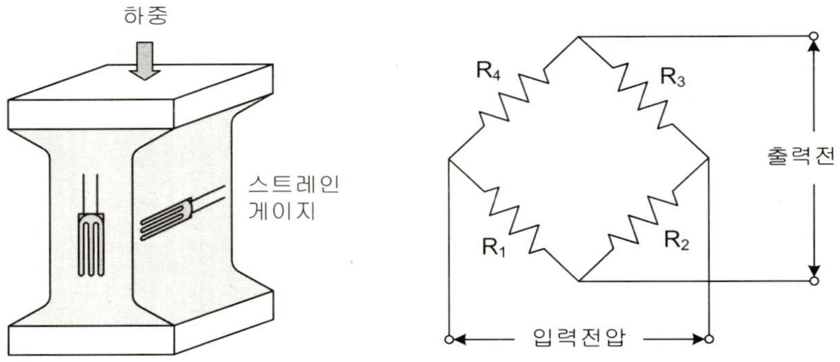

(a) 로드셀의 구조　　　(b) 휘트스톤브리지 회로

그림 2-31 로드셀과 동작원리

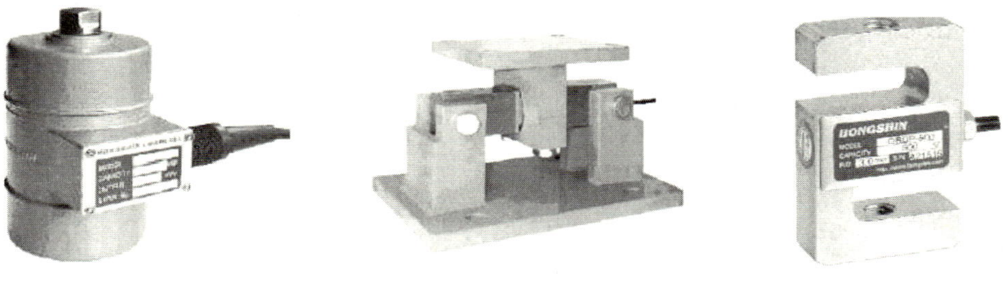

그림 2-32 다양한 로드셀의 예

4 센서의 선택

센서를 선택할 때는 측정대상의 특성, 가격, 정확도, 정밀도, 분해능, 측정범위, 응답속도 등을 고려해야 한다. 일반적으로 센서가 갖추어야 할 조건은 다음과 같다.

- 감도, 정확도, 정밀도, 선형성, 응답성이 좋아야 한다.
- 안정성과 신뢰성이 높아야 한다.
- 외부환경에 의하여 적게 영향을 받아야 한다.
- 조작성, 보수성이 좋고 간단해야 한다.
- 내구성이 좋고 가격이 저렴해야 한다.

4.1 감도(sensitivity)

감도는 센서입력량의 변화에 대하여 발생하는 출력변화의 비율을 가리키는 것으로, 외부의 작은 변화에 민감하게 반응하는 정도를 나타낸다. 감도가 너무 높으면 잡음과 같은 적은 변화에도 쉽게 반응하여 오히려 불편할 수 있다. 반대로 감도가 너무 낮으면 원하는 반응이 나타나지 않아 사용이 곤란하다. 따라서 센서의 목적과 성능을 고려하여 감도의 수준을 적절히 선택하는 것이 바람직하다.

4.2 응답성(responsiveness)

응답성은 대상물의 변화에 대하여 신속히 반응하는 정도를 가리킨다. 다시 말하여 측정대상물이 변화한 시점부터 이를 감지할 때까지 걸린 시간이 응답성의 척도가 된다. 일반적으로 응답속도가 빠른 센서는 가격이 비싸므로 시스템에서 필요로 하는 응답속도에 적합한 센서를 선정해야 한다.

4.3 안정성(stability)

안정성은 오랜 시간동안 사용하여도 센서의 검출능력이 변하지 않는 특성이다. 안정성은 시간의 경과와 환경의 변화에 의하여 영향을 받는다. 안정성에 영향을 주는 환경요인으로는 분진, 기름, 온도변화 등이 있다.

4.4 정확도(accuracy)

정확도는 센서의 출력값이 참값에서 벗어나는 정도를 가리킨다. 정확도를 수정하려면 기기를 교정(calibration)해야 한다.

4.5 정밀도(precision)

정밀도는 동일한 대상을 측정할 때마다 다른 출력값이 얻어지는 흩어짐의 정도를 말한다. 통상적으로 정밀도는 '반복성'(repeatability)으로 불리어지고 있다. 정밀도가 떨어지는 경우에는 기기를 교정하여도 좋은 결과를 얻을 수 없다.

<그림 2-33>은 정확도와 정밀도에 대하여 함께 설명하고 있다. <그림 2-33(a)>는 높은 정확도와 높은 정밀도를 가진 센서의 출력을 보여준다. 원하는 목표지점에 출력값들이 가깝게 모여 있음을 알 수 있다. <그림 2-33(b)>는 높은 정확도와 낮은 정밀도를 가진 센서의 출력을 보여준다. 출력값들은 원하는 목표를 중심으로 모여 있으나 상대적으로 멀리 흩어져 있다. <그림 2-33(c)>는 낮은 정확도와 높은 정밀도를 가진 센서의 출력을 보여준다. 출력값들은 가깝게 모여 있기는 하지만 원하는 목표지점에서 멀리 떨어져 있다. 이 경우 기기의 교정이 필요하다. 마지막으로 <그림 2-33(d)>는 낮은 정확도와 낮은 정밀도를 가진 센서의 출력을 보여준다. 출력값들은 목표지점에서 멀리 떨어져 있으며 중심값으로부터도 멀리 흩어져 있다.

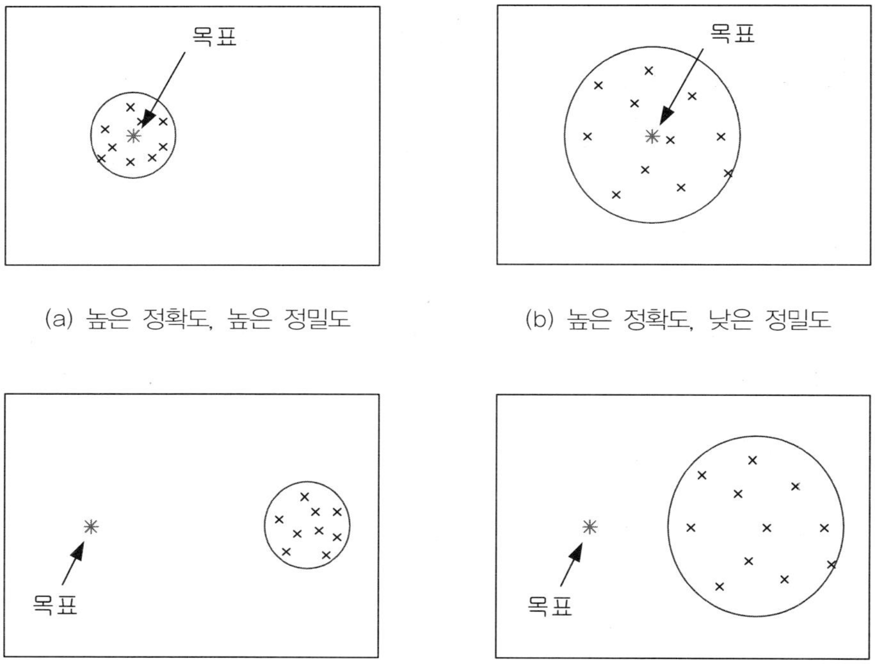

(a) 높은 정확도, 높은 정밀도

(b) 높은 정확도, 낮은 정밀도

(c) 낮은 정확도, 높은 정밀도

(d) 낮은 정확도, 낮은 정밀도

그림 2-33 센서의 정확도와 정밀도

4.6 분해능(resolution)

분해능은 검출가능한 센서입력의 최소검출 변화량을 가리킨다. 측정값의 변화가 분해능보다 작으면 센서가 반응하지 않으므로 측정오차가 발생하게 된다. 이를 '분해능오차'라고 말한다. 일반적으로 분해능의 크기가 작을수록 센서는 성능이 우수한 것으로 평가된다.

4.7 선형성(linearity)

선형성이란 입력값에 대하여 출력값이 비례하는 정도를 가리킨다. 실제로 입력값의 전 구간에서 완전한 직선성을 얻는 것은 불가능하므로, 일부 구간을 부분적으로 직선보간하여 출력값을 추정한다.

4.8 이력현상(hysteresis)

<그림 2-34>에서 보는 바와 같이 입력이 작은 값에서 큰 값으로 서서히 증가하여 어떤 값 x_1에 도달했을 때 얻어진 출력을 y_1이라고 하자. 또한 입력이 큰 값에서 점차 감소하여 작은 값 x_1에 도달했을 때 출력을 y_2라고 하자. 대부분의 기기에서 두 출력값 y_1과 y_2는 서로 일치하지 않는 것이 일반적이다. 이처럼 기기의 입력값을 증가시킬 때와 감소시킬 때 그 출력값이 달라지는 것을 '이력현상'이라고 말한다.

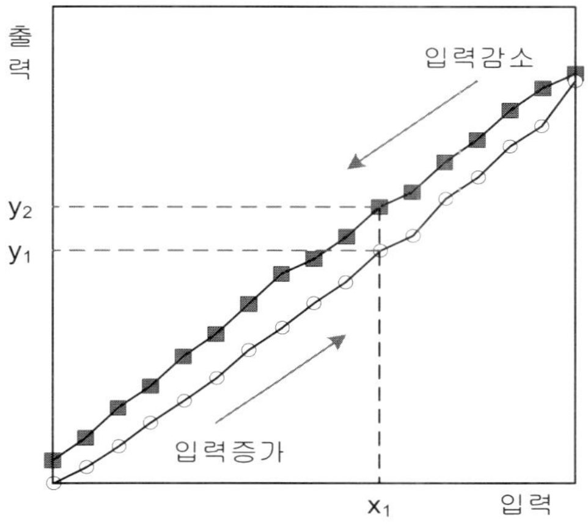

그림 2-34 이력현상

예를 들어 저울 위에 동전을 하나씩 쌓아올리면서 10개의 무게를 측정한 값과, 저울 위에 20개를 쌓아놓은 후 동전을 하나씩 빼낸 후 남은 10개의 무게를 측정한 값이 서로 다르다는 말이다. 이력현상은 모든 센서에서 나타나므로 센서를 선택할 때는 이력현상이 작은 것을 선택하는 것이 바람직하다.

연습문제

1 센서시스템의 4가지 구성요소를 작동순서에 따라 열거하시오.

2 비접촉식 검출용 센서를 열거해 보시오.

3 리밋스위치와 마이크로스위치의 차이는 무엇인가?

4 유도형 근접스위치와 용량형 근접스위치의 차이를 비교하시오.

5 광센서와 광전스위치는 어떻게 구별되는가?

6 광도전효과와 광기전력효과를 각각 설명하라.

7 적외선스위치의 응용사례를 조사해 보라.

8 증분형 엔코더와 절대형 엔코더의 장단점을 비교해 보라.

9 8개의 링을 가지고 있는 엔코더 디스크의 출력패턴이 '01100010'일 때 축의 각위치는 얼마인가? 단 출력된 비트값의 순서는 안쪽에서 바깥쪽이며 빛을 감지하는 경우 '0'의 값을 출력한다.

10 6개의 링을 가지고 있는 엔코더 디스크가 180도 회전했을 때 출력패턴이 '100000'이라고 하자. 이 때 엔코더 디스크가 추가로 50도 만큼 더 회전하여 결과적으로 230도 만큼 회전하였을 때 출력비트의 패턴을 구하라.

11 로드셀은 스트레인게이지를 휘트스톤브릿지 회로로 구성하여 하중에 따른 저항값을 출력하는 센서다. 휘트스톤브릿지 회로란 무엇인가? 또한 스트레인게이지가 실제 로드셀에서 어떻게 사용되고 있는지 조사해보라.

3장

자동데이터수집방법

현장의 데이터를 사람이 수집하여 키보드로 입력하는 대신 광센서나 무선통신 등을 이용하여 직접 컴퓨터에 입력하는 것을 자동데이터수집이라고 한다. 사람이 수동으로 데이터를 수집하고 입력하는 경우, 오류가 발생하고 상당한 시간과 비용이 소요된다. 이러한 문제점들은 자동데이터수집기술을 사용하게 되면 거의 완벽하게 해결될 수 있다. 이번 장에서는 자동데이터수집방법들 가운데 많이 사용되고 있는 바코드, RFID, 머신비전을 살펴보기로 하자.

1 바코드

1.1 바코드 개요

1.1.1 바코드(bar code)의 출현

바코드는 검은색의 막대모양인 '바'(bar)와 흰색 막대모양의 '스페이스'(space)를 연속적으로 조합하여 문자, 숫자, 기호 등을 나타낸 것이다. 공장, 병원, 도서관, 상점과 같이 대량의 데이터를 신속하게 처리하는 곳에서는 바코드를 쉽게 발견할 수 있다. 바코드는 다음의 이유로 말미암아 널리 사용되고 있다.

- 규격화, 표준화가 잘 되어 있다.
- 비접촉식이며 고속입력이 가능하다.
- 신뢰성이 높다.

● 저렴한 비용으로 바코드시스템을 구축할 수 있다.

1973년 북미지역에서 UPC(Universal Product Code)가 만들어지고, 이후 유럽국가들을 중심으로 EAN(European Article Number)이 개발되면서, 바코드는 전 세계적으로 급속히 확산되었다. 우리나라는 1988년에 EAN에 정식으로 가입하여 KAN코드를 취득함으로 본격적인 바코드시스템을 수립하게 되었다.

1.1.2 바코드시스템의 구성

상품의 라벨이나 포장지에 부착되어 있는 바코드는 바코드리더에 의하여 입력되고, 시스템 인터페이스를 통하여 호스트컴퓨터에 전달된다. 이러한 과정을 수행하기 위해 바코드시스템은 바코드리더, 바코드프린터, 바코드관리시스템을 갖추고 있어야 한다. <그림 3-1>은 바코드시스템의 구성요소들을 보여주고 있다.

(a) 바코드　(b) 바코드리더　(c) 바코드 프린터　(d) 관리시스템

그림 3-1 바코드시스템의 구성요소

바코드리더(bar code reader)는 스캐너(scanner)와 디코더(decoder)로 구성되며, 읽어들인 바코드를 관리용 컴퓨터가 받아들일 수 있는 데이터양식으로 변환시켜주는 역할을 한다. 바코드리더의 종류로는 CCD(charge coupled device)식과 레이저식이 있다.

CCD식 바코드리더는 바코드 전체영역에 LED광을 방사한 다음 이를 CCD센서로 수신하여 디지털데이터로 변환한다. CCD식 바코드리더의 장점은 크기가 작고 가격이 저렴하다는 점이다. 하지만 판독거리와 범위가 제한되며 특히 움직이는 대상물에 사용할 수 없다는 단점이 있다.

반면에 레이저식 바코드리더는 레이저빔을 회전하는 다면체거울에 비추면서 바코드를 찾는다. 동시에 스캐너 내에 있는 광센서는 불규칙한 반사광을 수신하여 디지털데이터로 변환시킨다. 레이저식 바코드리더의 장점은 먼 거리에 있는 바코드를 판독할 수 있으며 판독 가능한 영역이 매우 넓다는 점이다. 또한 움직이는 대상물에도 이용할 수 있으므로 공장 내에서 흘러가는 작업물을 판독하는데 적합하다. 하지만 레이저식은 가격이 매우 비싸며 모터를 사용하므로 CCD식에 비하여 수명이 짧은 것이 단점이다.

바코드프린터는 바코드를 인쇄하는 장치로 바코드의 인쇄는 전문업체에서 하는 것이 보통이다. 하지만 간단한 서류나 가공 중인 부품에 사용할 바코드는 회사에서 자체적으로 인쇄하여 사용할 수도 있다.

바코드관리시스템은 컴퓨터를 중심으로 이루어진다. 바코드장치와 컴퓨터의 접속은 직렬통신방식으로 이루어지며, 컨트롤러를 이용하여 여러 바코드리더들이 동시에 연결될 수도 있다.

1.1.3 바코드의 인식원리

대부분의 바코드리더는 광선을 바코드 위에 주사하여 그 표면에서 코드의 명암차에 의해 생긴 반사광의 변화를 광센서를 사용하여 인식한다. 검은색의 바의 경우 비추어진 빛은 대부분 흡수되므로 센서에는 반사된 빛이 거의 입력되지 않는다. 반면에 흰색의 스페이스는 대부분의 빛이 반사되어 센서에 입력된다.

센서는 반사된 빛의 크기에 따라 바와 스페이스를 각기 전기적인 신호로 변환시킨다. 변환된 전기적 신호는 증폭회로와 디지타이저를 거쳐 '0'과 '1'의 값을 갖는 디지털데이터로 변환된 후, 디코더를 통하여 원래 바코드가 가진 정보로 바뀌어 호스트컴퓨터에 전송된다. <그림 3-2>는 바코드리더가 바코드를 검출하여 전기적인 신호와 디지털 신호로 변환되는 과정을 보여주고 있다.

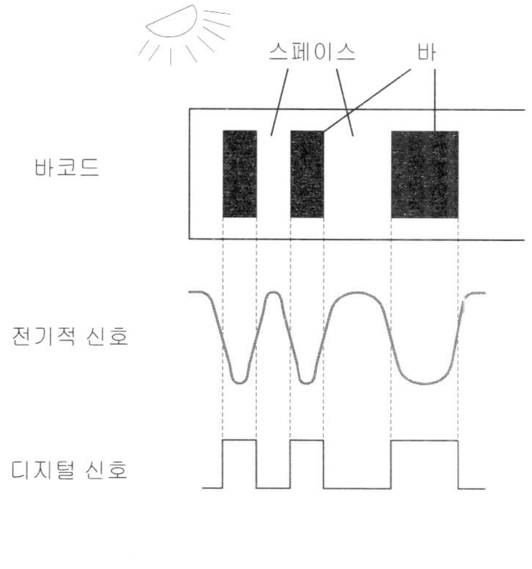

그림 3-2 바코드의 인식원리

1.2 바코드의 구조

바코드는 검은색 막대모양의 바와 흰색 막대모양의 스페이스로 이루어진다. 필요한 정보를 바와 스페이스의 조합으로 표현하는 방법에는 여러 가지가 있으며, 이를 '바코드 심벌로지'(bar code symbology)라고 한다. 많은 바코드 심벌로지들이 개발되어 있으며 같은 데이터라도 심벌체계에 따라 다르게 표현된다.

<그림 3-3>에서 보여주는 바코드를 예로 사용하여 바코드의 구성요소들을 설명해보자. 여기서는 바와 스페이스를 사용하여 필요한 정보내용을 표시하고, 그 뒤에 체크문자(check digit)를 추가하고 있다. 또한 이들 문자군의 앞, 중앙, 뒤에 각각 시작문자, 가운데문자, 마침문자를 덧붙이고 있다.

그림 3-3 바코드의 구성요소

이제 바코드를 구성하는 여러 요소들에 대하여 하나씩 설명해 보기로 하자.

1) 여백(quite zone)

바코드의 시작과 끝 부분에는 가장 좁은 바 굵기의 10배 또는 2.5mm 이상의 흰색 여백을 필요로 한다. 좌우의 여백이 없거나 너무 좁으면 바코드를 판독하는 것이 불가능해진다.

2) 시작/마침 문자(start/stop character)

바코드는 시작문자로 시작하여 마침문자로 끝난다. 시작문자는 데이터의 입력방향과 바코드의 종류를 나타내고, 마침문자는 바코드가 끝났음을 알려준다. 이들 문자로 인하여 스캐너는 앞뒤 어느 방향에서든지 바코드데이터를 읽을 수 있다. 바코드의 종류에 따라서는 이들 문자가 없는 경우도 있다.

3) 체크문자(check digit)

체크문자는 바코드를 판독할 때 데이터의 오류 여부를 검사하기 위한 요소다. 한 문자 혹은 두 문자로 이루어지며 판독자료의 신뢰성을 높여준다. 체크문자가 존재하지 않는 바코드도 있다.

4) 바(bar)

바는 바코드에서 검은 막대부분을 가리키며, 굵기에 따라 넓은 바와 좁은 바로 구분된다.

5) 스페이스(space)

스페이스는 바코드에서 두 개의 인접한 바(bar)사이에 존재하는 흰색 막대부분을 가리킨다. 굵기에 따라 넓은 스페이스와 좁은 스페이스로 구분된다.

6) 설명라인(interpretation line)

바코드의 아래 부분 혹은 윗부분에는 문자나 숫자가 표기되어 있다. 이는 바코드가 나타내는 정보를 사람이 읽을 수 있도록 표기한 내용이다. 바코드가 훼손되어 판독을 하지 못하는 경우를 대비하여 만들어 놓은 문자열이다.

1.3 바코드의 종류

바코드는 세계적으로 70여 가지가 고안되어 사용되고 있으며, '모듈간격코드법'과 'NRZ코드법'으로 크게 분류된다. 모듈간격코드법은 검은색과 흰색의 반사면과는 관계없이 바와 스페이스의 좁고 넓음에 따라 논리치를 '0'과 '1'로 나타낸다. 통상적으로 넓은 요소의 폭은 좁은 요소의 폭보다 2～3배 정도의 크기를 가진다. 이 형식을 따르는 바코드로는 코드39와 ISBN이 있다.

<그림 3-4>는 코드39로 표시된 아라비아숫자에 대한 바코드패턴들을 보여준다. 코드39에서 좁은 바나 좁은 스페이스는 0의 논리값을, 넓은 바나 넓은 스페이스는 1의 논리값을 나타내므로 숫자 0에 대한 논리값은 '000110100'이 된다.

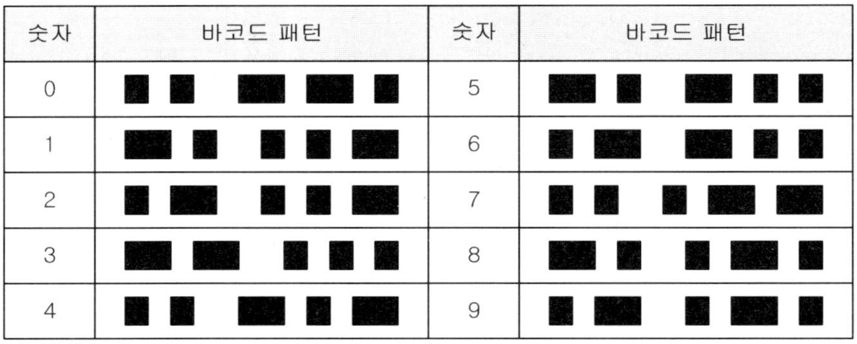

그림 3-4 코드39에서 숫자들에 대한 바코드 패턴

NRZ코드법은 바와 스페이스의 색깔에 따라 검은색의 바는 0, 흰색의 스페이스는 1의 논리값을 나타낸다. 이 형식을 따르는 바코드로는 UPC, EAN, JAN, KAN 등이 있다. <그림 3-5>는 숫자 1, 2, 3에 대하여 UPC에서의 바코드패턴을 보여준다. 여기서 한 개의 문자를 나타내기 위하여 바 혹은 스페이스가 7개씩 사용되고 있음을 유의하라.

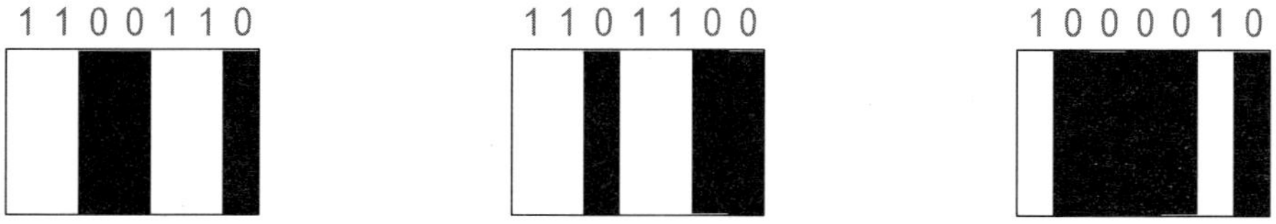

(a) 숫자 1 (b) 숫자 2 (c) 숫자 3

그림 3-5 UPC에서 숫자 1, 2, 3에 대한 바코드 패턴

1.3.1 코드39(code 39)

코드39는 0～9의 숫자, A～Z의 문자, 그 외의 특수문자 등 총 43자의 알파벳문자를 코드화할 수 있는 것으로 알려져 있다. 각 문자를 표시하기 위하여 9개의 요소(바 혹은 스페이스)가 사용되고 있으며, 이들 가운데 3개는 넓은 요소이므로 '코드39' 혹은 'code 3 of 9'이라는 이름이 붙여졌다. 코드39는 반드시 '*'로 시작하고 또한 마쳐야 한다. 사용되는 각각의 문자에 대한 바코드는 바(bar)로 시작하여 바(bar)로 마친다. 따라서 문자와 문자 사이에는 항상 좁은 스페이스가 존재하게 되지만 판독할 때는 이를 무시한다. <그림 3-6>에서는 코드39로 문자 FA를 표시하고 있다.

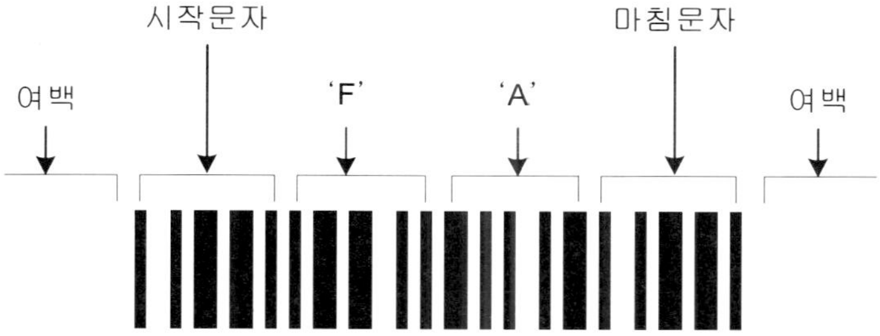

그림 3-6　코드 39로 표시된 문자 FA

1.3.2 UPC(Universal Product Code) 코드

UPC코드는 범세계적인 산업표준 바코드의 필요성으로 인하여 탄생한 바코드시스템으로서, 현재 미국이나 캐나다에서 식료품, 일상 잡화, 의료 제품 등에 사용되고 있다. 0～9의 숫자만을 표시할 수 있으며, <그림 3-7>에서 보는 바와 같이 시작문자, 가운데 문자, 마침문자에 의하여 데이터를 구분하고 있다.

0 02226 49143 3

그림 3-7　UPC 코드

1.3.3 EAN(European Article Number) 코드

미국, 캐나다에서 UPC코드시스템을 제정한 이후, 유럽의 12개국이 모여서 만든 국제적인 공통상품코드시스템으로 주위에서 자주 볼 수 있다. UPC코드시스템보다 상위 레벨이므로 EAN코드를 읽을 수 있는 판독기는 UPC코드를 읽을 수 있으나 그 반대는 성립되지 않는다. 0～9의 숫자로만 표시할 수 있으며 시작문자, 가운데문자, 마침문자에 의하여 데이터를 구분하여 표기한다. 우리나라는 1988년 EAN에 가입하여 국가번호 '880'을 부여받아 KAN(Korean Article Number)코드시스템을 제정하였다. <그림 3-8>은 KAN코드의 예를 보여준다.

그림 3-8 KAN 코드

1.3.4 ISBN(International Standard Book Number, 국제표준도서번호) 코드

ISBN제도는 전 세계에서 간행되는 모든 도서에 고유번호를 부여하기 위하여 제정되었다. ISBN코드시스템은 10자리로 구성되며 항상 ISBN이라는 문자를 앞세워 표기한다. 우리나라는 국가번호 '89'를 배정받아 1990년부터 사용하고 있다. <그림 3-9>는 ISBN 형식의 바코드를 보여준다.

그림 3-9 ISBN 코드

1.3.5 2차원 바코드

1987년 2차원 바코드가 처음 등장한 이래 많은 2차원 바코드가 개발되었다. 2차원 바코드의 장점은 좁은 면적에 더 많은 데이터를 입력할 수 있다는 점이다. 실제로 1차원 바코드는 20자 이내의 문자를 표시할 수 있지만, 2차원 바코드는 1,000자 이상의 문자를 저장할 수 있다. 2차원 바코드는 다층형 바코드와 행렬형 바코드로 분류된다. 다층형 바코드는 여러 개의 1차원 바코드를 누적하여 쌓은 형태로 구성된다. 다층형 바코드에는 PDF-417, 코드49, 코드16K, Codablock 등이 있다. <그림 3-10>은 다층형 바코드 가운데 몇 가지를 보여주고 있다.

(a) PDF-417 (b) 코드49 (c) Codablock

그림 3-10 다층형 바코드의 예

행렬형 바코드는 검은색과 흰색으로 표시되는 정사각형 모양의 2차원 데이터셀로 구성된다. 이는 다층형 바코드보다 더 많은 데이터를 저장할 수 있는 장점이 있다. 행렬형 바코드로는 Maxi코드, Code 1, DataMatrix, QR코드, Aztec코드 등이 있다. <그림 3-11>은 행렬형 바코드 가운데 몇 가지를 보여주고 있다.

(a) Maxi코드 (b) Code 1 (c) DataMatrix (d) QR코드 (e) Aztec코드

그림 3-11 행렬형 바코드의 예

1.4 바코드시스템의 활용

바코드시스템는 수퍼마켓이나 서점같은 상점에서 판매상황을 실시간으로 관리하는데 매우 적합하다. 손님이 상점에서 물품을 사게 되면 계산대에서 점원은 바코드리더를 사용하여 바코드를 읽고 지불해야 할 가격을 화면에 제시한다. 바코드시스템의 역할은 이것으로 끝나는 것이 아니다. 물품을 판매하는 순간 매장을 관리하는 호스트컴퓨터는 현재 상점에 남아있는 물품재고량을 갱신하게 된다. 이처럼 보유하고 있는 물품들의 재고수준을 항상 파악할 수 있으므로, 부족한 물품만을 선택적으로 주문하여 보충할 수 있게 된다. 따라서 물품의 부족이나 과다를 방지하고 적정한 재고수준을 늘 유지할 수 있다.

공장에서는 각각의 기계설비에서 만들어지고 있는 부품마다 바코드가 부착된다. 이 바코드를 읽어 그 내용을 호스트컴퓨터에 전송하면 현재 어떤 부품이 어디서 몇 개 만들어지고 있는지 수시로 확인할 수 있다. 이처럼 바코드시스템을 이용하면 수십여 곳의 기계설비로부터 만들어지고 있는 부품들을 실시간으로 파악할 수 있으므로 부품의 재고관리는 물론 작업자의 작업상태, 기계의 작업능률 등을 효율적으로 관리할 수 있다. 그 밖에도 바코드시스템은 공정관리, 창고관리, 출하관리, 사원근태관리, 고객관리 등에 유용하게 사용되고 있다.

2 RFID

2.1 RFID의 개념 및 구성

RFID는 Radio Frequency Identification의 약자로 '전자태그' 혹은 '전자라벨', '무선식별' 등으로 불린다. 이는 무선주파수(radio frequency)를 이용하여 비접촉으로 사람, 사물 등의 개체에 대한 정보를 식별하는 자동인식기술이다. RFID시스템은 태그(tag), 판독기(reader), 호스트컴퓨터로 이루어진다. 태그는 대상물에 부착되며 <그림 3-12>에서 보는 바와 같이 정보를 저장하는 칩과 무선통신을 위한 안테나로 구성된다. 이는 배터리의 내장 유무에 따라 능동형과 수동형으로 구분되며, 자신의 정보를 무선으로 수 미터에서 수십 미터까지 보낸다.

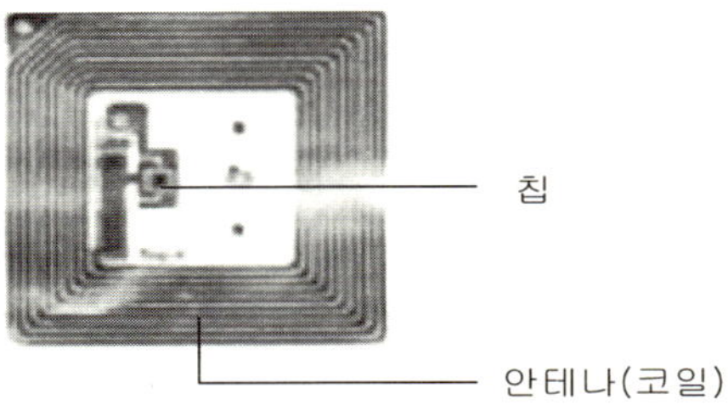

그림 3-12 RFID 태그의 구성

태그에서 무선신호를 송출하면 판독기는 이를 별도로 설치된 안테나로 수신하여 정보를 판독한 후 그 내용을 호스트컴퓨터로 보낸다. 따라서 태그를 부착한 모든 대상물은 언제 어디서나 쉽게 확인과 추적이 가능하다. <그림 3-13>은 RFID판독기의 여러 예들을 보여준다.

그림 3-13 RFID 판독기의 예

2.2 RFID의 역사

RFID기술의 모태가 되는 레이더기술은 1차세계대전 중에 발명되었고, 2차세계대전을 지나면서 크게 발전하였다. RFID기술은 적군과 아군의 항공기 식별을 위하여 출발하였다. 이후 1960년대에 발전한 전자기 이론을 기반으로 도난방지를 위한 EAS (Electronic Article Surveillance) 장비를 개발하게 되었다. EAS장비는 대상물의 유무를 판단하는 1비트 태그로서 RFID가 상용화된 첫 작품이다. 1970년대에는 RFID기술이 급속히 발전하여 동물 및 차량의 추적, 공장자동화 등 다양한 응용분야에서 많은 연구가 이루어졌다. 1980년대에는 태그의 크기가 작아지고, 가격이 낮아지면서, RFID는 가축관리, 교통분야, 출입통제, 제조분야, 상품의 유통관리 등에 상업적으로 많이 적용되기 시작했다. 1990년대에는 IC기술과 무선기술이 발전함에 따라 저가격, 고기술의 태그가 개발되었으며 카드, 라벨, 코인 등 다양한 형태의 제품이 출현하였다. 이 시기에는 RFID의 표준이 제정되기 시작하였으며, 유통이나 상품관리분야에서 바코드를 대신하여 RFID를 적용을 모색하기 시작하였다. 2000년대에 들어서는 무선인식기술의 중요성이 크게 부각되면서 RFID는 전자화폐, 물류관리, 보안시스템 등의 핵심 기술로 사용되고 있다. <표 3-1>은 RFID기술의 발달 과정을 정리한 것이다.

표 3-1 RFID기술의 발달

연도	주요 사건
1940–1950	◦레이더기술의 급속한 발전 ◦1948년 RFID의 발명
1950–1960	◦실험실 중심의 RFID기술의 초기 확산
1960–1970	◦RFID이론의 발전 ◦응용분야의 실험시작
1970–1980	◦RFID기술의 급속한 발전 ◦RFID시험적용의 가속화
1980–1990	◦RFID의 상업적인 적용 본격화
1990–2000	◦RFID표준의 제정 ◦사회의 각 분야에 적용 확대
2000–	◦무선인식기술의 중요성 부각 ◦전자화폐, 물류관리, 보안시스템 등의 핵심기술로 사용됨

2.3 RFID의 특징

RFID는 태그에 저장된 데이터를 무선통신의 방식으로 인식하는 기술이다. 이는 기존의 바코드나 자기카드, IC카드와 같은 다른 데이터인식기술들과 비교할 때 다음과 같은 특징을 가지고 있다.

- 무선통신에 의한 비접촉방식으로 정보를 인식한다.
- 여러 개의 태그를 동시에 인식할 수 있다.
- 인식시간이 0.01～0.1초로 매우 짧다.
- 최대 100m까지 인식거리가 길다.
- 장애물을 투과하여 인식할 수 있다.
- 읽기와 쓰기 기능으로 인하여 재사용이 가능하다.
- 태그에 대용량의 데이터를 저장할 수 있다.
- 기계적인 접촉이 없으므로 반영구적인 사용이 가능하다.
- 스티커, 라벨, 티켓, 배지 등 다양한 형태와 크기로 제조가 가능하다.
- 고/저온, 더러운 곳. 습한 곳 등 열악한 조건에서도 에러율이 낮다.
- 높은 보안성을 가진다.

<표 3-2>에서는 여러 데이터인식기술방법들을 서로 비교하고 있다.

표 3-2 데이터인식기술방법들의 비교

	바코드	자기카드	IC카드	RFID
인식방법	비접촉식	접촉식	접촉식	비접촉식
인식거리	50cm이하	–	–	최대 100m
인식속도	1–3초	1–3초	1초	0.01–0.1초
인식률	낮다	높다	높다	높다
장애물투과	불가능	불가능	불가능	가능
사용기간	쉽게 훼손	수년	수년	수십년
인식대상	하나만 가능	하나만 가능	하나만 가능	다수 가능
읽고쓰기	읽기만 가능	읽고쓰기 가능	읽고쓰기 가능	읽고쓰기 가능
데이터저장	100byte 이하	100byte 이하	64Kbyte 이하	64Kbyte 이하
손상빈도	매우 많다	많다	많다	거의 없다
비용	가장 낮다	낮다	높다	보통
보안능력	거의 없다	거의 없다	복제 불가	복제 불가
재활용	불가능	가능	가능	가능

2.4 RFID태그의 유형

RFID태그는 자체적으로 배터리를 가지고 있는지 여부에 따라 능동형과 수동형으로 구분된다. 또한 무선통신에 사용되는 주파수에 따라 태그를 구분하기도 한다.

2.4.1 능동형/수동형 태그

자체적으로 배터리를 가지고 있는 능동형 태그는 판독기의 소모전력을 줄일 수 있고 장거리 인식이 가능하다는 장점이 있다. 하지만 전원공급장치를 필요로 하므로 작동시간이 제한되며, 수동형에 비하여 가격이 비싸다.

반면에 수동형은 배터리를 가지고 있지 않으며, 판독기에서 송출된 무선신호전력으로부터 전원을 공급받아 구동된다. 능동형에 비해 매우 가볍고, 가격이 저렴하며, 반영구적으로 사용이 가능하다. 하지만 인식거리가 짧고, 판독기에서 많은 전력을 소모하는 단점이 있다.

수동형 태그에 소형배터리를 부착한 세미수동형 태그도 있다. 이는 판독기로부터 무선신호를 수신했을 때 빨리 응답할 수 있는 것이 장점이다. <표 3-3>에서는 능동형 태그와 수동형 태그를 서로 비교하고 있다.

표 3-3　　능동형태그와 수동형태그의 비교

	능동형 태그	수동형 태그
특징	◦태그에서 무선신호를 송출한다. ◦자체 배터리에서 전원을 공급한다.	◦판독기의 전파신호로부터 전원을 공급받는다.
장점	◦3m이상의 장거리 전송이 가능하다.	◦배터리가 없으므로 가격이 저렴하다.
단점	◦배터리로 인하여 가격이 비싸다. ◦동작시간이 제한된다.	◦장거리 전송이 제한된다.
적용분야	◦환경감시, 군수, 의료, 과학 분야	◦물류관리, 교통, 보안, 전자 상거래분야

능동형 태그를 가진 RFID의 작동절차는 다음과 같다.

① 태그는 자신의 데이터를 무선으로 송출한다.

② 판독기는 무선신호를 수신하여 데이터를 해독한 다음 호스트컴퓨터로 전달한다.

<그림 3-14>는 능동형 태그를 가진 RFID의 작동절차를 보여준다.

그림 3-14 능동형 태그를 가진 RFID의 작동절차

수동형 태그를 가진 RFID의 작동절차는 다음과 같다.

① 판독기에서 송출된 무선신호가 태그에 수신된다.

② 태그는 자신의 데이터를 판독기로 송출한다.

③ 판독기는 수신된 데이터를 해독하여 호스트컴퓨터로 전달한다.

<그림 3-15>는 수동형 태그를 가진 RFID의 작동절차를 보여준다.

그림 3-15 수동형 태그를 가진 RFID의 작동절차

2.4.2 사용된 주파수에 따른 태그의 특징

저주파에서 마이크로파에 이르기까지 다양한 주파수대에서 작동하는 RFID시스템이 현재 상용화되고 있다. <표 3-4>는 사용된 주파수에 따른 RFID태그의 주요 특징과 적용분야를 보여주고 있다.

표 3-4 사용주파수에 따른 RFID태그의 특징

주파수	저주파수(LF)	고주파(HF)	극초단파(UHF)		마이크로파
	125,134KHz	13.56MHz	433.92MHz	860~960MHz	2.45GHz
인식거리	60cm 미만	약 60cm	약 50~100m	약 3.5~10m	약 1m 이내
일반특성	◦비교적 고가 ◦환경의 영향을 거의 받지 않음	◦저주파보다 저가 ◦짧은 인식거리	◦긴 인식거리	◦최저가 ◦다중태그인식성능 뛰어남	◦빠른 인식 ◦환경의 영향을 가장 많이 받음
태그종류	수동형	수동형	능동형	능동/수동형	능동/수동형
적용분야	◦재고관리 ◦출입통제/보안 ◦동물식별	◦수화물관리 ◦교통카드 ◦출입통제/보안	◦컨테이너관리 ◦실시간위치추적	◦물류관리 ◦자동통행료징수	◦물류관리 ◦톨게이트 ◦위조방지
인식속도	저속 ←				→ 고속
환경영향	작다 ←				→ 크다
태그크기	크다 ←				→ 작다

2.5 RFID의 적용

RFID는 다음과 같은 여러 분야에서 다양한 적용이 가능하다.

- 재고관리: RFID를 이용하면 실시간의 상품추적과 재고파악이 용이하다.
- 농수산물관리: 유통기한과 원산지관리가 용이하므로 유통기간이나 원산지의 허위표기를 예방할 수 있다.
- 도난방지: RFID태그가 부착된 의류나 책을 무단으로 반출하면 경보가 울리게 된다.
- 교통카드: 교통수단을 이용할 때 RFID태그가 내장된 카드를 판독기에 가까이 대면 자동으로 요금이 정산된다.
- 주차관리: RFID태그가 부착된 차량이 접근하면 출입통제장치가 자동으로 개폐된다.
- 출입통제: RFID태그가 내장된 카드를 판독기에 가까이 대면 출입자격여부를 조회하여 출입문을 개폐한다.
- 톨게이트: 고속도로의 톨게이트에서 RFID태그가 부착된 차량이 판독기에

접근하면 요금이 자동으로 징수된다.

- **위조방지**: 현금, 수표, 상품권, 여권, 면허증, 신분증 등에 RFID태그를 삽입하면 위조나 불법복제를 방지할 수 있다.
- **가축관리**: 식별정보가 입력된 칩을 가축에 이식하면 혈통관리와 위치파악 등에 활용할 수 있다.

3 머신비전

앞에서 소개한 바코드시스템과 RFID는 다수의 문자로 이루어진 데이터를 자동으로 수집하는데 사용된다. 자동으로 데이터를 수집하는 방법 가운데 영상데이터를 대상으로 하는 기술이 머신비전이다. 머신비전은 현장의 영상데이터를 자동으로 수집하여 컴퓨터에 전송함으로 필요한 정보를 추출한다. 그 결과 사람이 눈으로 보고 판단하는 작업을 컴퓨터가 대신할 수 있게 되었다.

3.1 머신비전시스템의 구성

머신비전(machine vision)이란 센서를 이용하여 얻은 영상데이터를 컴퓨터에서 처리하여 대상물체를 식별하는 기술이다. 머신비전시스템은 <그림 3-16>에서 보는 바와 같이 조명장치, 영상획득장치, 영상처리장치로 이루어진다.

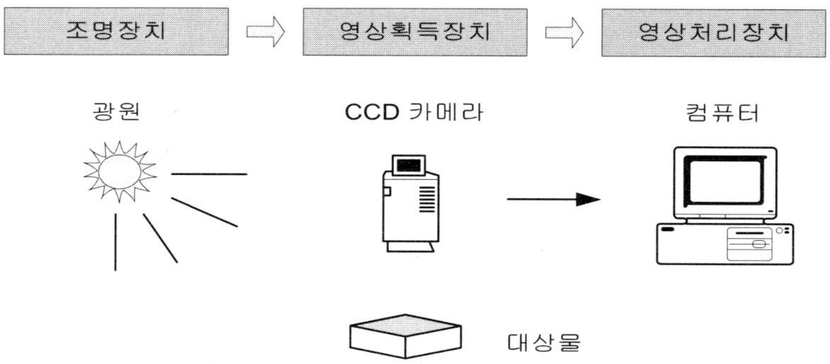

그림 3-16 머신비전 시스템의 구성

조명장치는 CCD카메라가 목표물을 측정할 때 일정한 조도를 유지시켜 주는 기능을 수행한다. 이때 광원의 밝기에 따라 입력되는 영상이 크게 영향을 받으므로 신중하게 적절한 조명기기를 선택해야 한다. 영상획득장치에서는 CCD카메라를 통하여 입력받은 아날로그영상을 디지털데이터로 바꾸어 컴퓨터로 전달한다. 마지막으로 영상처리장치는 컴퓨터로 전달된 영상으로부터 적절한 응용프로그램을 사용하여 원하는 정보를 추출한다. 이 같은 영상처리과정을 통하여 머신비전시스템은 제품의 검사나 상황의 감시를 위한 판단을 내리게 된다.

3.2 머신비전 응용의 절차

머신비전에서 영상을 처리하는 절차는 <그림 3-17>에서 보는 바와 같이 영상획득, 영상 전처리, 정보추출, 정보응용 순으로 이루어진다.

그림 3-17 머신비전에서 영상처리절차

1) 영상획득

영상획득은 CCD카메라를 사용하여 얻어진 대상물체의 아날로그정보를 디지털영상으로 변환하는 과정이다. 디지털영상으로 변환하는 과정에는 샘플링과 양자화(quantization)가 필요하다. 여기서 샘플링은 영상의 해상도를 결정하는 과정이고, 양자화는 빛의 밝기를 결정하는 과정이다.

2) 영상 전처리

카메라로부터 얻어진 영상은 잡음, 낮은 수준의 밝기 등으로 인하여 곧바로 영상을 처리하기가 곤란한 경우가 많다. 따라서 다음 과정에서 영상을 보다 효과적으로 이용하려면 잡음제거, 대비도개선 등 사전에 영상을 개선할 필요가 있다. 이러한 전처리를 위하여 사용되는 기법으로는 이진화기법, 필터링기법 등이 있다.

3) 정보추출

정보추출은 전처리된 영상으로부터 목적에 따라 원하는 정보를 추출해내는 과정이다. 예를 들어 품질관리의 자동화를 위해 직사각형 모양의 제품을 측정하고 이를 기준치와 비교한다고 하자. 대상제품의 크기를 자동으로 측정하려면 밑면의 가로와 세로의 길이를 영상으로부터 얻어내야 한다.

4) 정보응용

머신비전의 최종목표는 얻어진 영상정보를 이용하여 원하는 작업을 수행하는 것이다. 앞에서 언급한 직사각형 모양의 제품을 다시 예로 들어보자. 영상데이터로부터 밑면의 가로와 세로의 길이를 구하여 면적을 계산한다. 이 면적을 기준치와 비교하여 허용한계를 벗어나는 경우 불량품으로 판정하게 된다. 이러한 의사결정이 컴퓨터에서 실행되는 응용프로그램을 통하여 이루어지면, 그에 따라 특정 신호를 발생시켜 연결된 하드웨어를 제어한다.

3.3 영상의 획득

영상은 빛의 밝기에 의하여 표시된다. 조명기기로부터 발생된 빛이 대상물체에 비추어지고 반사되어 카메라에 도달하게 되면, 카메라는 렌즈를 이용하여 빛을 일정한 범위 내에 모으고 빛의 밝기를 기록한다. 머신비전에 이용되는 카메라는 빛의 밝기를 전류의 크기로 바꾸어 주는 기능을 가지고 있다. 이러한 카메라의 대표적인 예가 CCD(Charge Coupled Device)배열을 이용한 CCD카메라다. CCD카메라는 얻어진 아날로그신호를 디지털 값으로 변환하여 저장한다. 영상을 획득하는 과정은 윈도잉, 디지털화, 영상저장으로 이루어진다.

3.3.1 윈도잉(windowing)

윈도잉은 일부 특정한 영역에 영상분석을 집중시켜 실행시간과 컴퓨터메모리를 효율적으로 이용하는 방법이다. 사람 눈의 경우에서도 보통 때는 넓은 영역을 보다가도 필요한 때에는 매우 작은 영역에 시선을 집중시킬 수 있다.

3.3.2 디지털화(digitization)

컴퓨터로 처리하려면 영상정보는 디지털데이터 값을 가져야 한다. 얻어진 영상의 빛의 밝기는 일단 비례하는 전기신호로 변환된 다음 디지타이저에 의하여 디지털형태로 변환된다. 디지털화는 샘플링과 양자화로 이루어진다.

1) 샘플링

샘플링은 디지털영상으로 표현하기 위하여 윈도우를 일정한 크기의 화소들로 분할하는 것으로 영상의 해상도를 결정한다. <그림 3-18>에서는 16×16, 32×32, 64×64, 128×128의 해상도를 가지고 도시된 영상들을 보여준다. 해상도가 증가할수록 보다 명확한 영상이 얻어지는 것을 알 수 있다.

(a) 16×16 (b) 32×32 (c) 64×64 (d) 128×128

그림 3-18 여러 샘플링크기를 가진 영상

2) 양자화(quantization)

양자화는 샘플링에 의하여 결정된 각각의 화소마다 이진수로 표현된 여러 수준의 명암정보를 할당하는 것이다. 이때 양자화의 값이 크면 보다 다양한 수준으로 화소의 밝기를 나타낼 수 있게 된다. <그림 3-19>에서는 4종류의 다른 양자화 값에 의하여 동일한 영상을 나타내고 있다. <그림 3-19(a)>는 각 화소마다 1비트, 즉 흰색과 검은색의 2종류만으로 표현된 영상을 보여준다. <그림 3-19(b)>, <그림 3-19(c)>, <그림 3-19(d)>는 양자화의 크기를 각각 2비트, 4비트, 8비트로 증가시켜 가며 영상을 표현한 것이다. 이들은 흰색과 검은색 외에 다양한 밝기의 회색들이 추가되었으므로 양자화 크기가 증가할수록 영상은 더욱 부드럽고 명확해지는 것을 알 수 있다.

(a) 1비트(2수준) (b) 2비트(4수준) (c) 4비트(16수준) (d) 8비트(256수준)

그림 3-19 다양한 양자화크기를 가진 영상

3.3.3 영상저장

영상데이터는 샘플링에 의해 결정된 2차원배열의 화소셀마다 명암수준을 나타내는 수치값으로 저장된다. 이때 영상의 명암수준은 대부분 화소 당 1바이트, 즉 8비트로 표현된다. 이는 영상의 각 화소가 0부터 255까지의 값을 가지고 명암의 밝기를 나타내는 것이다. 통상적으로 검정색은 최소값인 0으로, 흰색은 최대값인 255로 정해진다.

<그림 3-20>은 영상의 각 화소에 대한 명암과 그에 대응하는 영상의 데이터값을 함께 보여주고 있다. 여기서 검은색은 0, 흰색은 255, 그 외에 회색들은 밝기에 따라 64, 128, 192의 값으로 지정되었다.

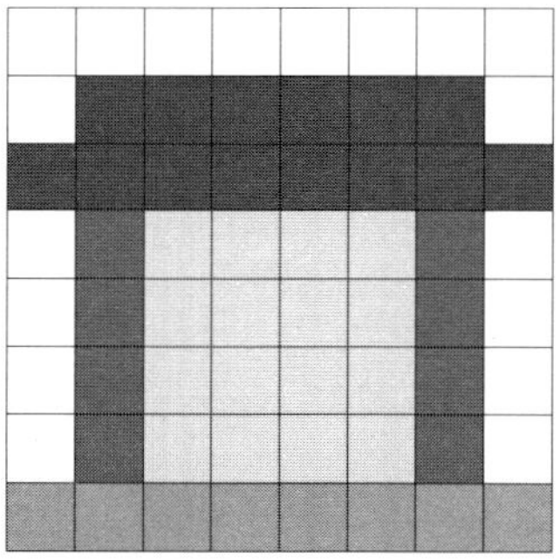

(a) 영상의 명암

255	255	255	255	255	255	255	255
255	0	0	0	0	0	0	255
0	0	0	0	0	0	0	0
255	64	192	192	192	192	64	255
255	64	192	192	192	192	64	255
255	64	192	192	192	192	64	255
255	64	192	192	192	192	64	255
128	128	128	128	128	128	128	128

(b) 영상의 데이터값

그림 3-20 영상의 명암과 데이터값

3.4 영상히스토그램

영상히스토그램은 화소의 명암값들을 막대그라프로 도시한 것이다. 화소가 가지는 명암값은 X축에, 각 명암값에 대한 화소의 빈도수는 Y축에 정의된다. 히스토그램을 살펴보면 영상에서 명암대비나 명암분포에 관한 내용을 상세히 알 수 있다. <그림 3-21>은 <그림 3-20>의 영상데이터에 대한 히스토그램을 보여준다. 여기서 명암 0, 64, 128, 192, 255의 값을 갖는 화소는 각각 14개, 8개, 8개, 16개, 18개의 빈도수를 가지고 있다.

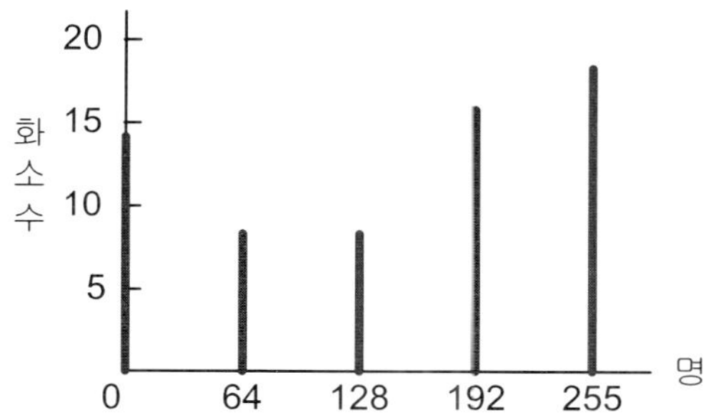

그림 3-21 〈그림 3-20〉의 영상데이터에 대한 히스토그램

<그림 3-22>는 동일한 물체에 대하여 밝기를 달리한 두 영상에 대하여 히스토그램을 비교하고 있다. <그림 3-22(a)>에서와 같이 영상이 어두운 경우 히스토그램에서 화소값들은 왼쪽으로 분포되어 있다. 반면에 <그림 3-22(b)>와 같이 밝은 영상에 대한 히스토그램은 화소값들이 전체적으로 오른쪽에 분포하고 있다. 따라서 어두운 영상을 밝게 하고 싶다면 영상데이터의 전체 화소값에 일정한 값을 더해주면 된다. 물론 영상을 좀 더 어둡게 만들고 싶다면 영상데이터의 전체 화소값을 적절히 감소시키면 가능하다.

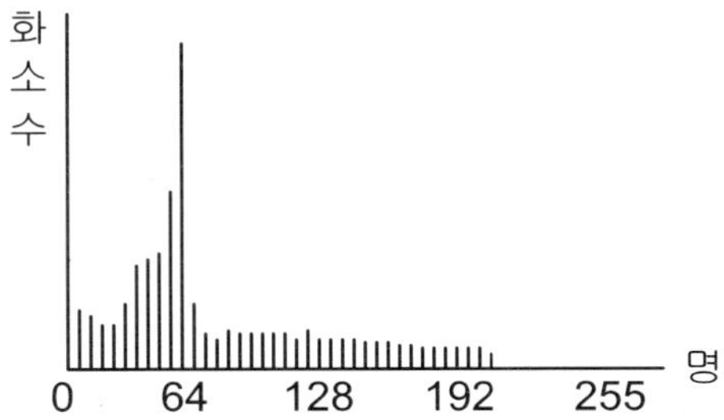

(a) 어두운영상

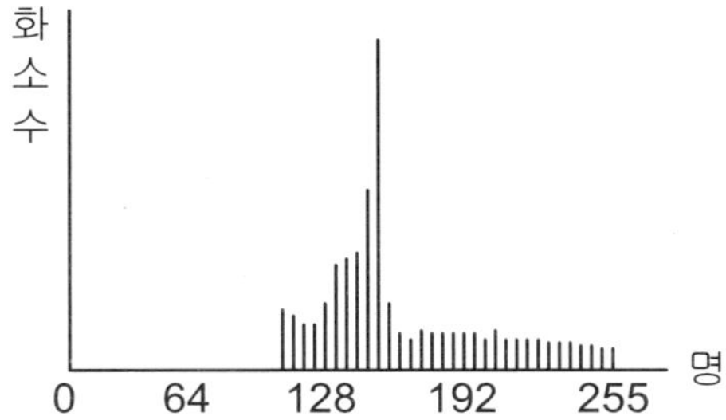

(b) 밝은 영상

그림 3-22 어두운 영상과 밝은 영상에 대한 히스토그램의 비교

3.5 이진화기법

이진화기법은 명암의 경계값(threshold)을 이용하여 디지털 영상을 검정색(0)과 흰색(1)의 두 종류 값으로 표현하는 방법이다. 이 기법은 물체와 배경을 분리하거나, 일정한 농도 이상의 화소들을 제거하거나, 영상의 정보를 간소하게 만드는 등 이미지의 전처리에서 자주 사용되고 있다.

3.5.1 이진화처리 방법

입력된 영상을 이진화하려면 먼저 영상의 히스토그램 모양을 고려하여 명암의 경계값을 적절히 정한다. 그런 다음 화소의 명암값이 경계값보다 작으면 검정색(0)으로, 경계값보다 크면 흰색(1)으로 변환한다. 이를 수식으로 나타내면 다음과 같다.

$$g(x,y) = \begin{cases} 0 & f(x,y) < \text{경계값} \\ 1 & f(x,y) \geq \text{경계값} \end{cases} \tag{3.1}$$

여기서 f(x,y)는 원영상의 화소 (x,y)에 있는 명암값이고, g(x,y)는 이진화처리되어 얻어진 이진영상의 화소 (x,y)에 있는 명암값이다.

일반적으로 영상에서 배경이 명암과 물체의 명암은 차이가 나므로 <그림 3-23>에서 보는 바와 같이 하나의 골과 두개의 봉우리를 형성하게 된다. 따라서 두 봉우리 사이의 골에 적절히 경계값을 정하여 이진화처리하면 배경과 물체를 구분할 수 있게 된다.

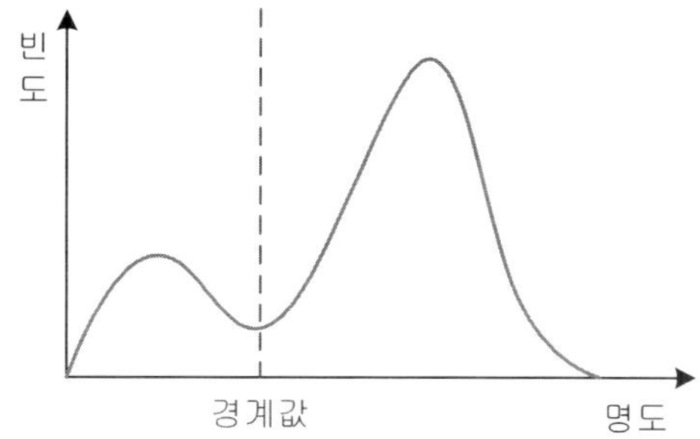

그림 3-23 쌍봉선 모양의 히스토그램

<그림 3-24>는 여러 경계값을 사용하여 이진화처리한 영상을 보여주고 있다. 경계값이 작아지면 이진영상은 전체적으로 흰색의 영역이 넓어지고, 반대로 경계값이 커지면 검은색 영역이 넓어진다. 따라서 물체와 배경을 잘 식별할 수 있도록 적절히 경계선을 정하는 것은 매우 중요하다.

(a) 원 영상 (b) 경계값 100 (c) 경계값 150 (d) 경계값 200

그림 3-24 경계값 변화에 따라 얻어진 이진영상들

3.5.2 이진영상의 응용

이진화처리를 통하여 영상 내의 물체에 대한 여러 특성들을 식별할 수 있다. 얻어진 이진영상의 화소값 g(i,j)의 배열이 n×n의 크기를 갖는다고 하고 물체의 면적과 위치를 구하는 방법을 살펴보기로 하자.

1) 물체의 면적

이진영상에서 물체에 해당하는 화소값들은 1의 값을, 나머지 배경의 화소값들은 0의 값을 가진다고 하자. 입력된 이진영상의 모든 화소값 g(i,j)을 합하면 물체의 면적 A는 다음과 같이 쉽게 얻어진다.

$$A = \sum_{i=0}^{n-1}\sum_{j=0}^{n-1} g(i,j) \tag{3.2}$$

2) 물체의 위치

자동화에서 물체가 존재하는 위치를 찾는 것은 매우 중요하다. 물체의 위치를 정의하는 방법에는 여러 가지가 있으나 물체의 중심점을 이용하는 방법이 가장 많이 쓰이고 있다. 이진영상에서 물체의 중심 (x_m, y_m)을 구하기 위한 식은 다음과 같다.

$$x_m = \frac{\sum_{i=0}^{n-1}\sum_{j=0}^{n-1} i \times g(i,j)}{A}, \quad y_m = \frac{\sum_{i=0}^{n-1}\sum_{j=0}^{n-1} j \times g(i,j)}{A} \tag{3.3}$$

여기서 A는 식(3.2)에서 정의한 물체의 면적을 가리킨다.

예를 들어 <그림 3-25>에서 보는 바와 같이 이진영상과 그 화소값들이 주어졌을 때, 주어진 물체의 면적은 식(3.2)에 의하여 A=28, 물체의 위치는 식(3.3)으로부터 $(x_m, y_m) = (\frac{98}{28}, \frac{90}{28})$을 얻게 된다.

(a) 이진영상

i \ j	0	1	2	3	4	5	6	7
0	0	0	0	0	0	0	0	0
	0	1	1	1	1	1	1	0
	0	1	1	1	1	1	1	0
	0	1	1	0	0	0	0	0
	0	1	1	0	0	0	0	0
	0	1	1	1	1	1	1	0
	0	1	1	1	1	1	1	0
7	0	0	0	0	0	0	0	0

(b) 화소값

그림 3-25 이진영상과 그 화소값

3.6 머신비전의 활용

부품의 검사는 머신비전응용의 대부분을 차지한다. 검사작업은 단순한 업무를 반복해야 하므로 매우 지루하며 오류도 많이 발생한다. 특히 전자제품의 경우 회로와 부품이 소형화되면서 사람의 눈으로는 검사가 거의 불가능하게 되어 머신비전의 활용은 매우 중요하게 되었다. 머신비전에 의한 전형적인 검사작업으로는 다음의 내용들이 포함된다.

- **치수측정:** 대상부품의 길이나 면적을 기준부품과 비교한다.
- **조립상태의 검사:** 조립품에서 부품의 유무, 형상, 위치를 검사하여 오조립, 미조립과 같은 불량을 검출한다.
- **부품표면의 결함검출:** 제품표면에 있는 흠집, 이물질, 미가공면 등의 결함을 검사한다.
- **라벨의 결함검출:** 잘못 위치한 라벨, 잘못 프린트된 글자, 상표 등을 검출한다.

검사작업 외에도 머신비전은 다음과 같은 분야에 활용되고 있다.

- **로봇응용:** 로봇에서 물체를 잡기 위한 위치와 방향인식을 위하여 적용된다.
- **문자인식:** 스캐너와 같은 장비에서 그림을 분석하여 문자를 인식한다.
- **자동차산업:** 자동차의 자동주행시스템에 적용하여 현재 위치와 상황을 인식한다.
- **제품분류:** 혼류생산라인에서 제품의 크기, 모양, 그림, 문자, 위치 등을 인식하여 제품을 유형별로 분류한다.

연습문제

1. 바코드리더에서 디코더의 역할은 무엇인가?

2. 다음은 UPC 바코드의 일부분이다. 시작문자와 가운데문자 사이의 데이터에 대한 논리값을 구하라.

START CENTER

3. 다음은 code39 바코드의 일부분이다. 바코드에 해당하는 논리값을 구하라.

4. 주위에서 사용되는 2차원바코드의 예를 조사해보라.

5 1차원바코드에 비하여 2차원바코드의 장점은 무엇인가?

6 RFID가 바코드를 대체하게 된 이유는 무엇인가?

7 주위에서 RFID가 적용되고 있는 사례를 조사해 보라.

8 주어진 영상데이터에 대하여

1	1	1	1	0	0
0	1	3	1	1	0
2	3	3	3	0	1
1	1	3	0	2	1
0	1	3	2	2	0
0	1	3	1	2	0

1) 히스토그램을 작성하라.

2) 적절한 경계치를 정하여 2진화한 영상데이터를 구하라.

9 해상도 256×256과 4비트의 명암수준을 가진 영상을 저장하기 위하여 필요한 메모리크기를 구하라.

자동화요소장치 2부

4장. 제어신호처리장치

5장. 액추에이터와 동력전달장치

4장

제어신호처리장치

센서와 같은 입력요소로부터 정보를 처리하여 적절한 출력제어신호를 발생시키려 할 때 입출력요소가 서로 다른 경우 제어신호를 자동적으로 변환하는 제어신호처리장치가 필요하다. 이들은 처리될 정보형태에 따라 여러 가지 유형이 있다. 만약 제어시스템이 공유압으로 구성되었다면 밸브들이 제어신호처리장치의 역할을 한다. 또한 전기적인 신호를 처리할 경우에는 릴레이, 전자개폐기, 전자밸브 등이 제어신호를 처리하게 된다.

1 릴레이

릴레이(relay)는 소량의 전기에너지를 이용한 개폐스위치다. <그림 4-1>에서 보는 바와 같이 코일에 전류를 흘리면 전자석이 작동하여 가동접점을 끌어당겨 고정접점에 연결시킨다. 이는 약한 직류전기를 사용하여 높은 전류가 흐르는 동력회로를 제어하는데 주로 사용된다. 릴레이는 PLC가 등장하기 이전에 제어장치를 설계하는 데에 있어 필수적인 부품이었으며, 현재도 제어회로를 구성하는데 널리 사용되고 있다.

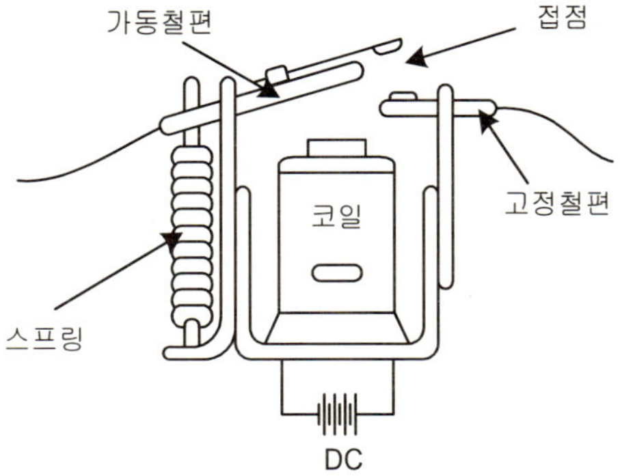

(a) 릴레이 구조

(b) 릴레이의 예

그림 4-1 릴레이의 구조와 예

1.1 접점의 종류

1.1.1 a접점

a접점은 보통 상태에서 열려있는 접점을 말하며, 작동접점(arbeit contact)의 머리문자를 딴 소문자 'a'로 표시한다. '상개접점' 혹은 'NO접점'(normal open contact)이라고 부르기도 한다. 릴레이의 a접점은 전자코일에 전류가 흐르지 않으면 <그림 4-2(a)>와 같이 가동접점과 고정접점이 떨어지게 되고, 전류가 흐르면 <그림 4-2(b)>와 같이 전자석의 흡인력으로 말미암아 가동철편이 당겨져 가동접점과 고정접점이 접촉하게 된다.

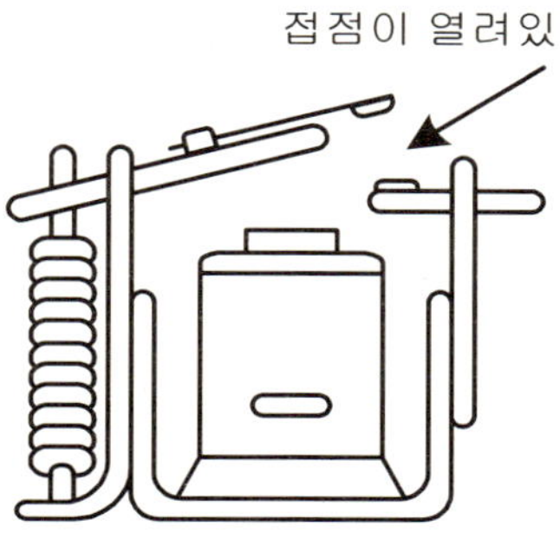

(a) 전류가 흐르지 않음

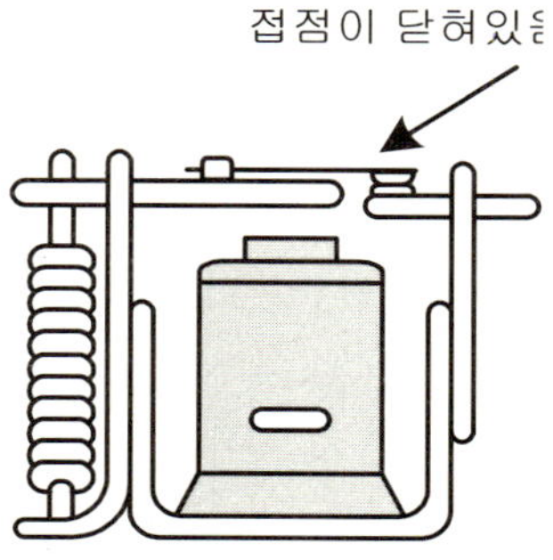

(b) 전류가 흐름

그림 4-2 릴레이의 a접점회로

1.1.2 b접점

b접점은 보통 상태에서 닫혀있는 접점을 말하며, 브레이크 접점(break contact)의 머리문자를 딴 소문자 'b'로 표시한다. 이는 '상폐접점' 혹은 'NC접점'(normal closed contact)으로 부르기도 한다. 릴레이의 b접점은 전자코일에 전기가 흐르지 않을 때는 <그림 4-3(a)>와 같이 가동접점과 고정접점이 닫혀있게 되고, 전기가 흐를 때는 <그림 4-3(b)>와 같이 가동접점과 고정접점이 열리게 된다.

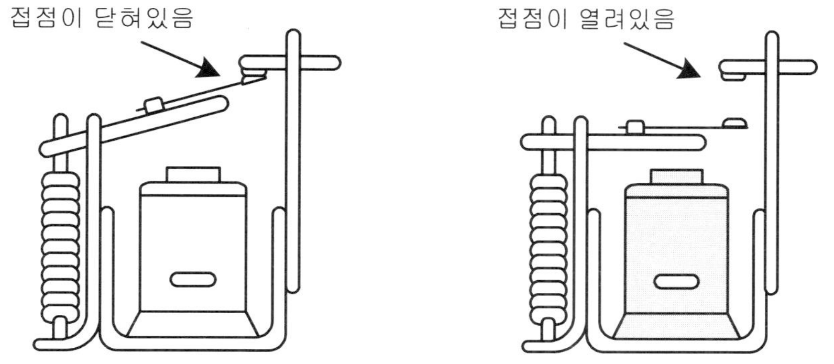

(a) 전류가 흐르지 않음　　(b) 전류가 흐름

그림 4-3　릴레이의 b접점회로

1.1.3 c접점

c접점은 a접점과 b접점의 가동접점을 공유하여 상호 전환되는 접점을 가리키며, 전환접점(change-over contact)의 머리문자를 딴 소문자 'c'로 표현한다. 릴레이의 c접점은 전자코일에 전류가 흐르지 않으면 <그림 4-4(a)>에서 보는 바와 같이 a접점부는 열려있고, b접점부는 닫혀있다. 반대로 전자코일에 전류가 흐르게 되면 <그림 4-4(b)>에서 보는 바와 같이 a접점부는 닫히고, b접점부는 열리게 된다.

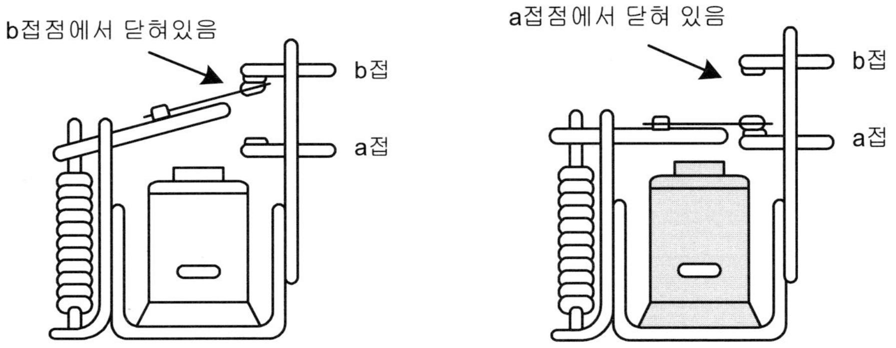

(a) 전류가 흐르지 않음 (b) 전류가 흐름

그림 4-4 릴레이의 c접점회로

1.2 릴레이의 논리회로

릴레이를 이용하여 원하는 논리회로를 구성할 수 있다. <그림 4-5>는 센서1과 센서2에 의하여 각각 제어되는 릴레이 A와 릴레이 B를 이용하여 AND회로와 OR회로를 구성한 것이다. AND회로에서 램프를 점등시키려면 두 릴레이가 동시에 작동되어야 하고, OR회로에서 램프가 켜지려면 한 개 이상의 릴레이가 작동하면 된다.

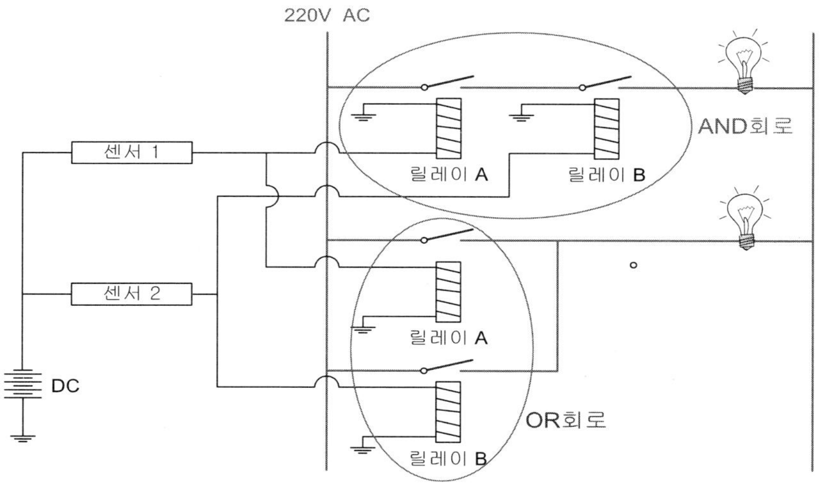

그림 4-5 릴레이를 이용한 논리회로 구성

2 전자개폐기

'전자스위치'라고도 부르는 전자개폐기는 전자접촉기와 과부하계전기(overload relay)가 조합된 ON/OFF스위치로, 과부하로 인한 교류모터의 손상을 방지하기 위하여 많이 사용된다. 전자접촉기는 릴레이와 동일한 동작원리로 접점을 개폐한다. 고정철심에 감겨진 코일에 전원이 흐르면 철심이 전자석이 되어 접점을 열거나 닫고, 코일에 전원이 끊어지면 스프링의 힘으로 접점은 원위치에 복귀한다.

과부하계전기는 주회로에 접속되어 과부하를 감지하여 기기를 보호하기 위한 것으로 열동형과 전자식이 있다. 열동형 과부하계전기는 주회로에 과전류가 흘러 열이 발생할 때 바이메탈이 구부러져 전자석의 회로를 차단한다. 반면에 전자식 과부하계전기는 주회로에 과전류가 흐를 때 자기력으로 철편을 흡인하여 전자석의 회로를 차단한다.

<그림 4-6>에서는 열동형 과부하계전기에 의한 전자개폐기의 동작원리를 보여준다. 주회로에 과도한 전류가 흐르면 과부하계전기의 히터에서는 열이 발생한다. 열이 높아지면 내장된 바이메탈은 구부러져 보조회로접점을 끊게 된다. 그 결과 전자접촉기에서 전자력은 사라지고 내부스프링의 힘에 의하여 주회로접점이 열리게 되어 주회로의 전류는 끊어진다. <그림 4-7>은 전자접촉기와 과부하계전기가 일체화된 전자개폐기를 보여준다.

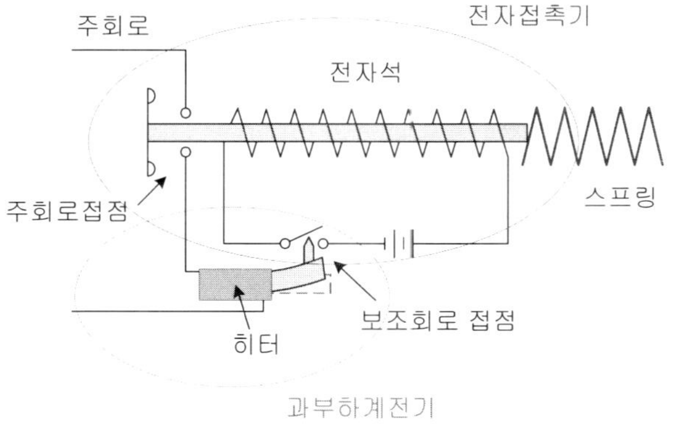

그림 4-6 전자개폐기의 동작원리

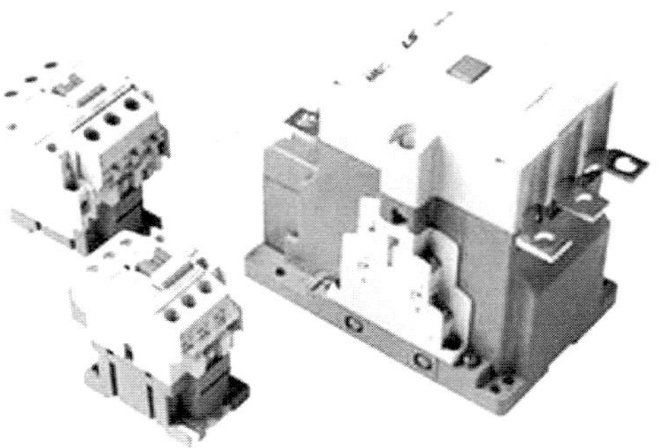

그림 4-7 전자개폐기의 제품(LS산전)

3 전자밸브

전자밸브는 '솔레노이드밸브'라고도 하며, 솔레노이드 직선운동으로 밸브를 개폐하는 장치로 자동화분야에서 유압과 공압의 제어에 널리 사용된다. 솔레노이드 내의 전자석 코일에 전류가 흐르면 가동철편이 당겨져 밸브가 열리고, 전류가 끊어지면 용수철의 복원력으로 밸브가 닫히게 된다.

3.1 전자밸브의 종류

전자밸브는 사용목적에 따라 2포트전자밸브, 3포트전자밸브 등이 있다. 2포트전자밸브는 1개의 밸브시트를 가지고 전자코일의 자화 여부에 따른 밸브의 개폐에 의하여 유체를 정지시키거나 흐르게 한다. 3포트전자밸브는 2개의 밸브시트를 가지고 전자코일의 자화 여부에 따라 유체의 흐름을 바꾸는데 사용된다.

전자밸브는 작동방법에 따라 직접작동형과 간접작동형으로 구분된다. 직접작동형은 솔레노이드에 전류가 흐르면 바로 밸브가 동작된다. 이는 가격이 저렴하고 고장이 쉽게 나지 않는 장점이 있다. 하지만 전기소모가 많고 소음과 발열량이 커서 작동력이 작은 소형밸브에 사용되고 있다.

간접작동형은 솔레노이드에 전류가 흐르면 내부의 파일럿밸브를 먼저 작동시킨 다음 파일럿밸브가 주밸브를 작동하도록 하는 구조를 갖는다. 전기소모량이 적고, 밸브변환 시간이 빠르며, 소음과 발열량이 적어, 대형을 포함한 거의 대부분의 밸브에서 사용되고 있다. <그림 4-8>은 전자밸브의 예들을 보여준다.

그림 4-8 전자밸브의 예들

3.2 전자밸브의 응용

<그림 4-9>는 시중에서 쉽게 볼 수 있는 자동판매기로 4개의 전자밸브가 사용되고 있다. V_1은 급수용 전자밸브, V_2는 핫초코의 온수공급을 위한 전자밸브, V_3은 율무차의 온수공급을 위한 전자밸브, V_4는 커피의 온수공급을 위한 전자밸브다.

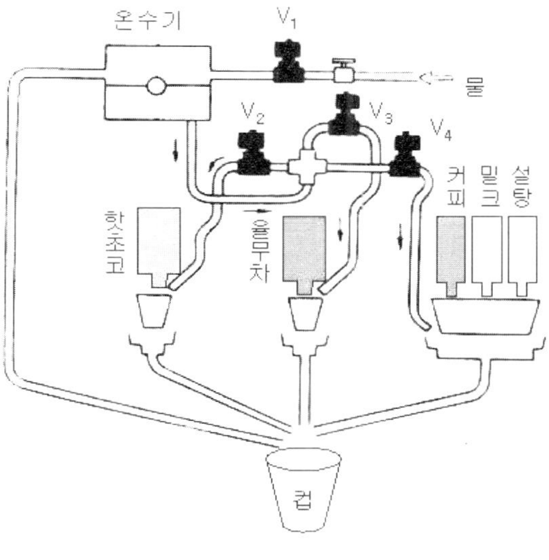

그림 4-9 전자밸브를 이용한 자동판매기

연습문제

1 a접점스위치와 b접점스위치를 비교하라.

2 실린더와 전자밸브의 구동력은 전자석에 의하여 얻어진다. 전자석의 원리를 조사해 보라.

3 릴레이는 약한 직류전기를 사용하여 높은 전기가 흐르는 동력회로를 제어하는데 사용된다. 그 원리는 무엇인가?

4 전자식 과부하계전기에 관하여 조사해 보라.

5 간접작동형 전자밸브의 원리를 조사해 보라.

5장

액추에이터와 동력전달장치

액추에이터는 제어기의 명령신호를 받아 기계적인 운동을 수행하는 동력기구로 실린더, 솔레노이드, 모터 등을 가리킨다. 액추에이터는 자체적으로는 유기적인 동작이 불가능하며 반드시 제어장치가 필요하다. 여기서는 액추에이터 외에도 생성된 기계적 동력을 변환하거나 멀리 떨어진 곳으로 전달하는 동력전달장치도 함께 다루기로 한다.

1 액추에이터의 유형

액추에이터(actuator)는 각종 외부에너지를 기계적인 움직임으로 변화시키는 기구로, 운동형태에 따라 직선형, 요동형, 회전형으로 구분된다. 또한 동력원에 따라 공압식, 유압식, 전기식으로 분류될 수 있다. 액추에이터의 장단점을 동력원에 따라 비교하면 <표 5-1>과 같다.

표 5-1 액추에이터의 장단점

동력원	장 점	단 점
공압	◦취급이 쉽다. ◦안전하다. ◦구조가 간단하고 저렴하다.	◦소형화가 곤란하다. ◦장거리 동력전달이 어렵다. ◦큰 소음이 발생한다. ◦작업속도가 균일하지 않다.
유압	◦큰 힘을 낼 수 있다. ◦응답성이 뛰어나다. ◦정확한 위치결정이 가능하다.	◦장치가 비싸다. ◦온도변화에 민감하다. ◦작업속도가 느리다. ◦보수관리가 까다롭다.
전기	◦취급이 간단하다. ◦정확한 위치결정이 가능하다.	◦순간적인 큰 힘을 내기 어렵다. ◦감전사고가 발생할 수 있다.

2 공압액추에이터

공압액추에이터는 압축한 공기를 이용하여 직선, 요동, 회전운동을 하도록 만들어진 장치다. 공기를 압축하려면 공기압축기가 필요하다. <그림 5-1>은 공기압축기의 예를 보여준다. 공압액추에이터는 직선운동을 하는 공압실린더, 요동운동을 하는 요동형 액추에이터, 회전운동을 하는 공압모터가 대표적이다. 특히 공압실린더는 구조가 간단하여 적은 비용으로 자동화시스템을 구성할 수 있으므로 간이자동화에 많이 이용된다.

그림 5-1 공기압축기의 예

2.1 공압실린더

공압실린더는 압축공기를 이용하여 직선왕복운동으로 작업을 수행하는 기기다. 일반적으로 작업속도는 초당 1～2m이지만 특수한 형태의 충격실린더는 초당 10m의 속도를 내기도 한다. 사용하는 공기의 압력이 크지 않으므로 작업에서 큰 힘을 내기는 어렵다. 발휘할 수 있는 힘의 한계는 실린더 지름이 250～300mm일 때 약 3톤 정도에 머무른다.

공압실린더는 과부하에 대하여 절대적으로 안전하며 힘과 속도를 쉽게 조절할 수 있는 장점이 있다. 하지만 압축성 작업매체를 이용하고 있으므로 균일한 작업속도를 얻을 수 없다. 특히 속도가 20mm/sec 이하의 저속인 경우에는 스틱슬립(stick slip) 현상이 발생하는 문제점이 있다. 스틱슬립이란 피스톤축이 멈칫하며 느리게 움직이다가 잠시 후 다시 빠르게 움직여 피스톤의 속도가 일정하지 않은 현상을 말한다.

공압실린더는 운동방법에 따라 한쪽 방향으로 공압이 주어지는 단동실린더와, 양쪽 방향으로 공압이 주어지는 복동실린더로 구분된다. 공압실린더를 사용할 때는 다음의 사항을 주의해야 한다.

- 사용온도는 5～60°가 바람직하다. 저온에서 사용할 때는 습기에 의한 동결 현상을 방지해야 한다.
- 필터를 사용하여 깨끗한 압축공기를 공급해야 한다.
- 항상 적당한 윤활유가 공압실린더에 공급되도록 해야 한다.
- 균일한 공압을 유지하여 실린더의 작동속도에 영향이 없도록 해야 한다.
- 압력강하가 생기지 않도록 배관을 설치한다.

2.1.1 공압단동실린더

공압단동실린더는 <그림 5-2>에서 보는 바와 같이 압축공기가 한 방향으로만 공급된다. 따라서 한쪽 방향의 일만 가능하며, 피스톤의 복귀는 내장된 스프링이나 중력, 혹은 외부의 힘에 의하여 이루어진다.

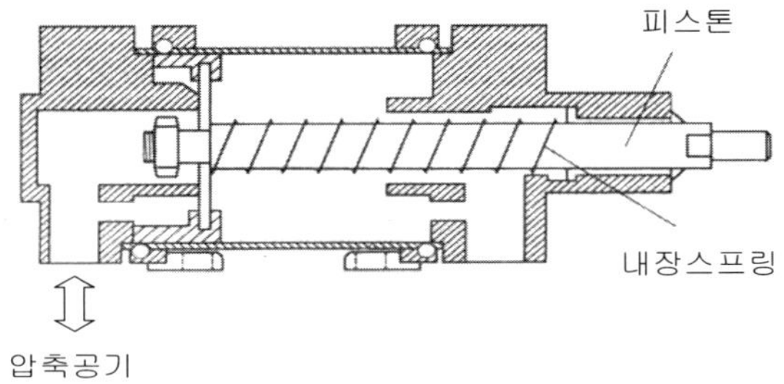

그림 5-2 공압단동실린더

2.1.2 공압복동실린더

공압복동실린더는 <그림 5-3>에서 보는 바와 같이 양쪽에 있는 두 개의 포트 가운데 한 쪽에서 압축공기를 밀어 넣으면 다른 쪽으로 공기가 빠져나가면서 피스톤이 이동한다. <그림 5-3(a)>와 <그림 5-3(b)>는 각각 피스톤의 전진운동과 후진운동을 보여준다. 복동실린더는 양방향의 일이 필요한 경우에 사용된다.

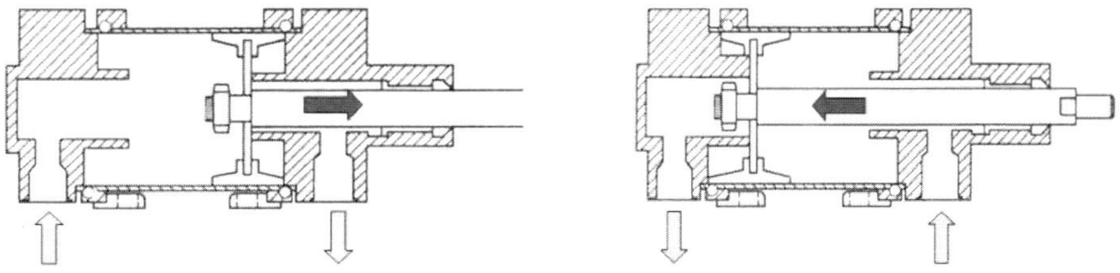

(a) 전진운동 (b) 후진운동

그림 5-3 공압복동실린더의 운동

<그림 5-4>는 시판되는 각종 공압실린더의 예를 보여주고 있다.

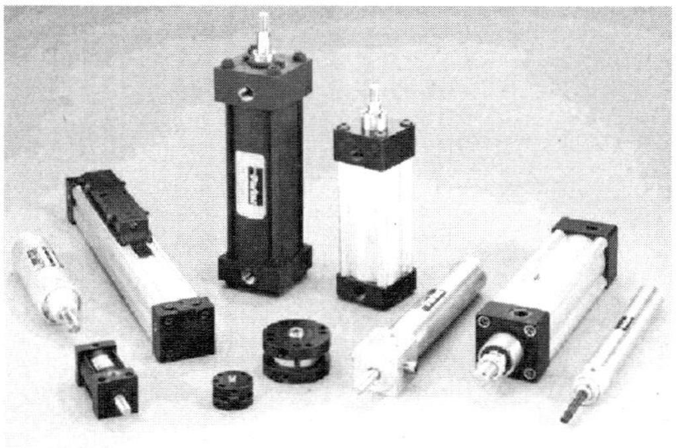

그림 5-4 각종 공압실린더의 예

2.2 공압요동형 액추에이터

공압요동형 액추에이터는 공압을 이용하여 축을 일정한 각도만큼 왕복회전시키는 장치다. 랙(rack)과 피니언(pinion)을 공압실린더에 함께 사용하여 축을 요동시키는 랙-피니언 방식과, 공압으로 날개를 밀어서 축을 요동시키는 베인(vane) 방식이 있다.

2.2.1 랙-피니언 요동액추에이터

랙-피니언 요동액추에이터는 <그림 5-5>와 같이 복동실린더의 직선운동을 랙-피니언 기구를 이용하여 기구학적인 요동운동으로 변환시키는 장치다. 랙의 모양을 가진 피스톤 로드가 직선왕복운동을 할 때 맞물린 피니언기어는 요동운동을 하게 된다. 이 때 피스톤로드의 행정거리를 조정하면 요동되는 회전각도를 임의로 조정할 수 있다. 랙-피니언 요동액추에이터는 베인형에 비해 가격이 비싸고, 큰 설치공간을 필요로 하는 단점이 있지만, 운동이 부드럽고 내구수명이 길다는 장점이 있다.

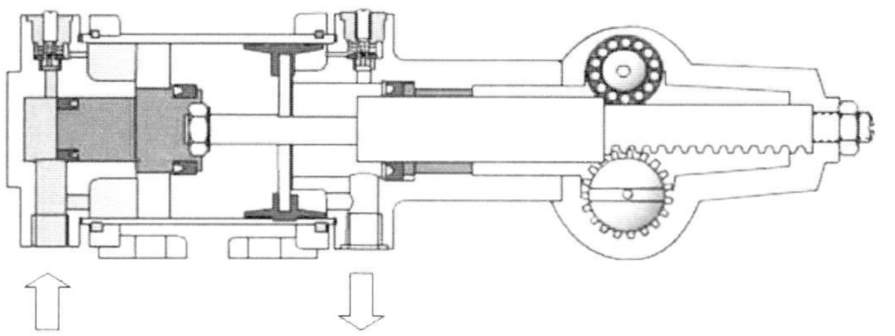

그림 5-5 랙-피니언 요동액추에이터

2.2.2 베인형 요동액추에이터

베인형 요동액추에이터는 압축공기의 힘으로 베인(회전날개)이 요동하도록 만들어진 장치다. 압축공기의 입구가 실린더에 연결되어야 하므로 한정된 회전각을 갖는다. 최대 회전각은 300도까지 가능하지만 보통 180도 이내에서 사용된다. 베인형은 구조가 간단하므로 가격이 저렴할 뿐 아니라 설치공간도 작게 차지하는 장점이 있다. 하지만 구조적으로 취약하므로 직경 50㎜ 이내의 소형에만 적용된다. <그림 5-6>은 베인형 요동액추에이터의 작동원리를 보여주고 있다.

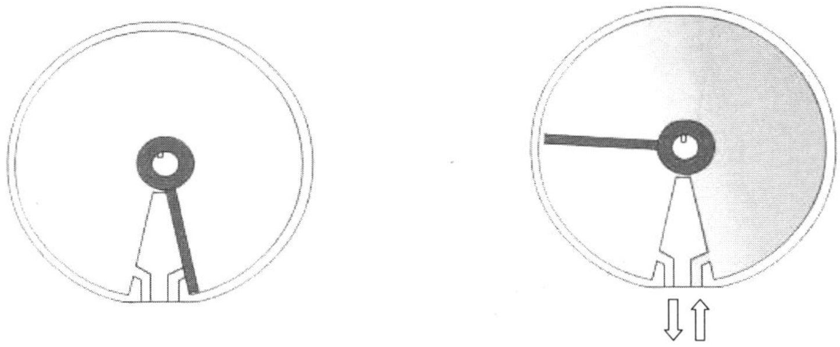

(a) 초기 상태　　(b) 압축공기를 넣었을 때

그림 5-6 베인형 요동액추에이터의 원리

2.3 공압모터

공압모터는 압축공기에너지를 기계적 회전운동으로 변환시키는 장치로, 구조나 작동원리에 따라 피스톤식, 베인식, 기어식, 터빈식 등으로 구분된다. 피스톤식 모터는 <그림 5-7(a)>와 같이 여러 공압실린더를 교대로 작동시켜 축을 회전시킨다. 베인식 모터는 <그림 5-7(b)>와 같이 베인을 공압으로 밀어서 회전운동을 얻는다. 베인식은 구조가 간단하고 무게가 가볍기 때문에 산업용에서 많이 사용된다.

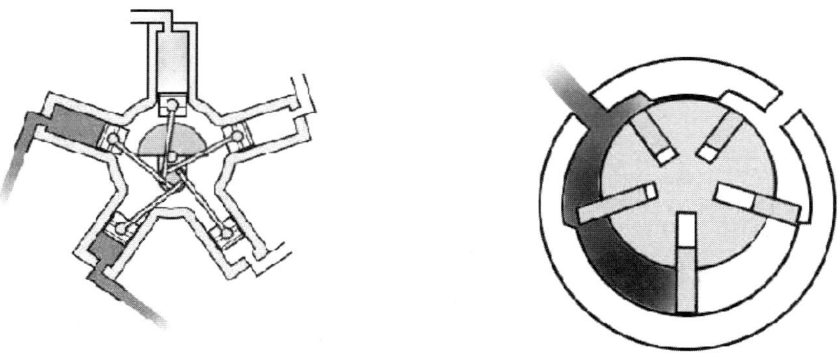

(a) 피스톤식　　(b) 베인식

그림 5-7 공압모터의 구조와 작동원리

공압모터는 오래 전부터 광산, 화학 공장, 선박 등 폭발성가스가 존재하는 곳에서 전기모터를 대신하여 사용되어 왔다. 최근에는 저속 고토크모터, 가변속도모터 등의 출현으로 방폭이 요구되는 장소 이외에 호이스트, 컨베이어, 교반기 등 일반산업기계에서도 널리 사용되고 있다.

공압모터의 일반적인 특징은 다음과 같다.

- 전기모터와 비교할 때 시동과 정지가 원활하며 출력/중량비가 크다.
- 공기압축성 때문에 회전속도는 부하의 영향을 쉽게 받지만 과부하에 대해 안전하다.
- 폭발의 위험이 있는 곳에서 안전하게 사용할 수 있다.
- 속도제어가 쉽고 정회전과 역회전의 변환이 간단하다.
- 주위의 온도, 습도 등에 대하여 전기모터만큼 제한을 받지 않는다.
- 자체 발열이 적다. 마찰열은 압축공기의 단열 팽창으로 냉각된다.
- 압축공기 외에 질소가스, 탄산가스 등도 사용할 수 있다.
- 공기탱크를 설치하면 정전이 발생했을 때 단시간 동안 비상운전이 가능하다.

3 유압액추에이터

유압액추에이터는 유압을 이용하여 직선, 요동, 회전운동을 하도록 만들어진 장치로, 직선운동을 하는 유압실린더, 요동운동을 하는 유압요동형 액추에이터, 회전운동을 하는 유압모터가 대표적이다.

유압액추에이터는 사용되는 유체가 비압축성을 지닌 높은 압력의 작동유이므로, 소형 구동기라도 큰 힘을 낼 수 있고, 정밀한 속도제어와 정확한 위치제어가 가능하다. 또한 압력의 전달속도가 1000m/sec로 공압의 50-70m/sec보다 월등히 빨라 응답성이 뛰어나다. 하지만 높은 압력을 유지하므로 취급에 주의해야 하며, 온도변화에 따라 유체의 점도변화가 심하고, 최대속도가 0.5m/sec 정도로 매우 느리다. 또한 공압과는 달리 작동유를 회수하여 사용하므로 귀환라인이 필요하고, 산폐현상 때문에 작동유를 주기적으로 교환해주어야 한다. 유압액추에이터는 솔레노이드밸브에 의해 ON-OFF 제어에 이용된다. 미약한 전류로 고압작동유의 유량을 제어하는 서보밸브와 함께 위치제어에 활용되기도 한다.

일반적으로 유압액추에이터는 공압액추에이터와 동일한 구조와 원리를 가지므로 종류별로 상세한 내용은 다루지 않기로 한다. <그림 5-8>은 스풀밸브로 위치를 제어하는 유압실린더의 구조를 보여준다.

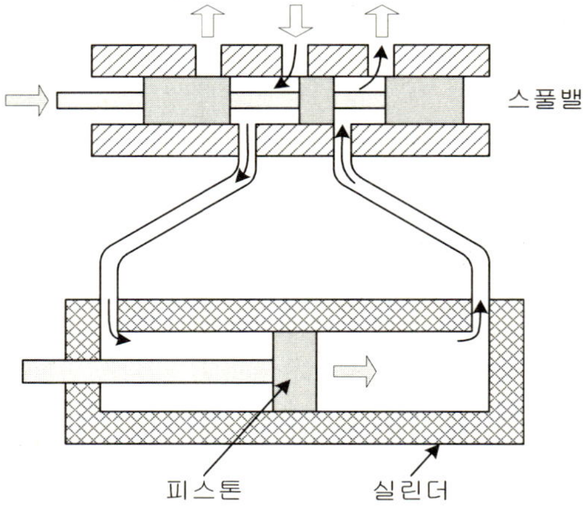

그림 5-8 유압실린더의 구조

4 전기액추에이터

전기액추에이터는 전기에너지를 운동에너지로 변환시키는 기기로 솔레노이드와 전기모터가 대표적이다.

4.1 솔레노이드(solenoid)

솔레노이드는 '플런저'(plunger)라고 불리는 가동철심, '코어'(core)라고 불리는 고정철심, 코일 등으로 이루어진다. 이는 코일이 감긴 고정철심에 전류를 흘려 얻어진 자력으로 가동철심을 동작시켜 직선적인 힘을 얻는 장치다. 다시 말하여 솔레노이드는 ON/OFF 전기적 신호를 ON/OFF 기계적 직선운동으로 변환시키는 역할을 수행한다. <그림 5-9>에서 보는 바와 같이 코일에 전류가 흐르게 되면 전자석의 힘에 의하여 밖에 벗어나있던 가동철심은 코일의 안쪽으로 당겨져 들어온다. 코일에 흐르던 전류가 중단되면 내부스프링의 힘으로 인하여 가동철심은 원래의 위치로 되돌아간다.

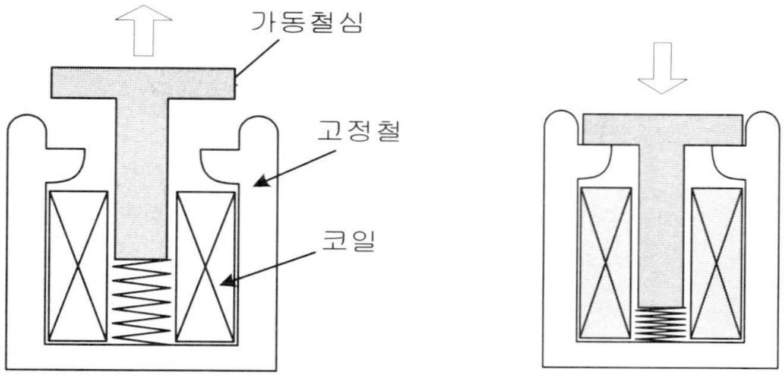

(a) 전류가 흐르지 않음　　　(b) 전류가 흐름

그림 5-9　솔레노이드의 작동

솔레노이드는 직선운동을 행하는 액추에이터로서 유공압실린더와 비교할 때 다음과 같은 장점이 있다.

- 전기로 직접 구동되므로 취급하기 쉽다.
- 별도의 유공압회로가 필요없이 시퀀스회로만으로 처리할 수 있다.
- 압축기, 펌프, 밸브, 배관 등이 없으므로 저렴하다.
- 전류가 흐르는 동안 작동상태를 유지한다.

솔레노이드는 다음과 같은 단점이 있으므로 기구설계단계에서 유의해야 한다.

- 출력과 운동변위에 한계가 있다.
- 작동할 때 충격과 충격소음이 크다.
- 작동속도를 조절할 수 없다.
- 작동 도중 정지시킬 수 없다.

<그림 5-10>은 솔레노이드의 예들을 보여주고 있다.

그림 5-10 솔레노이드의 예

<그림 5-11>은 솔레노이드를 응용한 예를 보여준다. <그림 5-11(a)>는 솔레노이드를 밴드브레이크와 조합하여 전자브레이크를 만든 것이다. 솔레노이드에 전류를 흐르게 되면 브레이크가 작동하고, 전류가 끊어지면 브레이크가 느슨해진다. <그림 5-11(b)>는 전류가 흐를 때마다 솔레노이드가 작동하여 대기하고 있는 물품을 밖으로 밀어내게 된다. 이 원리는 자동판매기에 응용될 수 있다.

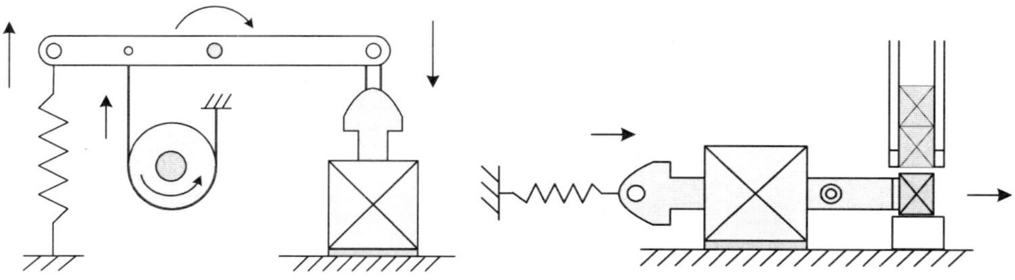

(a) 전자브레이크 장치 (b) 자동판매기

그림 5-11 솔레노이드 응용의 예(김상진, 1987)

4.2 전기모터의 종류

전기모터는 회전운동을 얻는 회전모터와 선형운동을 얻는 리니어모터로 구분된다.

회전모터는 직류모터(DC motor), 교류모터(AC motor), 스텝모터(step motor)로 나뉜다. 이들 회전모터의 특징을 비교해보면 <표 5-2>와 같다.

표 5-2 모터의 특징 비교

특징 \ 종류	직류모터	교류모터	스텝모터
구 조	복잡	간단	간단
정밀도	높다	낮다	높다
출 력	보통	크다	작다
회전속도	고속	고속	저속
소음	크다	작다	크다
수명	짧다	길다	길다

특히 제어를 목적으로 사용되는 모터를 '서보모터'라고 부른다. 정속회전을 하는 일반모터와는 달리 서보모터는 위치, 속도, 가속도를 임의로 제어할 수 있다. 이는 로봇이나 NC기계와 같이 위치나 속도가 빈번히 바뀌면서 정밀한 제어가 요구되는 기기에 많이 사용된다.

4.3 직류모터

<그림 5-12>에서 보는 바와 같이 직류모터는 크게 고정자(stator), 회전자(rotor), 정류자(commutator), 브러시(brush)로 구성된다.

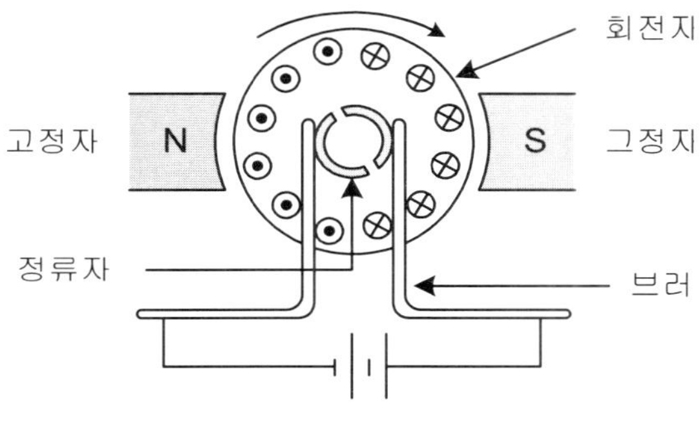

그림 5-12 직류모터의 원리

고정자는 모터 내부에 자기장을 형성하는 것으로 영구자석이나 전자석을 이용한다. '전기자'(armature)라고도 말하는 회전자는 철심에 코일이 감겨있으며 외부에서 직류전기를 공급받아 전자석을 만들어 그 힘으로 회전한다. 회전자는 회전하는 동안 계속해서 전류의 방향을 바꾸어야 하며, 이를 위하여 정류자와 브러시가 필요하다. 회전자코일의 양끝점은 같은 축에서 회전하는 정류자에 접속되고, 정류자는 다시 고정된 브러시에 접촉하여 직류전원과 연결된다. 통상적으로 정류자는 두 조각으로 반실린더 모양의 동판으로, 브러시는 고온과 마모에 강한 탄소로 만들어진다.

직류모터의 장점을 정리하면 다음과 같다.

- 속도제어가 쉽고 정역회전이 쉽게 이루어진다.
- 입력된 전원에 대하여 회전특성 및 출력토크가 선형으로 변한다.
- 교류모터에 비하여 출력효율이 크다.
- 가격이 저렴하다.

직류모터의 원리는 플레밍의 왼손법칙을 따른다. 플레밍의 왼손법칙은 <그림 5-13(a)>와 같이 자기장 속에 놓인 도선에 전류를 흐르게 할 때, 일정한 방향으로 힘이 발생하는 원리를 가리킨다. 이 때 <그림 5-13(b)>에서 보는 바와 같이 검지는 자기장의 방향(B), 중지는 도선에 흐르는 전류의 방향(I), 엄지는 발생하는 힘(F)의 방향을 나타낸다.

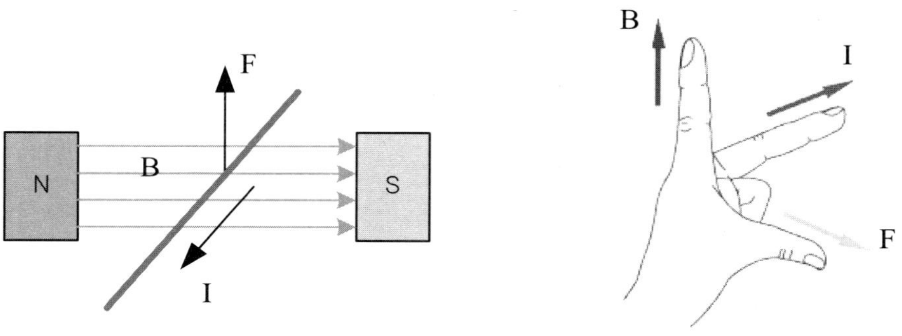

(a) 직류모터의 원리 (b) 손가락의 방향

그림 5-13 플레밍의 왼손법칙

<그림 5-14>는 직류모터에서 회전이 이루어지는 원리를 순서대로 보여주고 있다.

① 플레밍의 왼손법칙에 따라 힘(F)은 화살표방향으로 작용하므로 코일은 시계방향으로 회전한다.

② 브러시와 정류자가 만나지 않으므로 코일에 전류가 흐르지 않는다. 돌아가는 관성에 의하여 코일은 시계방향으로 회전한다.

③ 정류자의 전류흐름이 바뀌므로 다시 시계방향으로 힘이 작용하여 회전한다.

④ 코일에 전류가 잠시 흐르지 않다가 ①로 돌아간다.

이처럼 정류자와 브러시는 회전자가 180도 회전할 때마다 전류의 방향을 바꾸어 주므로 모터는 계속해서 동일한 방향으로 회전하게 된다. 만일 공급되는 전원의 극성을 반대로 바꾸어주면 모터는 역방향으로 회전하게 된다.

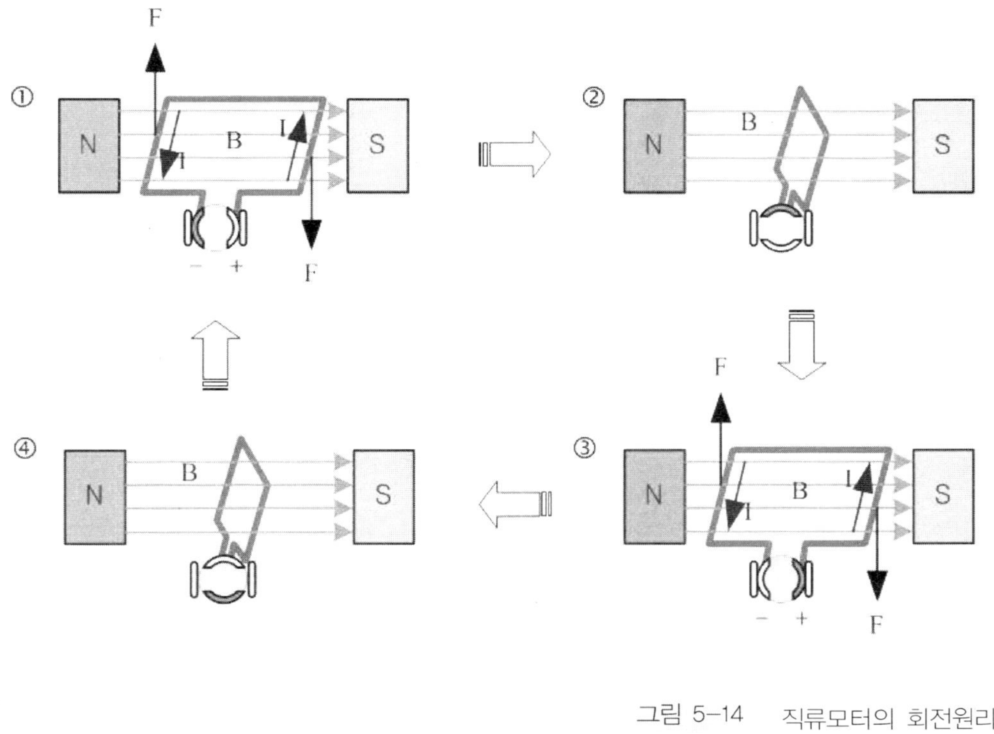

그림 5-14 직류모터의 회전원리

브러시와 정류자가 접촉하며 회전하는 직류모터는 다음과 같은 문제점을 가지고 있다.

- 마모로 인하여 브러시를 정기적으로 교체해야 한다.
- 브러시와 정류자의 접촉으로 인하여 소음이 발생한다.
- 교류전원을 직류로 만들기 위한 정류기가 필요하다.
- 떨림현상이 발생할 수 있으며 저속회전이 원활하지 않다.

브러시의 정기적인 교체는 직류모터의 가장 큰 단점이다. 따라서 이 문제를 해결하기 위하여 고안된 것이 브러시리스모터(brushless motor) 혹은 BLDC모터다. 이는 직류모터에서 기계적으로 접촉하는 브러시와 정류자를 없애고 반도체소자에 의한 전자식 스위칭장치로 대신한 모터다. 브러시리스모터는 일반 직류모터와 동일한 특성을 가지면서도 유지보수가 필요없고, 소음이 작으며, 소형화 및 고속화가 가능하다. 따라서 기존 직류모터의 응용분야에서 음향용기기, VTR, 콤팩트디스크와 같이 긴 수명이 요구되거나 소음제한이 필요한 곳에 많이 사용된다. 브러시리스모터는 일반 직류모터에 비해 가격이 비싸다.

4.4 교류모터

'아라고의 원반'(Arago's disk) 현상은 프랑스의 물리학자 아라고(Francois J. Arago)에 의하여 발견되었다. 이는 <그림 5-15>와 같이 알루미늄이나 구리로 만들어진 원반에 말굽자석을 넣고 회전시킬 때, 원반에 유도전류가 생겨 동일한 방향으로 회전하는 현상이다.

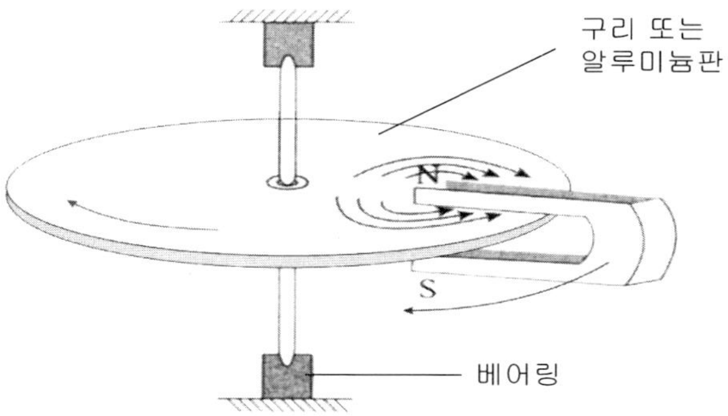

그림 5-15 아라고의 원반

교류모터는 아라고의 원반과 동일한 방식으로 회전자계에 의하여 회전력을 얻는다. 즉 고정자의 홈에 들어있는 코일에 순차적으로 삼상교류를 흘리면 자석을 회전시키는 것과 동일한 효과를 얻게 된다. 예를 들어 <그림 5-16(a)>와 같이 등간격인 고정자 홈에 들어 있는 3개의 코일에 각각 3상교류 i_1, i_2, i_3을 흘리면 <그림 5-16(b)>처럼 자석이 회전하는 것과 같은 결과를 가져온다.

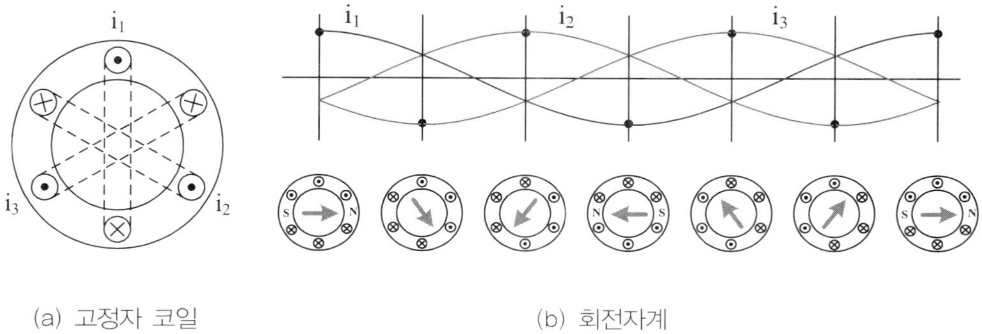

그림 5-16 삼상교류에 의한 회전자계의 발생원리

교류모터의 고정자코일에 공급하는 교류는 단상과 3상이 있으며 회전자의 구조에 따라 여러 종류로 구분된다. 이들 가운데 대표적인 것이 유도형 모터(induction motor)와 동기형 모터(synchronous motor)다.

4.4.1 유도형 모터(induction motor)

유도형 모터는 <그림 5-17>과 같이 고정자권선에 흐르는 전류로 인하여 발생하는 회전자기장과, 회전자에서 발생하는 유도전류와의 상호작용에 의하여 발생하는 회전력을 이용한 것이다. 유도형 모터의 회전자는 중소형에서는 구리나 알루미늄으로 만들어진 농형이 사용되고, 대형모터의 경우에는 권선형이 사용된다.

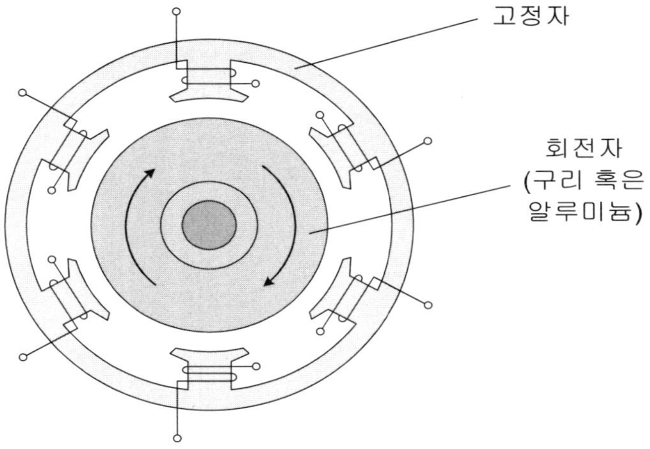

그림 5-17 농형 유도형 모터의 구조

유도형 모터는 정회전과 역회전이 빈번하게 일어나는 곳에서는 사용되지 않으며, 한 방향으로 회전하는 곳에 적합하다. 또한 고정자의 자계회전에 비하여 회전자의 회전이 느린 슬립현상이 발생하므로 정밀제어가 어려운 단점이 있다. 따라서 정밀한 속도를 필요로 하지 않는 동력용모터에 많이 사용된다.

유도형 모터는 다음과 같은 특징을 가지고 있다.

- 가장 많이 사용되는 모터다.
- 구조가 간단하여 견고하므로 고장이 적고 수리가 쉽다.
- 가격이 저렴하고 운전하기 쉽다.
- 한 방향으로 회전하는 곳에 적합하다.
- 슬립현상으로 인하여 정밀제어가 어렵다.
- 교류주파수를 변경하면 속도변경도 가능하다.

4.4.2 동기형 모터(synchronous motor)

동기형 모터는 <그림 5-18>에서와 같이 권선코일의 고정자와 영구자석인 회전자로 이루어진다. 즉 고정자에서 자화된 양 자석의 흡인력에 의하여 회전자를 회전시키는 힘이 발생한다. 회전자가 영구자석이고 고정자가 권선코일이라는 점에서 동기형 모터는 직류모터와 정반대 구조를 가진다. 회전자가 영구자석이므로 유도형 모터와는 달리 고정자가 만드는 자계가 회전자에 직접 힘을 작용하게 된다. 따라서 고정자의 자계와 회전자의 회전이 일치하게 되어 슬립현상은 발생하지 않는다. 동기형 모터는 유도형 모터에 비해 정밀한 속도제어가 가능하므로 서보모터로 적합하다.

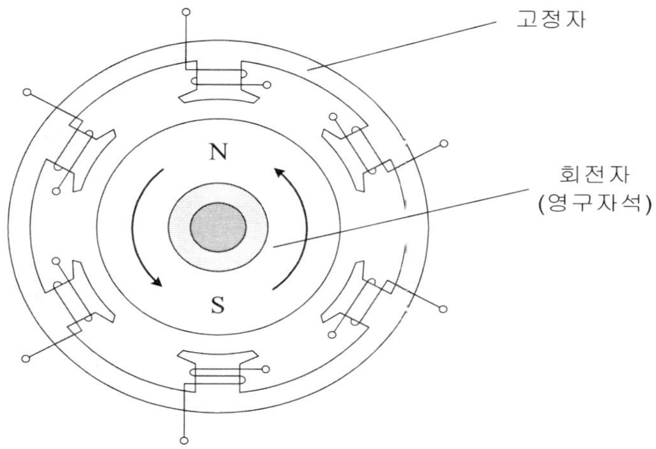

그림 5-18 동기형 모터의 구조

동기형 모터는 토크 이상의 힘이 가해지는 경우 회전자가 정지하거나 불안정하게 회전하는 탈조현상이 발생하기도 한다. 따라서 유도형 모터가 대용량에서 사용되는데 반하여 동기형 모터는 소용량에서 주로 사용된다.

동기형 모터는 다음의 특징을 가지고 있다.

- 완전 동기되므로 정확히 일정한 속도로 회전한다.
- 슬립이 없으므로 일정한 범위 내에서는 부하증감으로 속도가 변하지 않는다.
- 구조와 취급이 복잡하다.
- 보수가 어렵고 가격이 비싸다.
- 부하가 높아지면 동기속도를 이탈할 수 있다.

4.5 서보모터

제어를 목적으로 사용되는 서보모터는 시동과 정지가 빈번하게 반복되고 급가속, 급감속이 자주 요구된다. 따라서 관성을 줄이기 위해 회전자의 직경을 작게 하고, 높은 토크를 얻기 위해 축방향의 길이를 크게 한 것이 많다. 최근까지 직류서보모터는 서보모터로 오랫동안 사용되어왔다. 하지만 직류서보모터는 노이즈 발생과 브러시 교체 등 많은 문제점을 가지고 있다.

한편 교류서보모터는 직류서보모터에 비하여 제어가 어렵다는 결점이 있다. 하지만 구조가 간단하고, 브러시나 정류자와 같은 기계소모부가 없으며, 고속회전이나 큰 토크에 유리하고, 소형경량화할 수 있다는 장점이 있다. 최근 전자기술의 발전으로 복잡한 제어도 가능하며, 가격도 많이 낮아져 교류서보모터는 직류서보모터 대신으로 그 활용이 점차 확대되고 있다. 교류서보모터에는 유도형 서보모터와 동기형 서보모터가 있다.

교류서보모터의 회전수를 임의로 변환시키는 데는 전원의 주파수를 바꾸는 방법이 주로 사용된다. 인버터(inverter)는 이를 위하여 고안된 가변주파수 발생기이며, 직류전원으로부터 원하는 주파수를 가진 교류를 제공한다. 따라서 교류모터와 인버터를 함께 사용하면 언제든지 원하는 모터의 속도를 얻을 수 있다. 주어진 교류전원을 원하는 주파수의 교류로 변환시키려면 <그림 5-19>에서 보는 바와 같이 일단 직류로 정류한 다음 인버터로 입력해야 한다.

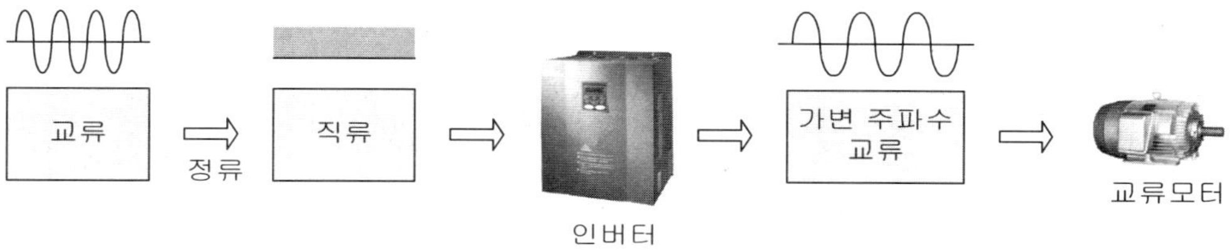

그림 5-19 인버터의 입출력을 위한 전류 변환

4.6 스텝모터(step motor)

스텝모터는 '스테핑모터'(stepping motor) 혹은 '펄스모터'(pulse motor)라고도 한다. 이는 정해진 스텝각을 기본단위로 하여 전기펄스신호가 주어지면 일정한 속도와 각도로 회전한다. 모터의 회전각도는 입력된 펄스의 수에 따라, 회전속도는 펄스의 입력속도에 따라 결정되므로 스텝모터의 제어는 매우 간단하게 이루어진다. 위치나 속도센서와 같은 피드백회로가 필요없는 개방회로제어가 가능하므로 구조가 단순하다는 장점이 있다.

스텝모터는 디지털제어가 쉽고 정밀도가 높으므로 컴퓨터 주변기기, 공작기계, 각종 제어기계 등에 많이 사용되고 있으며 다음과 같은 특징을 갖는다.

- 회전각의 오차가 누적되지 않는다.
- 기동, 정지, 정역회전, 변속이 용이하며, 응답특성이 좋다.
- 제어구조가 간단하고, 가격이 저렴하다.
- 보수를 필요로 하지 않으며, 신뢰성이 높다.
- 진동이나 공진현상이 발생하기 쉽고, 관성이 있는 부하에 약하다.
- 힘이 약하여 고속운전할 때 입력펄스와 회전수가 일치하지 않는 탈조현상이 생기기 쉽다.

4.7 리니어모터(linear motor)

회전모터는 전기에너지를 회전운동으로 바꾸는 효과적인 액추에이터다. 하지만 공장에서는 회전운동뿐만 아니라 직선운동도 많이 필요하다. 현장에서 필요한 직선운동을 얻기 위하여 사용할 수 있는 방법은 벨트, 크랭크, 스크루, 기어 등을 이용하여 모터로부터 얻어진 회전운동을 직선운동으로 변환하는 것이다. <그림 5-20>은 전기모터에서 얻어진 회전운동을 웜기어에 의하여 직선운동으로 변환시켜 작업테이블을 왕복운동시키는 것을 보여준다.

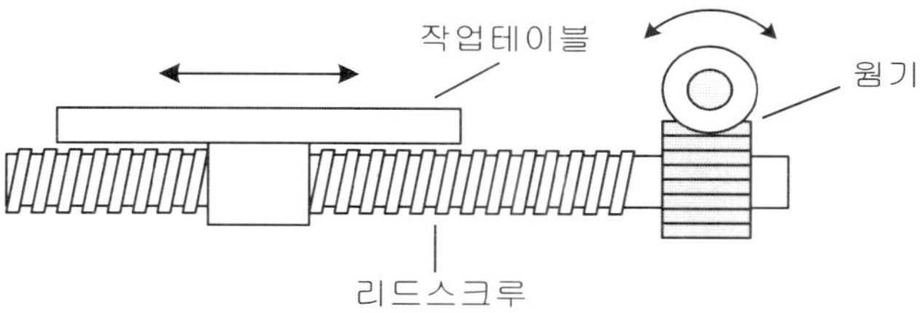

그림 5-20 회전운동의 직선운동 변환

그러나 이러한 동력전달기구를 이용하여 직선운동을 얻게 되면 백래시(back lash)와 마모로 인하여 정밀도가 떨어지고 이송속도에도 한계가 있다. 이런 문제점을 해결하기 위하여 전기에너지로부터 직접 직선운동을 얻는 리니어모터가 출현했다.

<그림 5-21>은 리니어모터의 구조를 보여준다. 리니어모터는 회전형모터를 축을 중

심으로 수평 잘라서 펼쳐놓은 것과 같다. 회전모터의 고정자에 해당되는 리니어모터의 윗부분과 아랫부분은 알루미늄도체로 된 빗모양의 얇은 인덕터판과 홈에 내장된 교류 전선으로 되어 있고 서로 마주보며 위치한다. 반면 두 인덕터 사이를 왕복운동하는 얇은 판은 회전모터의 회전자에 해당한다.

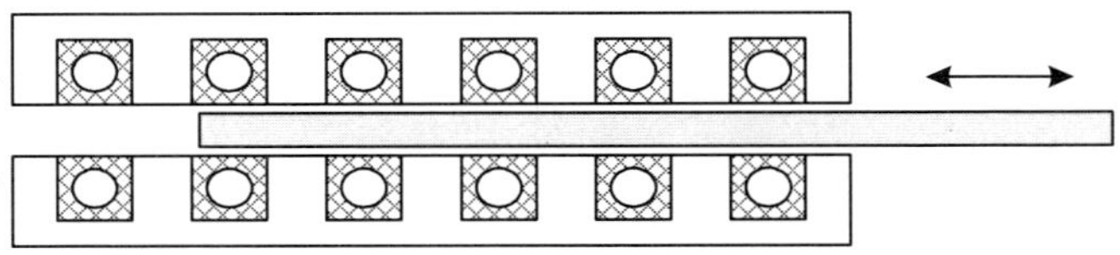

그림 5-21 리니어모터의 구조

리니어모터는 동기모터방식, 스텝모터방식, 유도모터방식으로 구분된다. 이들 가운데 동기모터방식은 제어특성이 우수하고 정밀하며 강한 힘을 낼 수 있어 가장 많이 사용된다. 리니어모터는 회전모터와 볼스크루를 함께 사용하는 것과 비교할 때 가격이 비싸다. 따라서 반도체나 액정의 제조장비, 공작기계, 계측장비와 같은 고부가가치 장비에만 이용되고 있다. 또한 코일에서 발생하는 열이 정밀도에 영향을 미치므로 냉각장치가 요구된다.

이러한 단점에도 불구하고 리니어모터는 다음과 같은 장점들이 있다.

- 구조가 간단하고 소형화가 가능하다.
- 빠른 속도, 강한 힘, 정확한 위치제어가 가능하다.
- 연결할 수 있으므로 이동거리에 제한이 없다.
- 마찰에 의한 마모가 없어 소음이 적고 반영구적이다.

5 동력전달장치

동력전달장치는 액추에이터에서 생성된 운동을 다른 장소나 다른 형태로 전달하여 목표로 하는 운동을 가능하게 한다. 동력을 전달하는 거리에 따라 가까운 거리에는 기어가, 먼 거리에는 벨트가 사용된다.

5.1 기어(gear)

기어는 가까운 거리에서 운동이나 동력을 확실하게 전달하는 데 사용되는 기계부품으로, 그 응용범위는 넓고 종류도 다양하다. 동력을 전달함에 있어서 기어의 특징은 다음과 같다.

- 모터의 회전운동을 확실하게 전달한다.
- 회전수나 회전속도를 임의로 조정할 수 있다.
- 다른 축방향으로도 회전운동을 전달할 수 있다.
- 높은 감속비를 가질 수 있다.

기어는 <그림 5-22>에서 보는 바와 같이 평기어, 헬리컬기어, 베벨기어, 웜기어 등 종류가 매우 다양하다.

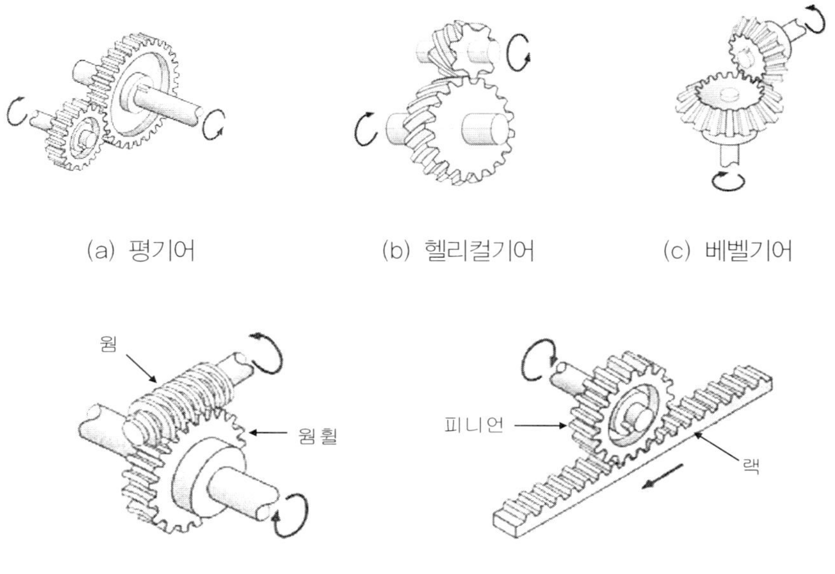

(a) 평기어 (b) 헬리컬기어 (c) 베벨기어

(d) 웜기어 (e) 랙과 피니언

그림 5-22 기어의 종류

기어의 종류에 따른 특징과 용도를 살펴보면 <표 5-3>과 같다.

표 5-3 기어의 특징과 용도

기어의 종류	특징	용도
평기어	두 축이 평행할 때 동력을 전달한다.	시계, 선반, 변속기, 내연기관 등
헬리컬기어	두 축이 평행하다. 평기어보다 원활하게 맞물리므로 진동과 소음이 적다.	시계, 공작기계, 자동차의 타이밍기어, 내연기관 등
베벨기어	두 축이 직교하며 회전방향을 수직하게 전환한다.	핸드드릴, 자동차의 차동장치, 공작기계 등
웜과 웜기어	두 축이 수직하며 속도차이가 큰 감속비를 얻을 수 있다.	감속장치
랙과 피니언	회전운동을 직선운동으로 혹은 그 반대로 전환한다.	탁상드릴머신, 공작기계, 사진기 삼각대 등 이송용 기구

5.2 벨트와 체인

벨트와 체인은 멀리 떨어져 있어 기어를 사용하기 곤란한 곳에 동력을 전달하기 위하여 이용된다. 벨트는 떨어져 있는 두 축에 장치된 풀리(pulley)와 벨트 간의 마찰력을 이용하여 동력을 전달한다. 소음이 적고 고속회전이 가능하지만 마찰력을 이용하므로 큰 힘을 전달하는 데는 불리하다.

벨트에는 편평한 띠 모양의 평벨트, V자형의 단면을 가진 V홈벨트, 기어에 맞물리는 톱니를 가진 이붙임벨트(toothed belt) 등이 있다. 평벨트는 동력을 전달하는 두 풀리 간의 거리가 멀 때 유리하므로 정미소 같은 곳에서 많이 사용되고 있다. 비교적 짧은 거리에서는 V홈벨트와 이붙임벨트를 사용한다. V홈벨트는 농업용 기계에, 이붙임벨트는 산업용 기계에 주로 사용되고 있다.

<그림 5-23>은 자동차 엔진의 타이밍벨트에 사용된 이붙임벨트를 보여준다. 여기서 풀리(pulley)에는 평기어와 같은 홈이 있고, 이붙임벨트에도 풀리와 동일한 간격과 크기의 이를 갖도록 고무와 같은 재료로 만든다. 이붙임벨트의 이는 풀리의 홈과 정확히 맞물려 움직이므로 미끄럼없이 확실하게 운동을 전달할 수 있다.

그림 5-23 자동차의 타이밍벨트

체인은 체인바퀴의 이와 맞물려 회전하므로 미끄럼 없이 확실하게 동력을 전달할 수 있다. 따라서 축간거리가 짧고 큰 힘을 내는 구동에 사용되는 것이 보통이다. 하지만 체인과 체인바퀴의 맞물림에 따른 마찰손실이 크고, 진동과 소음이 발생되는 문제점이 있다. 체인의 종류로는 롤러체인(roller chain)과 사일런트체인(silent chain)이 있으며, <그림 5-24>는 이들 두 체인의 구조를 보여주고 있다. 롤러체인은 회전할 때 진동과 소음이 많이 발생하므로 고속회전에는 부적합하다. 반면에 사일런트체인은 진동과 소음이 적어 고속회전에 적합하다.

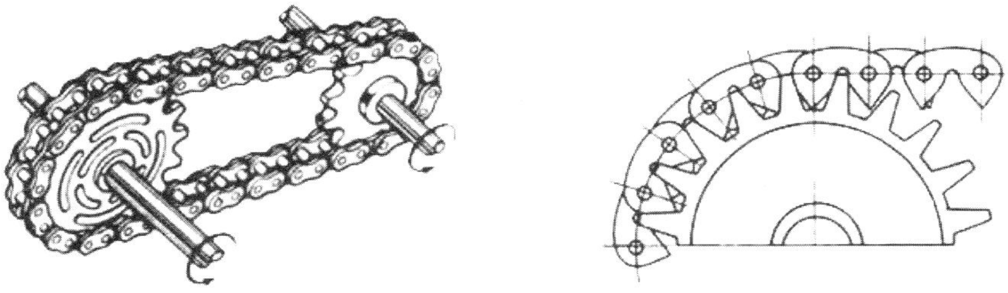

(a) 롤러체인 (b) 사일런트체인

그림 5-24 체인의 종류

5.3 이송나사(feed screw)

이송나사는 선반이나 밀링과 같은 공작기계의 테이블을 이송하기 위하여 사용되는 장치로, 그 종류로는 <그림 5-25>에서 보는 바와 같이 미끄럼나사와 볼나사가 있다.

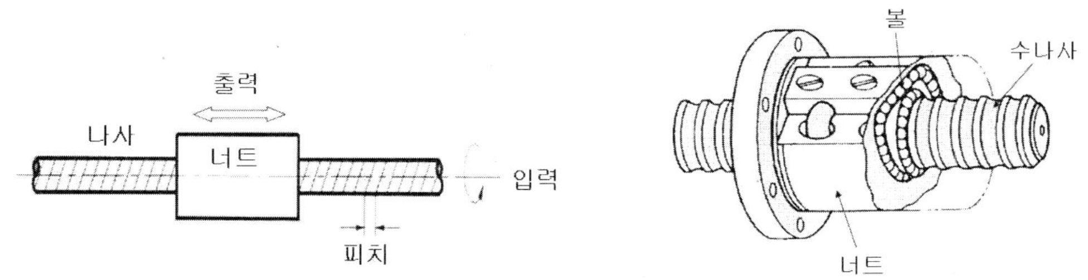

(a) 미끄럼나사 (b) 볼나사

그림 5-25 이송나사

1) 미끄럼나사(sliding screw)

미끄럼나사는 <그림 5-25(a)>와 같이 나사와 너트를 조합시킨 것으로 나사의 회전에 따라 너트가 직진왕복운동을 하게 된다. 미끄럼마찰이 작용하므로 마찰저항을 줄이기 위하여 윤활제를 사용한다. 적절히 설계하여 제작하는 경우, 0.01μm의 미소한 위치결정도 가능하다.

2) 볼나사(ball screw)

볼나사는 <그림 5-25(b)>와 같이 수나사와 너트 사이에 강구를 넣은 것으로 나사의 미끄럼마찰을 구름마찰로 바꾼 것이다. 구름마찰로 인하여 마찰계수가 작으며 미끄럼나사보다 높은 전동효율을 얻을 수 있다. 로봇이나 자동화기기에 널리 사용되고 있다.

5.4 캠(cam)기구

캠기구는 일정한 속도의 회전운동을 입력받아 간헐운동하는 출력을 얻는데 널리 사용되는 기구다. <그림 5-26>은 직선운동을 얻는 캠기구들 가운데 일부를 보여준다.

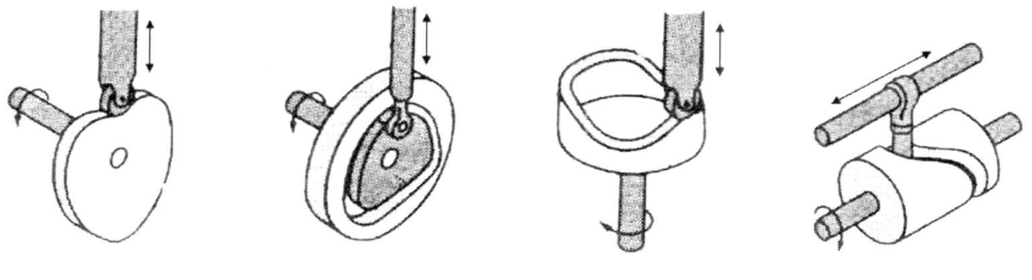

(a) 판캠　　(b) 정면캠　　(c) 단면캠　　(d) 원통캠

그림 5-26　직선운동을 얻는 캠기구

5.5 주행식 빔(walking beam)

주행식 빔은 실린더가 왕복운동을 할 때 그로부터 간헐적인 직선운동을 얻게 한다. <그림 5-27>은 주행식 빔의 구조와 작동원리를 보여주고 있다. 주행식 빔은 일직선으로 이루어진 자동화라인에서 작업물을 일정한 간격으로 이송하므로 생산시스템자동화에 있어 매우 중요한 장치다. 피스톤의 왕복운동시간을 변경하면 작업물들의 정지시간과 이동시간을 임의로 조정할 수 있다.

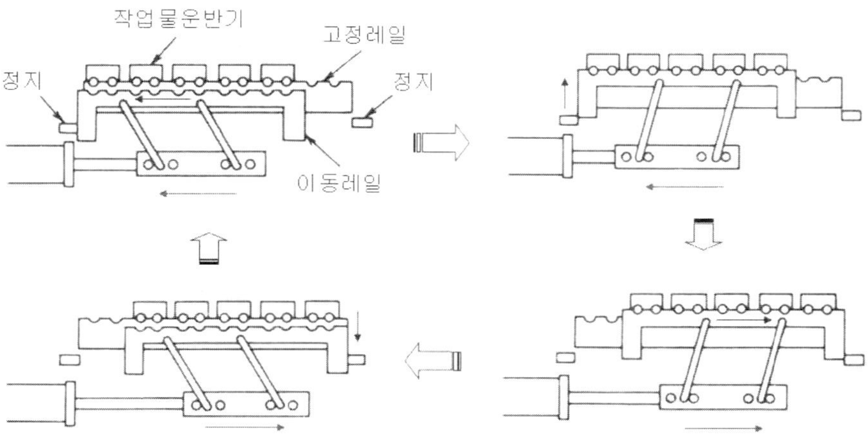

그림 5-27　주행식 빔의 구조 및 작동원리

5.6 제네바(geneva) 기구

제네바기구는 일정한 속도로 회전하는 구동기에 의하여 정해진 간격으로 간헐적인 회전운동을 얻는데 이용된다. 피구동체의 회전력은 <그림 5-28>에서 보는 바와 같이 구동기의 핀에 의하여 전달된다. 즉 구동기의 핀은 피구동체의 홈을 따라 미끌어져 들어가 있는 동안 피구동체를 회전시킨다. 구동기 핀이 피구동체의 홈에서 빠져나오게 되면 피구동체의 회전은 중단된다. 따라서 구동기가 회전하면 피구동체는 회전과 정지를 반복하게 된다. 제네바기구를 적절히 설계하면 원하는 피구동체의 회전시간과 정지시간을 얻을 수 있다.

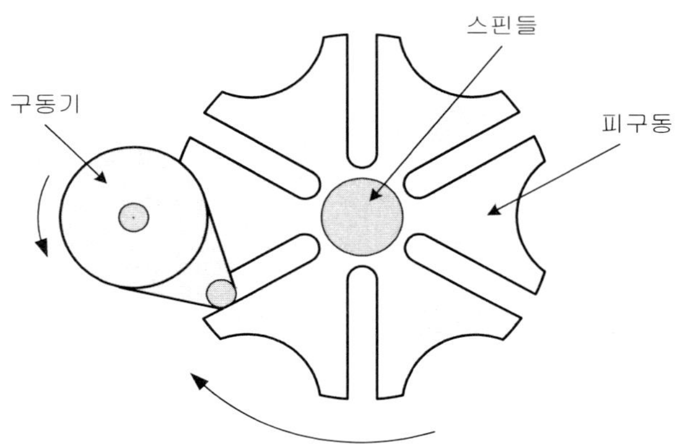

그림 5-28 제네바기구의 간헐적 회전의 원리

N개의 작업장을 가진 회전식 테이블에서 구동기가 분당 k차례 회전한다고 할 때, <그림 5-29>에서 정의한 각도 A, B, C는 다음과 같이 얻어진다.

- A = 360도/N
- B = 180도 — A
- C = 360도 — B

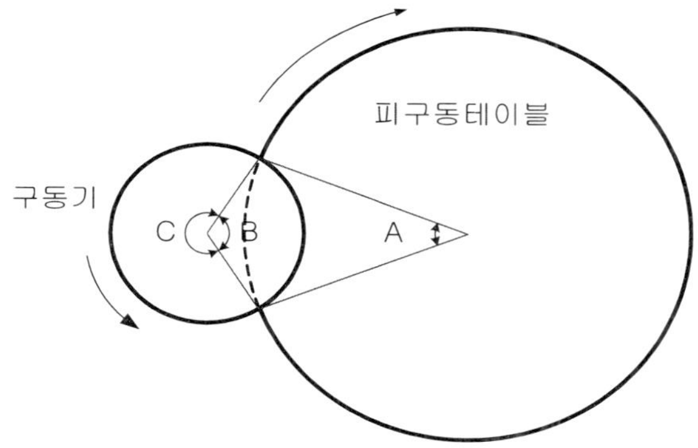

그림 5-29 구동기와 테이블 간의 각도 A, B, C

이들 3개의 각도 A, B, C로부터 테이블의 사이클시간 L, 회전이동시간 R, 정지시간 S는 다음의 계산식으로부터 얻어진다.

- 사이클시간 $L = \frac{1}{k} = R + S$
- 회전이동시간 $R = \frac{B}{360\text{도}} \times L$
- 정지시간 $S = \frac{C}{360\text{도}} \times L$

예를 들어 제네바기기에 의하여 작동되는 회전테이블이 6개의 작업장을 가지며, 구동기의 속도는 12rpm이라고 할 때, 테이블의 회전이동시간 R, 정지시간 D, 시간당 제품의 생산율 P는 다음과 같다.

- 각도 A = 360도/6 = 60도, 각도 B = 120도, 각도 C = 240도
- 사이클시간 L = 60초/12 = 5초/회전
- 회전이동시간 $R = \frac{120\text{도}}{360\text{도}} \times L \times 60\text{초}/\text{분} = 1.67\text{초}$
- 정지시간 $D = \frac{240\text{도}}{360\text{도}} \times L \times 60\text{초}/\text{분} = 3.33\text{초}$
- 생산율 $P = \frac{1}{5\text{초}} \times 3600\text{초}/\text{시간} = 720\text{개}/\text{시간}$

연습문제

1 전자릴레이와 솔레노이드의 차이는 무엇인가?

2 솔레노이드가 응용되는 사례를 조사해 보라.

3 최근 직류서보모터는 예전처럼 많이 사용되지 않고 있다. 그 이유는 무엇인가?

4 직류모터와 비교할 때 브러시리스모터의 장점은 무엇인가?

5 리니어모터가 사용되는 장비를 조사해 보라.

6 회전자계란 무엇인가?

7 동기형 모터가 유도형 모터보다 정밀한 이유를 설명하라.

8 인버터에 의하여 교류모터를 제어하는 방법을 조사해 보라.

9 스텝모터가 회전속도와 회전각도를 정확히 제어할 수 있는 이유는 무엇인가?

10 모터의 회전운동을 직선운동으로 변환하는 방법을 모두 나열해 보라.

11 이송나사에서 발생하는 백래시(backlash)란 무엇인가?

12 제네바기기로 구동되는 회전테이블에서 작업장의 수가 8개이고 테이블의 1회 정지시간이 10초라고 하자. 이 때 작업장의 회전이동시간과 구동기의 rpm을 구하라.

자동화기기 3부

6장. NC공작기계

7장. 쾌속조형

8장. 산업용 로봇

9장. 자동조립

6장

NC공작기계

NC(Numerical Control, 수치제어)는 문자와 숫자로 이루어진 프로그램에 의하여 공작기계나 기타 장비들을 제어하는 자동화 기술이다. NC기술은 드릴링작업, 밀링작업, 선반작업 등에 폭넓게 사용된다. NC기술로 말미암아 생산공정의 자동화와 무인화는 시작되었다. 여기서는 NC공작기계와 NC프로그래밍에 대하여 소개하기로 한다.

1 NC가공과 재래식가공의 비교

NC시스템이란 입력된 프로그램에 따라 NC기계가 자동으로 작업물을 가공하는 생산시스템을 말한다. <그림 6-1>은 작업자가 수작업으로 부품을 가공하는 재래식 기계가공과, 프로그램을 입력하여 자동으로 부품을 가공하는 NC가공을 비교하고 있다.

재래식 공작기계에서 작업하는 경우, 작업자는 제품의 도면을 읽고 그 내용에 따라 기계를 조작하여 원하는 제품을 만들게 된다. 이 경우 가공할 제품의 형상이 복잡할수록 작업시간이 오래 걸리는 것은 물론 불량품이 발생할 가능성 또한 높아진다.

반면에 NC공작기계는 재래식 공작기계의 이송핸들과 작업자를 대신하여 서보모터와 NC컨트롤러가 장착되었다. 작업자가 NC프로그램을 입력하면 NC컨트롤러는 프로그램의 내용에 따라 NC기계의 서보모터를 작동시켜 원하는 제품을 가공할 수 있게 한다. NC기계에서 작업할 때는 제품의 치수를 검사할 필요가 없으므로, 복잡한 제품일수록 재래식 수동작업에 비하여 가공시간이 크게 줄어든다. 또한 입력된 프로그램에 따라 정확히 가공이 이루어지므로 기계나 공구에 이상이 없는 한 불량품은 거의 발생하지 않는다.

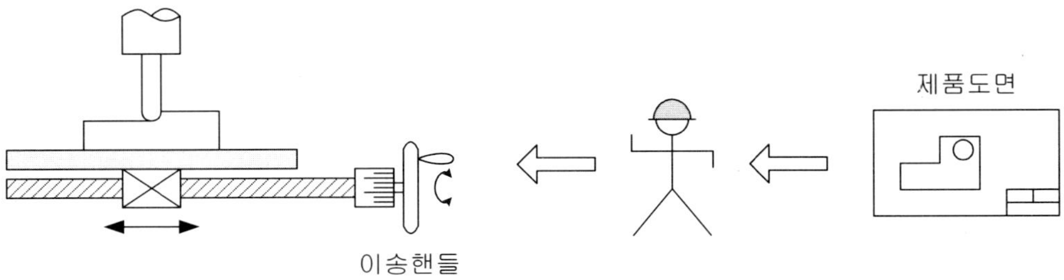

(a) 재래식 기계

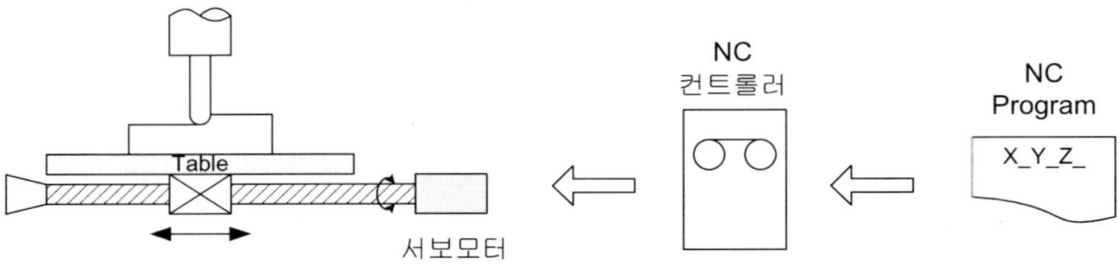

(b) NC기계

그림 6-1 재래식 기계와 NC기계의 가공방식 비교

NC가공은 재래식 수동가공에 비하여 다음과 같은 장점이 있다.

- 셋업시간, 자재취급시간 등이 감소된다.
- 가공의 정밀도와 반복도의 향상으로 불량이 줄어든다.
- 검사시간이 감소된다.
- 수동가공에서 불가능한 복잡한 형상의 부품을 가공할 수 있다.
- 설계 변경이 쉽다
- 숙련된 작업자가 덜 필요하다.

2 NC시스템의 구성

NC시스템은 부품의 가공을 위하여 입력되는 파트프로그램, NC기계를 제어하는 NC

컨트롤러, 가공을 수행하는 NC기계장비의 요소로 이루어진다.

2.1 파트프로그램(part program)

파트프로그램은 'NC프로그램'이라고도 말하며 기계장비의 동작을 지시하는 명령문들을 가리킨다. 파트프로그램에서 포함하는 명령문들은 절삭공구의 위치, 주축의 회전속도 및 이송속도 등이다. 파트프로그램은 여러 방식으로 NC기계에 입력된다. 과거에는 천공테이프가 오랫동안 사용되었으나 요즈음에는 디스켓이나 자기테이프, 혹은 컴퓨터통신을 이용한 DNC방식으로 대체되었다.

2.2 NC컨트롤러

NC컨트롤러는 'MCU'(Machine Control Unit, 기계제어장치)라고도 말하며, 작업자와 NC기계를 연결하는 일종의 컴퓨터다. 작업자가 미리 작성된 NC프로그램을 입력하면 NC컨트롤러는 그 프로그램의 내용에 따라 NC기계의 동작을 제어한다. NC컨트롤러는 다음의 작업들을 수행한다.

- 파트프로그램의 저장
- 파트프로그램의 번역 및 연산작업 수행
- 서보기구에 전기신호 출력

2.3 NC기계장비

NC기계는 파트프로그램이 지시한 명령에 따라 NC컨트롤러에 의하여 제어된다. 절삭작업의 경우 NC장비는 작업테이블, 주축, 서보모터, 각종 제어부들로 이루어진다.

NC컨트롤러에서 출력된 펄스정보에 따라 서보모터는 회전한다. 서보모터에서 회전된 각도의 크기는 NC컨트롤러에서 출력한 전기펄스의 수에 비례하며, 이는 작업테이블이나 공구의 이송량을 결정한다. 하나의 전기펄스에 의하여 기계가 움직이는 최소단위 길이를 '기본이송단위'(BLU, Basic Length Unit)라고 부른다.

서보모터는 일반 모터와는 달리 위치나 속도변경의 명령에 정확히 따르도록 설계되었다. 예전에는 직류서보모터가 사용되었지만 최근에는 교류서보기술이 크게 발전하여 대부분 교류서보모터로 대체되었다. 반면에 레이저절단기처럼 가공할 때 큰 힘을 필요로 하지 않는 NC장비들은 스텝모터를 서보모터로 사용하고 있다.

서보모터의 동력은 이송나사를 회전시켜 작업테이블을 왕복이동시키는데 사용된다. 이송나사의 종류로는 미끄럼나사, 볼베어링나사, 정압나사 등이 있다. 미끄럼나사는 범용공작기계에, 볼나사는 NC공작기계에, 정압나사는 초정밀공작기계와 측정기에 사용되고 있다.

3 펄스보간기

NC기계에서 공구가 임의의 경로를 따라 움직이려면 여러 축을 동시에 제어할 수 있어야 한다. 이처럼 동시에 제어하는 축이 많아지면 여러 기능들이 추가되어야 하므로 가격이 비싸진다. NC기계에서 동시다축제어의 핵심요소로는 펄스보간기(pulse interpolator)가 있다. 이는 NC컨트롤러에 내장되어 있으면서 각각의 축을 제어하는 모터들마다 필요한 전기펄스를 보내어 원하는 궤적이동과 이송속도를 가능하게 한다. 오늘날 NC기계의 펄스보간기는 직선보간과 원호보간의 기능을 기본적으로 수행한다. 보다 정교한 NC기계의 펄스보간기는 나선보간, 포물선보간은 물론 3차식곡선보간도 가능하다.

<그림 6-2>의 예를 사용하여 주어진 입력거리와 이송속도에 상응하는 전기펄스를 제공하는 방법을 알아보자. 현재 점 A(10,10)에 위치해 있는 공구를 직선으로 이송하여 점 B(50,40)에 도달하게 하려 한다. 공구의 이송속도는 10mm/sec로 지정되었으며, 1BLU는 0.001mm이다. 지정된 속도로 원하는 위치에 공구를 이송하기 위하여 각 축에 제공해야 할 펄스보간기의 출력을 구해보자.

점 A에서 점 B까지 공구의 이송거리는 50mm이므로 공구이송시간은 5초가 소요된다. 이 때 공구는 X축으로 40mm, Y축으로 30mm 이동해야 한다. 즉 5초 동안 X축 모터에는 40,000개의 펄스가, Y축 모터에는 30,000개의 펄스가 각각 균일하게 제공되어야 한다. 결국 X축의 모터에 초당 8,000개, Y축의 모터에 초당 6,000개의 펄스를 5초 동안 제공할 때 원하는 공구궤적과 이송속도를 얻을 수 있다.

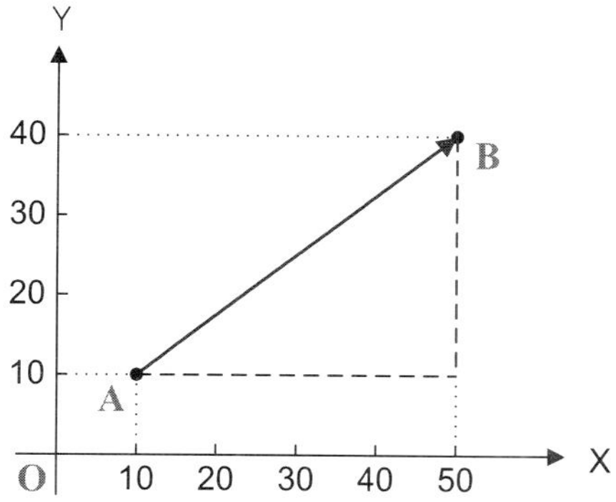

그림 6-2 공구경로의 궤적

4 NC기계의 발전

2차세계대전 이후 미공군은 범용공작기계로는 가공하기 어려운 복잡한 비행기부품을 신속하게 제작할 수 있는 기계개발을 필요로 하고 있었다. NC공작기계의 개발은 미국 미시간주 트래버스시에 있는 파슨즈 회사(Parsons company)에서 시작되었으며, 이후 1952년 MIT대학에서 NC밀링기를 제작함으로 완성되었다. 최초로 만들어진 이 NC밀링기계는 천공테이프에 기록된 좌표값들을 따라 3축 동시제어를 성공적으로 수행하였다.

NC기계는 처음 소개된 이후 계속해서 많은 발전이 있었다. 특히 컴퓨터는 NC기계의 발전에 크게 기여하였다. 초기의 NC기계는 컴퓨터가 장착된 CNC, 머시닝센터, DNC 등으로 발전하였다.

4.1 NC와 CNC

초창기의 NC기계는 컴퓨터 기능이 없었으므로 데이터의 연산과 저장이 불가능했다. 따라서 가공수준이 조잡했을 뿐만 아니라 부품을 가공할 때마다 NC데이터를 반복하여 읽어야만 했다. 그 당시에는 NC기계에 비하여 컴퓨터의 가격이 훨씬 비쌌으므로 NC기계에 컴퓨터를 장착하는 것은 쉽지 않았다. 하지만 점차 컴퓨터가 발달하고 가격이 낮아짐에 따라 NC기계에 소형컴퓨터가 내장되었으며 NC기능의 상당부분은 소프트웨어로 실현되었다. 이런 NC를 종래의 NC와 구별하기 위하여 'CNC'(Computerized NC)라고 부르게 되었다. 하지만 근래에 와서 모든 NC기계들은 컴퓨터를 내부에 장착하게 되었으므로 더 이상 CNC를 NC와 구별하지 않고 있다. NC기계의 출현으로 인하여 작업자는 부품을 가공하는 동안 치수검사를 할 필요가 없어졌으므로 부품가공의 생산성은 크게 상승되었다.

4.2 머시닝센터/터닝센터

하나의 부품을 만드는 데는 많은 가공공정이 필요하다. 이들 공정을 한 기계에서 수행하려면 필요한 공구를 바꾸어가며 작업을 수행해야 한다. 작업 중에 공구를 교체하는 일은 번거로울 뿐만 아니라 상당히 많은 시간을 필요로 한다. 따라서 NC기계작업에서 공구를 자동으로 교환하는 일은 NC기계의 가동률을 높이기 위하여 필수적이다.

이러한 요구로 인하여 등장하게 된 NC기계가 머시닝센터다. 머시닝센터는 NC밀링에 공구를 자동으로 교환하는 자동공구교환장치(ATC, Automatic Tool Changer)와 필요한 공구를 장착하고 필요할 때 공급해주는 공구매거진(tool magazine)이 추가되었다. 그뿐만 아니라 머시닝센터는 자동팔렛교환장치(APC, Automatic Pallet Changer)를 가지고 있어 작업물의 가공이 완료되면 대기 중인 다른 작업물과 곧바로 교환할 수 있다. 머시닝센터는 자동공구교환장치와 공구매거진으로 인하여 공구교환에 소요되는 시간을 대폭 단축시켰다. 아울러 자동팔렛교환장치로 말미암아 가공이 끝난 작업물을 탈착하고 새로운 작업물을 장착할 때까지의 작업유휴시간을 크게 줄일 수 있게 되었다.

<그림 6-3>은 공구매거진, 자동공구교환장치, 자동팔렛교환장치를 가지고 있는 머시닝센터를 보여주고 있다.

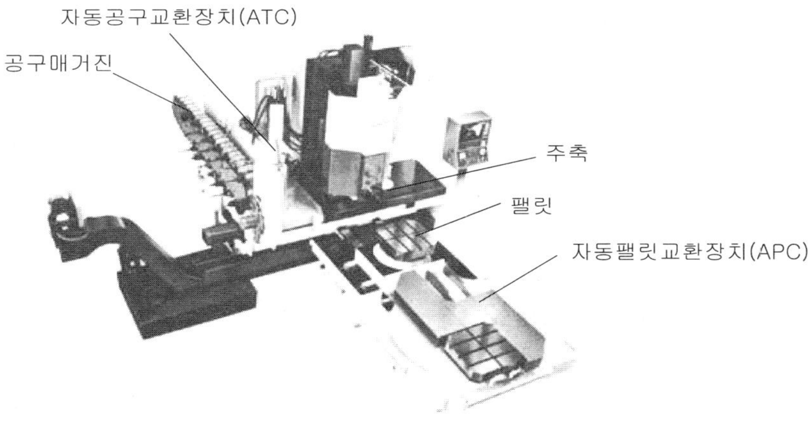

그림 6-3 머시닝센터(Cincinnati Milacron)

머시닝센터 외에도 여러 공정을 한 기계에서 수행하는 NC공작기계로는 '터닝센터'(turning center)가 있다. 머시닝센터가 각형의 부품을 주로 가공한다면, 터닝센터는 회전형 부품을 가공하는데 주로 사용된다. 터닝센터는 공구터릿에 여러 공구를 장착하여 다양한 가공이 가능하다. 최근의 터닝선반은 선반작업 외에 밀링작업도 동시에 할 수 있도록 발전하였다. 이러한 복합터닝센터로 인하여 회전 형상과 각진 형상을 함께 가진 부품은 한 곳에서 모두 가공할 수 있게 되었다.

4.3 DNC

DNC는 <그림 6-4>에서 보는 바와 같이 호스트컴퓨터에서 각각의 NC기계가 필요로 하는 프로그램들을 직접 전송함으로 공장 내의 모든 NC기계들을 통제하는 기술이다. 이는 직접수치제어(direct NC)와 분산수치제어(distributed NC)로 구분된다.

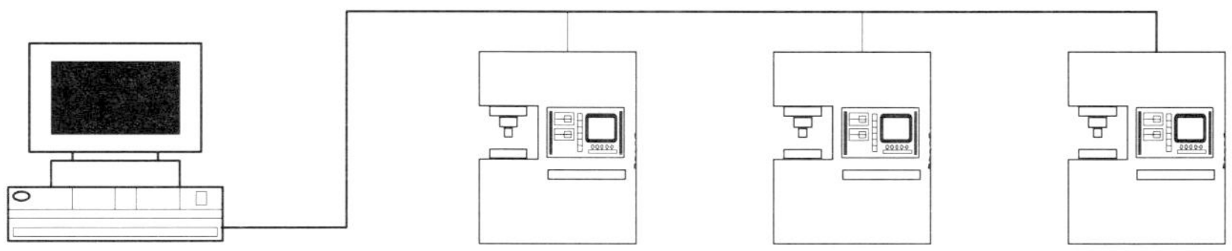

그림 6-4 DNC

1) 직접수치제어(direct NC)

직접수치제어방식은 1960년대 CNC가 생겨나기 이전에 시도된 DNC다. CNC가 없던 시절에는 NC기계에 파트프로그램을 저장할 수 없었다. 따라서 부품을 가공할 때마다 필요한 프로그램을 천공테이프에 담아 입력해야 했다. 예를 들어 동일한 부품을 100개 가공하려면 NC기계는 천공테이프를 100번 반복해서 읽어야만 했다. 그러다 보면 천공테이프는 상하고 마모되어 새로운 천공테이프를 다시 만들어야 했다.

당시 DNC는 이런 불편함을 상당부분 해결할 수 있었다. NC기계들은 천공테이프를 읽는 대신 호스트컴퓨터로부터 파트프로그램을 전송받으면서 실시간으로 부품가공을 수행하였다. 따라서 동일한 부품 100개를 가공하는 경우 호스트컴퓨터는 파트프로그램을 NC기계에 100번 전송해야 했다. DNC를 도입함으로 NC기계들은 천공테이프와 테이프 판독기가 필요 없게 되었고, 호스트컴퓨터로부터 직접 가공데이터를 전송받아 실시간으로 가공을 실시할 수 있었다.

2) 분산수치제어(distributed NC)

1970년대 이후 컴퓨터가 소형화되고 가격이 하락하면서 자체 컴퓨터를 보유한 CNC기계들이 크게 늘어났다. 분산수치제어 방식의 DNC는 CNC장비가 도입되면서 등장하였다. 호스트컴퓨터는 각각의 NC기계가 필요로 하는 가공데이터를 파트프로그램 단위로 전송하였다. 하지만 분산수치제어에서는 연결된 CNC장비들이 각각 컴퓨터를 보유하고 있으므로, 전송된 데이터를 저장할 수 있다는 점이 직접수치제어와 다르다. 분산수치제어에서는 각각의 NC기계에서 수집된 데이터를 호스트컴퓨터로 전송하는 것도 가능하다.

4.4 PCNC

PCNC는 Personal Computer based Numerical Control의 약자로 PC기술을 CNC기술에 결합시켜 PC를 이용하여 NC기계를 제어하는 것을 말한다. <그림 6-5>는 PCNC 제어장치의 예를 보여준다. PCNC는 일반 NC기계와 비교할 때 다음과 같은 장점이 있다.

- NC기계를 제어하는 것과 동시에 PC용으로 개발된 CAD/CAM, 통신프로그램, 워드프로세서 등 사용자 소프트웨어를 사용할 수 있다.
- 네트워크기능을 통하여 같은 O/S를 가진 NC공작기계와 컴퓨터 등을 자유롭게 연결하여 FA, FMS, CIM 등 공장 및 생산관리 자동화 시스템과의 연계할 수 있다.
- 모뎀을 전화선과 연결하고 인터넷을 이용하면 기계장비에 대한 실시간 원격진단이 가능하다.

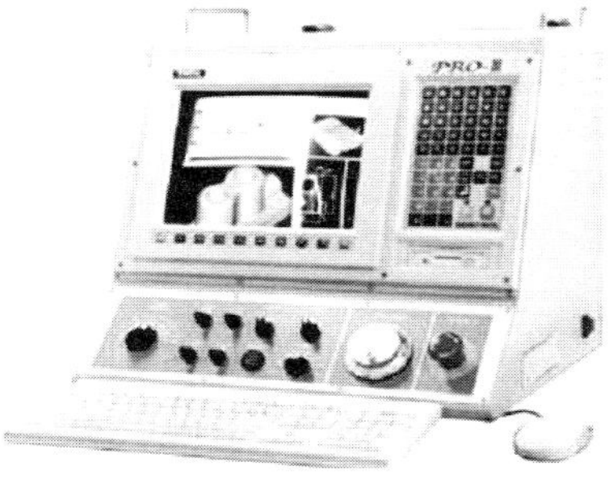

그림 6-5 PCNC 제어장치의 예

4.5 고속가공기

고속가공기는 가공생산성의 향상을 위하여 가공속도를 크게 개선한 NC기계다. 이는 기존의 일반 NC기계와 비교할 때 다음과 같은 특징이 있다.

- 임계절삭속도 이상의 고속가공에서는 절삭온도가 오히려 낮아진다.
- 일반 NC공작기계의 주축회전속도가 300～3,000rpm인데 반하여 고속가공기는 수만rpm으로 가공한다.
- 공구의 이송속도가 분당 수십m에 달한다.
- 황삭, 중삭, 정삭의 구분이 없이 모든 공정을 작은 절삭깊이의 고속이송으로 가공한다.
- 가공시간의 단축으로 가공생산성이 향상된다.
- 공구의 마모가 적고 절삭품질이 우수하다.

5 NC프로그래밍의 발전

도면에 나타난 부품형상을 NC기계에서 가공할 수 있도록 파트프로그램을 작성하는 절차를 NC프로그래밍이라고 말한다. NC프로그래밍은 부품도면의 해석, 공정계획의 수립, 파트프로그램의 작성, NC테이프의 작성의 단계를 따라 이루어지는 것이 일반적이다. 초창기에는 작성된 파트프로그램을 천공테이프에 저장하였으나 최근에 들어서는 자기테이프나 플로피디스켓을 많이 사용하고 있다. NC프로그래밍은 수동 NC프로그래밍, 컴퓨터를 이용한 NC프로그래밍, CAD/CAM을 이용한 NC프로그래밍으로 발전되어 왔다.

5.1 수동 NC프로그래밍

수동 NC프로그래밍은 NC의 기계어인 NC코드를 사용하여 부품을 가공하기 위한 파트프로그램을 작성하는 것이다. <그림 6-6>은 NC코드로 작성된 파트프로그램을 보여준다. NC코드는 NC컨트롤러가 이해할 수 있는 언어이므로 프로그래밍을 작성하거나 검증하는데 있어서 사람이 사용하기에는 매우 불편하다.

```
N001 G21 G90 G17;
N002  G92  X-20.0  Y-20.0
Z50.0;
N003 F200 S1000 M03;
N004 G00 Z0.0;
N005 G00 X-5.0 Y-5.0;
N006 G01 Y25.0;
N007 G01 X25.0;
N008 G01 Y20.0;
N009 G03 X40.0 Y5.0 I15.0;
N010 G01 X45.0;
N011 G01 Y-5.0;
N012 G01 X-5.0;
N013 G00 Z50.0;
N014 G00 X-20.0 Y-20.0;
N015 M30;
```

그림 6-6 NC코드로 작성된 파트프로그램

5.2 컴퓨터를 이용한 NC프로그래밍

수동으로 NC프로그램을 작성하는 경우 시간이 많이 소요되고 실수할 가능성도 많다. 따라서 기계어 대신 사람이 이해하기 쉬운 언어를 사용하여 프로그램을 한 후, 컴퓨터의 컴파일러를 사용하여 기계어로 변환하는 방식이 개발되었다. 이것이 컴퓨터를 이용한 NC프로그래밍이며, '자동프로그래밍'이라고도 부르기도 한다. <그림 6-7>은 컴퓨터를 이용한 NC프로그래밍의 절차를 보여준다.

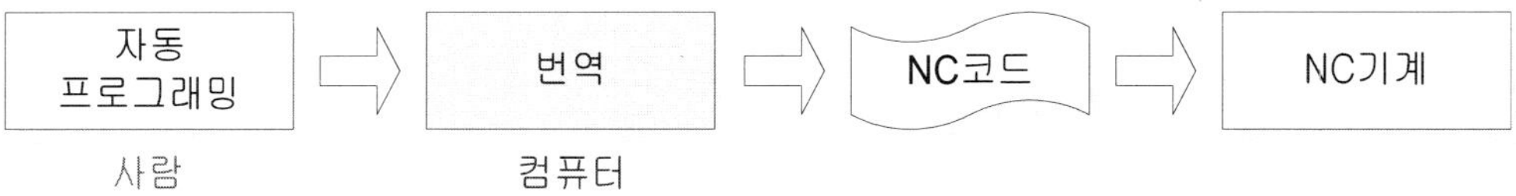

그림 6-7 컴퓨터를 이용한 NC프로그래밍의 절차

자동프로그래밍 언어는 최초로 미국에서 개발한 APT가 있고, 국내에서는 KAIST에서 개발한 KAPT가 널리 사용되었다. <그림 6-8>은 KAPT로 작성된 NC프로그램을 소개하고 있다.

```
MACH, FANUC9M, ABS
P1=-30,-30
P2=0,0.
L1=P2,0D
L2=60X
L3=P(60,50),135D
C4=P(30,50),30
L5=P2,90D
CUTTER,10
FRAT,60
RPM,600
FROM,P1,50Z
DLT,-50Z
TO,L1; TLRGT
L1; L2; L3,A; C4; L5,PAST,L1
RAPID,50Z
RAPID,P1
END
```

그림 6-8　KAPT 프로그램

5.3 CAD/CAM을 이용한 NC프로그래밍

CAD/CAM시스템은 설계와 제조를 통합지원하기 위하여 설계와 제조의 일부 기능을 수행하는 소프트웨어를 갖춘 대화형 그래픽시스템이다. CAD/CAM시스템에서 수행하는 중요한 일 중에 하나는 NC프로그램을 생성하는 것이다. 이 경우 프로그래머가 하던 파트 프로그래밍 작업 중 상당 부분을 컴퓨터가 대신 수행하게 된다. 즉 프로그래머가 부품의 형상을 모델링하고 공구를 선정하여 공구경로를 지정하면 CAD/CAM시스템은 자동으로 NC코드를 제공한다. <그림 6-9>는 CAD/CAM을 이용한 NC프로그래밍의 절차를 보여준다.

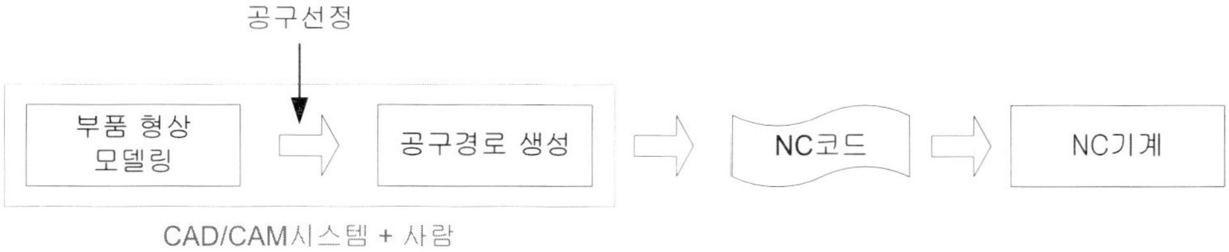

그림 6-9　CAD/CAM을 이용한 NC프로그래밍의 절차

6 수동 NC프로그래밍

NC프로그래밍 방법들 가운데 NC의 기계어인 NC코드를 사용하여 파트프로그램을 작성하는 수동 NC프로그래밍에 대하여 소개하기로 하자.

6.1 파트프로그램의 구성

파트프로그램을 구성하는 가장 기본단위는 'NC워드'(NC word)다. NC워드는 하나의 영문자로 이루어진 어드레스(address)와 수치값으로 조합되어 있다. 또한 몇 개의 NC워드들이 모여 NC블록(NC block)이 되고, 여러 NC블록들은 다시 파트프로그램을 형성한다. 하나의 NC블록은 지정된 EOB(End Of Block) 기호에 의하여 구분된다. 파트프로그램에서는 고유한 NC블록을 지정하기 위해 어드레스 N을 사용하여 순서를 정할 수도 있다.

다음 NC블록의 예를 살펴보자.

N002 G02 X100.0 Y200.0;

이는 파트프로그램에서 2번째 순서번호를 가진 NC블록으로 세미콜론(;)이 EOB기호로 사용되었다. 또한 이 NC블록에서는 4개의 NC워드 N002, G02, X100.0, Y200.0으로 이루어졌다.

6.2 NC워드의 종류

NC워드는 그 기능에 따라 공구의 좌표값 지정, NC기계의 제어, NC기계의 작동상태 지정, 공구에 관한 내용 지정의 4가지로 크게 구분된다.

6.2.1 좌표값 지정을 위한 NC워드

좌표값 지정은 공구의 다음 위치와 경로를 지정하기 위한 것이다. 여기서는 직선보간과 원호보간을 소개하도록 한다.

1) 직선보간

직선보간에 사용되는 좌표값지정 NC워드를 위한 어드레스로는 X, Y, Z가 있다. 이들에 의하여 정의되는 3개의 NC워드 Xx, Yy, Zz는 공구가 도달할 다음 위치 좌표값 (x,y,z)의 각 성분값을 지정하는데 사용된다. <그림 6-10>에서와 같이 지점 A에 있는 공구를 점 B(30,35)를 지나 C(60,25)까지 각각 직선으로 이동하려고 할 경우 필요한 NC 블록들은 다음과 같다.

G01 X30.0 Y35.0

G01 X60.0 Y25.0

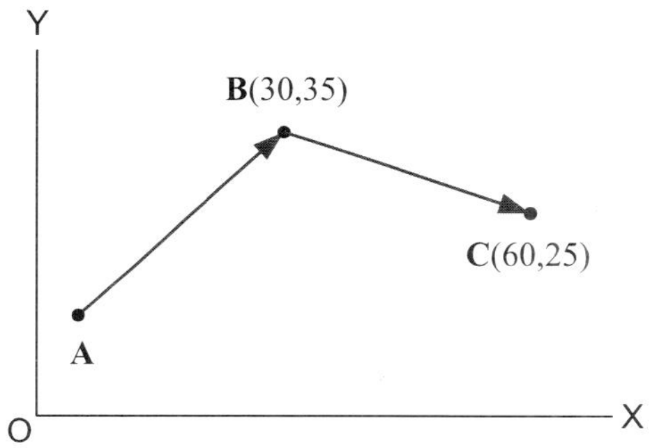

그림 6–10 직선보간의 예

2) 원호보간

원호보간에 사용되는 어드레스로는 X, Y, Z, I, J, R이 있다. 이들로 정의되는 NC워드들은 다음의 내용을 지정하는데 사용된다.

- Xx, Yy, Zz: 공구가 도달할 다음 위치 (x,y,z)의 성분값 지정
- Ii, Jj: 공구의 현 위치로부터 원중심까지 X축, Y축 방향의 변위값 i, j 지정
- Rr: 원호반지름 r 지정

<그림 6-11>은 공구를 원호보간으로 이동하려고 한다. 현 지점 A(30,30)에 있는 공구를 지점 B(40,10)까지 원호를 따라 이동하려는 경우, 원호의 중심에 대한 정보가 필요하다. 원호의 중심을 C(15,10)이라고 하자. 이 때 점 A에서 원호의 중심 C까지의 변위

값을 구하면 i = -15, j = -20이다. 또한 원호의 반지름은 r = 25의 값을 갖는다. 이러한 공구경로를 얻기 위한 NC블록으로는 다음의 2가지가 가능하다.

G02 X40.0 Y10.0 I-15.0 J-20.0 혹은 G02 X40.0 Y10.0 R25.0

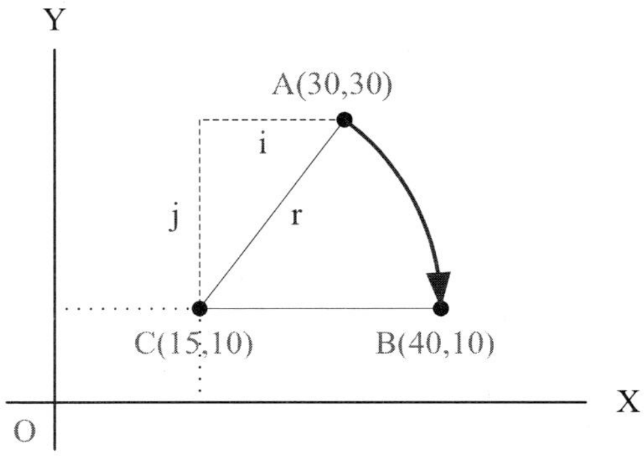

그림 6-11 원호보간의 예

지정된 반지름 Rr을 이용하여 원호를 정의할 때 <그림 6-12>에서와 같이 시점 A와 종점 C(70, 60)를 갖는 시계방향의 원호는 두 가지로 정의된다. 하나는 180도보다 작은 원호이고, 다른 하나는 180도보다 큰 원호다. 이 두 원호를 구분하기 위하여 180도 보다 큰 원호를 지정할 경우에는 아래의 NC블록에서와 같이 반지름을 음의 값으로 표기한 NC워드를 사용한다.

180도보다 작은 원호보간 G02 X70.0 Y60.0 R25.0
180도보다 큰 원호보간 G02 X70.0 Y60.0 R-25.0

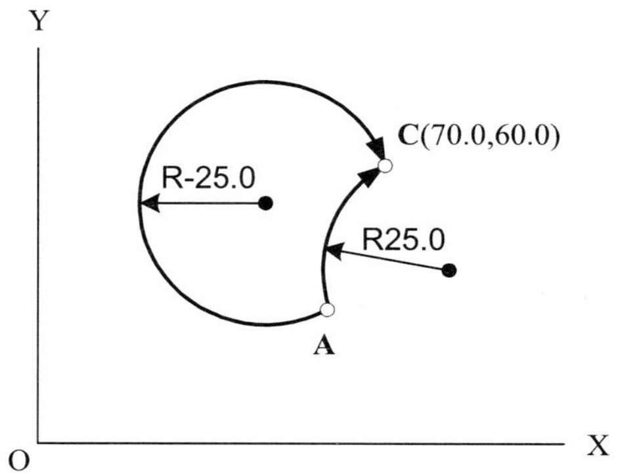

그림 6-12 동일한 시점, 종점, 반지름을 갖는 두 원호보간

6.2.2 공구번호 및 절삭조건을 지정하는 NC워드

절삭가공에 필요한 공구를 지정하려면 T워드를, 공구의 이송속도와 회전속도를 지정하려면 F워드와 S워드를 각각 사용한다. 예를 들어 공구매거진에서 30번째 슬롯에 장착되어 있는 공구를 선택하려면 T30의 NC워드를 사용한다. 또한 공구가 지점 (50,40)까지 직선으로 이동하는 경우 공구의 이송속도가 분당 50mm이고, 주축의 회전속도가 분당 300번 회전할 때 해당되는 NC블록은 다음과 같다.

```
G01 X50.0 Y40.0 F50 S300
```

6.2.3 기계를 제어하기 위한 NC워드(M-코드)

M-코드는 NC기계가 절삭가공을 행할 때 주축회전의 시작이나 정지 등 필요한 제어 명령을 수행하기 위하여 사용된다. 이는 영문자 M과 두 자리 숫자로 이루어진다. <표 6-1>에서는 자주 사용되는 일부 M-코드를 보여주고 있다.

표 6-1 자주 사용되는 M-코드

구 분	M-코드	기 능
프로그램 정지	M00	프로그램 중간에 사용
프로그램 끝	M02	기계 정지
	M30	기계 정지, 테이프 되감기
주축 회전	M03	시계방향회전
	M04	반시계방향회전
	M05	주축회전 정지

6.2.4 작업준비를 위한 NC워드(G-코드)

G-코드는 작업을 준비하기 위한 워드로 NC프로그래밍에서 가장 중요한 역할을 수행한다. 이는 영문자 G와 두 자리 숫자로 구성되며, MCU에 명령수행을 준비시켜 NC기계의 작동상태와 NC블록의 의미를 결정하게 한다. 자주 사용되는 G-코드들을 <표 6-2>에 열거하였다.

표 6-2 자주 사용되는 G-코드

구 분	G-코드	기 능
공구이동형태	G00 G01 G02 G03	급속이송 직선보간 시계방향 원호보간 반시계방향 원호보간
평면 설정	G17 G18 G19	XY평면 ZX평면 YZ평면
좌표값 입력단위	G20 G21	inch단위 mm단위
좌표값 입력형태	G90 G91	좌표의 절대값 입력 좌표의 증분값 입력
공작물좌표계 설정	G92	현 위치에서 작업물좌표계 지정

6.3 NC프로그램의 예

<그림 6-13>에서와 같이 주어진 윤곽가공의 예를 이용하여 NC프로그램을 작성해 보자. 수치단위로는 mm를 사용하고 좌표값은 절대값으로 지정되었다고 하자. 또한 공구의 직경은 20mm, 공구출발점은 원점에서 Z축으로 50만큼 올라간 지점 (0,0,50)이다. mm수치단위를 지정하는 NC워드는 G21이다. 또한 G90은 절대값좌표계를 지정한다. 공구의 출발점을 가리키는 NC블록은 G92 X0.0 Y0.0 Z50.0으로 정해진다.

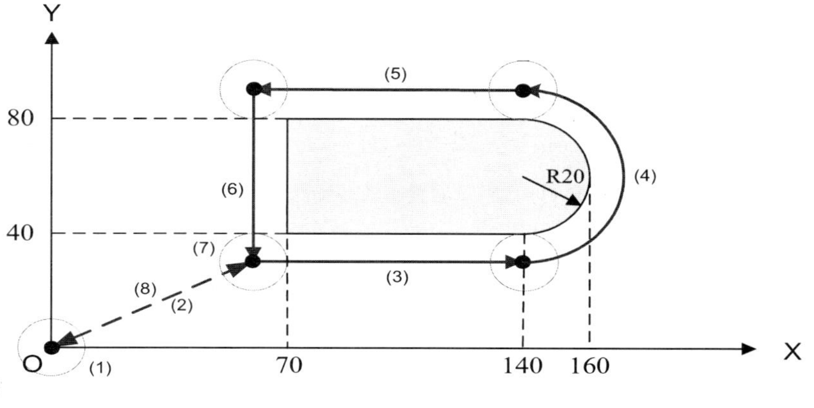

그림 6-13 윤곽가공의 공구경로

출발점에서부터 공구는 이동을 시작해야 한다. 제품의 윤곽에 접근할 때와 퇴거할 때는 가공이 이루어지지 않으므로 G00을 사용하여 공구를 급송이송하는 것이 바람직하다. 하지만 일단 윤곽에 접근한 이후부터는 실제 가공이 이루어지므로 지정된 이송속도를 사용하여야 한다.

주어진 제품의 윤곽을 따라 가공하는 경우, 공구는 윤곽으로부터 공구의 반지름만큼 밖으로 벗어나 이동해야 한다. 윤곽에서 일정한 거리만큼 벗어나는 것을 '오프셋'이라고 부른다. 따라서 주어진 제품의 윤곽을 가공하려면 공구의 반지름만큼 오프셋된 공구경로를 찾는 일이 우선되어야 한다. 제품의 윤곽가공을 위한 NC프로그램은 <그림 6-14>와 같다.

```
G21
G90 G17
G92 X0.0 Y0.0 Z50.0
G00 Z-20.0 F100 S1000 M03                 ........(1)
G01 X60.0 Y30.0                  ........(2)
G01 X140.0 Y30.0                 ........(3)
G03 X140.0 Y90.0 J30.0           ........(4)
G01 X60.0                        ........(5)
G01 X60.0 Y30.0                  ........(6)
G00 X60.0 Y30.0 Z50.0            ........(7)
G00 X0.0 Y0.0 M05                         ........(8)
M30
```

그림 6-14 윤곽가공의 NC프로그램

연습문제

1 재래식 수동가공에 비하여 NC가공의 장점은 무엇인가?

2 머시닝센터와 NC밀링의 차이는 무엇인가?

3 머시닝센터가 일반 NC기계에 비하여 생산성이 높은 이유는 무엇인가?

4 터닝센터에 대하여 조사해 보라.

5 일반 NC기계에 비하여 고속가공기의 장점은 무엇인가?

6 BLU란 무엇인가?

7 아래의 NC코드로부터 공구의 궤적을 XY평면 상에 도시하라.

```
G21 G90 G17
F200 S1000 M03
G92 X10.0 Y10.0 Z0.0
G01 X30.0 Y10.0
G02 X20.0 Y20.0 J10.0
G01 X10.0 Y20.0
G01 X10.0 Y10.0
M05  M30
%
```

8 주어진 제품을 직경 10mm의 공구를 사용하여 시계방향으로 가공하고자 한다. 공구중심의 궤적을 도시하고 NC코드를 작성하라. 공구출발점은 (-20,-20,50)이고, 가공할 때 공구의 높이는 Z=-20으로 정한다.

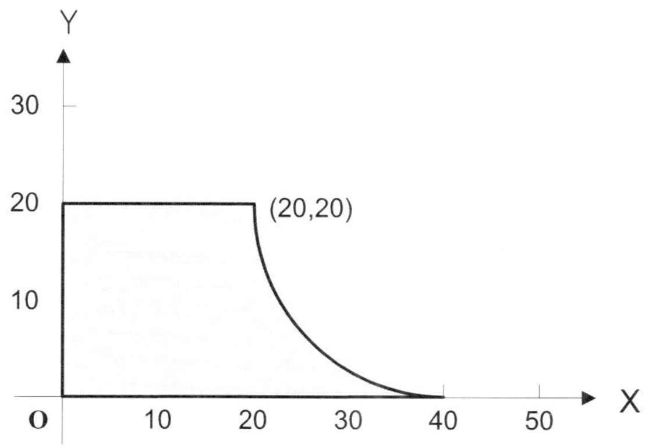

9 주어진 제품을 직경 10mm의 공구를 사용하여 시계방향으로 가공하고자 한다. 공구 중심의 궤적을 도시하고 NC코드를 작성하라. 공구의 출발점은 (-20,-20,50)이고, 가공할 때 공구의 높이는 Z=-20으로 정한다.

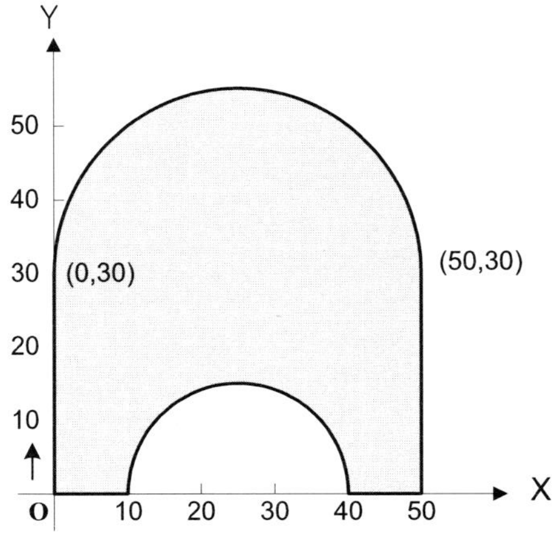

7장

쾌속조형

6장에서는 CAD데이터를 이용하여 부품을 생산하는 한 방법으로 NC공작기계에 의한 절삭가공을 소개하였다. 여기서 소개할 쾌속조형은 CAD데이터를 이용하여 부품을 생산하는 또 다른 방법이다. 쾌속조형은 NC가공과는 달리 공정계획, 고정구 등이 필요 없으며, CAD정보로부터 원하는 부품을 단 한번 만에 만들 수 있다. 급변하는 제조환경 속에서 쾌속조형은 신제품의 개발기간을 단축하는데 매우 효과적이다.

1 쾌속조형의 개요

제조업에서는 소비자의 다양한 욕구를 만족시킬 수 있는 새로운 기능을 갖춘 제품개발이 중요하다. 특히 제품의 수명주기는 점차 짧아지고 있으므로, 신제품의 개발기간을 줄이는 것은 기업의 매출, 이윤 등 시장경쟁력에 직접적으로 영향을 미친다.

CAD와 CAM시스템은 제품생산의 기간을 단축하기 위해 크게 이용되고 있다. 먼저 CAD에서 각종 부품을 모델링하고, 컴퓨터상에서 간섭확인절차를 거쳐 제품을 설계한다. 그런 다음 시제품을 만들어 제품의 성능을 평가하고, CAM을 이용하여 양산에 필요한 금형을 제작한다.

얼마 전까지만 해도 수작업으로 목업을 제작하여 설계를 검토하고 이를 이용하여 시제품을 만들었다. 하지만 아무리 숙련된 기술자라도 목업을 제작하는 데에만 수개월이 걸리므로 개발기간을 단축하는 데는 한계가 있었다. 이런 한계를 극복하기 위한 기술이 쾌속조형(Rapid Prototyping, RP)이다. 쾌속조형이란 CAD데이터로부터 원하는 제품을 빠르게 조형해내는 기술로 '신속조형' 혹은 '신속시작'이라고 부르기도 한다. 이 기술은 설계된 제품의 형상에 상관없이 단시간에 만들 수 있으므로 간단한 금형이나 시제품 제작에 주로 이용되고 있다.

쾌속조형은 수평형상단면을 한 층씩 차곡차곡 쌓아올리는 방식으로 원하는 제품을 만들어낸다. 이는 소재를 깎아내어 제품을 만드는 NC가공방식과는 근본적으로 다르다. 무엇보다도 쾌속조형의 가장 큰 장점은 제작하려는 제품을 CAD데이터로부터 단 한 번에 만들어낼 수 있다는 점이다. 공정계획, 작업물취급장치, 작업장 사이의 운반 등이 필요없다. 하지만 사용가능한 재료가 극히 제한되어 있다는 점이 쾌속조형의 큰 단점으로 꼽힌다. 따라서 쾌속조형은 제품의 설계를 마치고 생산에 들어가기에 앞서 시제품을 만들기 위한 목적으로 주로 이용되고 있다.

2 쾌속조형의 원리

2.1 쾌속조형의 제품성형절차

쾌속조형을 이용하여 시제품을 만드는 절차는 <그림 7-1>과 같다. 쾌속조형을 구현하기 위한 기계장치들은 조형재료나 재료의 결합방식에 따라 다소 차이가 있으나 공통적으로 다음의 과정을 거쳐 제품의 성형과정을 수행하게 된다.

① 3차원 CAD모델러로부터 제작한 솔리드파일을 STL파일형식으로 저장한다.

② STL파일을 다수의 단면층으로 분할한 후 공구경로파일로 만들어 RP장비에 전송한다.

③ RP장비는 밑바닥에서부터 순서대로 적층하여 완성된 모델을 얻는다.

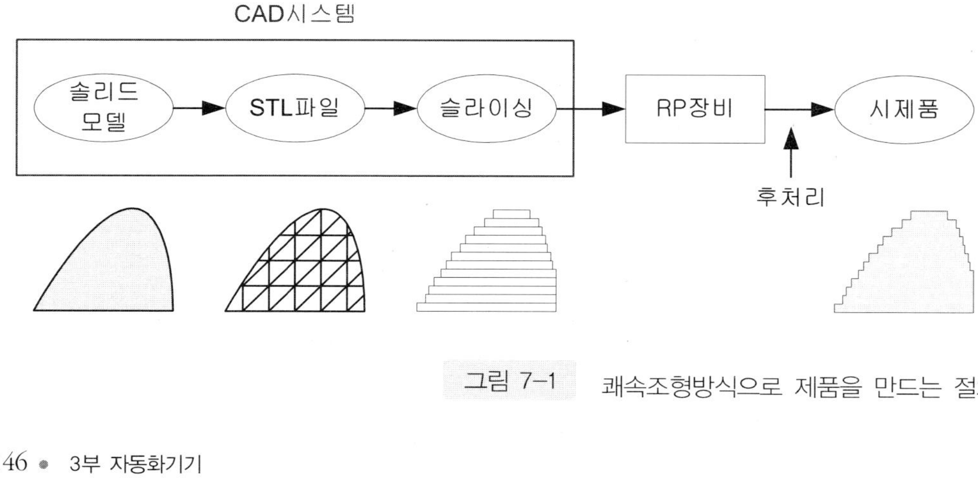

그림 7-1 쾌속조형방식으로 제품을 만드는 절차

2.2 쾌속조형장치용 데이터교환표준

쾌속조형장비들은 모델데이터를 'STL포맷'이라는 고정된 형식으로 받아들이도록 설계되어 있다. STL파일포맷은 .stl의 확장자를 가지며 Albert Consulting Group에 의해 개발되어 1987년 3D System사에 의하여 확립되었다.

STL파일은 <그림 7-2>에서와 같이 CAD로 설계된 제품의 면들을 다수의 삼각형들이 연결된 그물망형태로 근사시켜 나타낸 것이다. 여기서 각각의 삼각형은 3개의 꼭지점과 하나의 법선벡터에 의하여 표현된다. 법선벡터는 삼각형에 수직한 벡터로 제품의 바깥쪽을 향하도록 정한다.

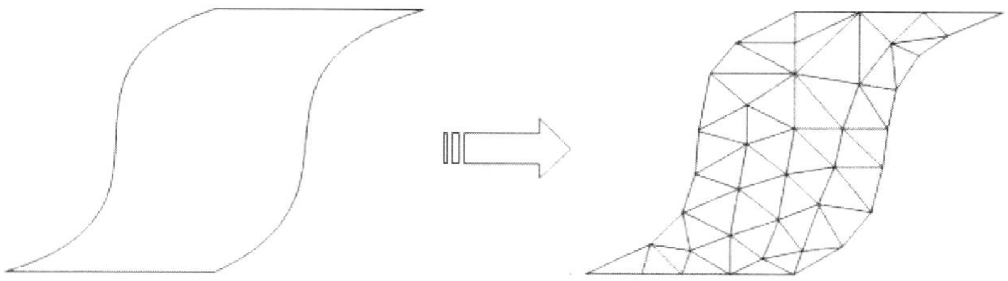

(a) CAD모델　　(b) STL파일

그림 7-2　CAD모델의 STL파일 변환

STL파일에서 삼각형의 크기는 CAD시스템 내에 설정된 분해능을 기준으로 결정된다. 삼각형의 크기가 작아지면 제작된 부품의 정밀도는 높아진다. 하지만 데이터량이 많아져 파일을 처리하는 시간이 길어진다. 반면에 삼각형의 크기가 커지게 되면 파일을 처리하는 시간은 단축되지만 만들어진 부품의 정밀도는 낮아진다.

STL파일의 장점은 데이터구조가 단순하고, 조형용 2차원 단면데이터를 얻기 쉽다는 데 있다. 그러나 3차원 CAD모델을 STL파일로 근사화하는 과정에서 오차가 발생하므로 정확성이 떨어진다. 또한 삼각형과 법선벡터를 함께 저장하고 있으며, 하나의 꼭지점이 여러 삼각형에서 발견되는 등, 데이터가 중복저장되는 비효율성도 단점으로 지적된다.

3 쾌속조형방식의 종류

쾌속조형기술의 기원은 1970년대부터 개발되기 시작한 CAD시스템과 관련이 있다. 즉 CAD시스템으로부터 얻어진 설계데이터로부터 직접 제품을 만들려는 연구로부터 쾌속조형기술은 태동되었다. 이 같은 시도는 1988년 처음으로 결실을 맺게 되었다. 미국의 3D Systems가 처음으로 상업화에 성공한 SLA(Stereo Lithography Apparatus)방식의 쾌속조형기술이 바로 그것이다. 이를 전후로 세계 각지에서는 각기 다른 원리의 쾌속조형에 관한 연구가 진행되었고 수 많은 쾌속조형장치기술과 기계장비특허가 신청되었다.

개발된 쾌속조형방식들 가운데 SLA시스템, SLS시스템, FDM시스템, LOM시스템을 소개하기로 한다.

3.1 SLA(Stereo Lithography Apparatus, 광조형방식)시스템

SLA시스템은 쾌속조형기술들 가운데 가장 먼저 개발되었으며, 널리 사용되는 방식이다. 이는 <그림 7-3>에서 보는 바와 같이 광반응 액체폴리머 표면을 레이저로 비추면 순간적으로 액체폴리머가 응고되면서 모델의 단면층을 생성하게 되는 원리를 이용한 것이다. 일단 하나의 단면층이 경화되면 엘리베이터는 받침대를 단면층의 두께만큼 아래로 내려 다음의 단면층을 경화시키게 된다. 이 같은 과정을 반복하게 되면 전체 모델은 완성된다. 사용되는 재료로는 에폭시, acrylates thermoplastic 등이 있다.

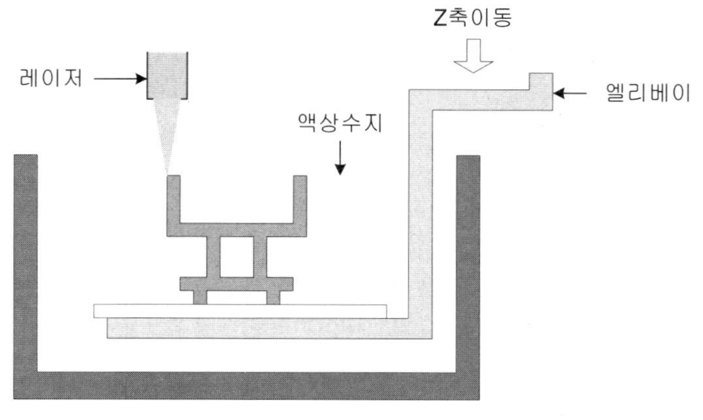

그림 7-3 SLA시스템

SLA시스템은 다음과 같은 특징이 있다.

- 세밀하고 두께가 얇은 부품의 성형에 적합하다.
- 표면조도가 우수하다.
- 액체상태의 광경화성 수지를 재료로 사용한다.
- 사용재료에 한계가 있다.
- 지지대가 필요하다.
- 액상부분이 존재할 수 있으므로 후경화처리가 필요하다.
- 수축, 비틀림의 변형이 일어날 수 있다.
- 강도가 약하다.

3.2 SLS(Selective Laser Sintering, 선택적 소결방식)시스템

SLS시스템은 SLA시스템과 매우 유사한 방식으로, 차이점은 액체상태의 수지를 사용하는 대신 분말상태의 다양한 재료를 사용하는 것이다. 이는 <그림 7-4>에서 보는 바와 같이 모델의 단면데이터에 해당하는 분말표면에 레이저를 비추면 순간적으로 분말이 녹아 응고되면서 단면층이 생성되는 원리를 이용하고 있다. 한 층이 완성되고 모델지지대를 한 층의 두께만큼 내리면, 롤러를 사용하여 고체분말을 편편하게 도포한다. 이러한 과정을 반복하면 전체모델이 형성된다. 이 방식은 빈 공간이 분말로 채워져 있으므로 SLA방식과는 달리 별도의 지지대가 필요 없다. 적용분야로는 주조용 코어, 인베스트먼트 주조용 마스터 모델 등이 있다.

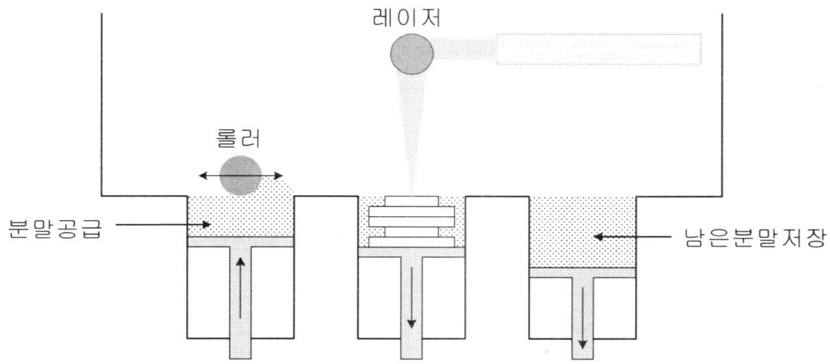

그림 7-4 SLS시스템

SLS방식은 레이저만 강력하다면 금속분말을 재료로 사용할 수 있다. 실제로 열가소성 결합재로 코팅된 금속분말을 사용한 간접소결방식은 응용되고 있다. 레이저를 비추면 코팅된 결합재는 녹고 금속분말들은 느슨히 결합되어 원하는 형상이 만들어진다. 이는 용광로에서 후처리되는데 이때 결합재는 타서 없어지고 금속분말들은 소결작용에 의하여 서로 용착된다. 이런 방식으로 금형을 직접 만들기도 하는데, 이는 2,500에서 10,000개 사이의 시제품을 만들어낼 수 있을 만큼 충분한 내구성을 지니고 있다.

SLS방식은 다음과 같은 특징이 있다.

- 에폭시분말, 금속분말 등 다양한 재료를 사용할 수 있다.
- 복잡한 내부물체를 가진 부품을 제작할 수 있다.
- SLA방식보다 단단한 제품을 얻을 수 있어 후경화처리가 필요없다.
- SLA방식보다 비용이 저렴하다.
- 분말 속에서 시제품을 제작하므로 지지대가 필요없다.
- 분말상태의 재료를 사용하므로 표면이 거칠고 정밀도가 떨어진다.
- 장비의 사이즈가 크다.

3.3 FDM(Fused Deposition Modeling, 용융집적방식)시스템

FDM시스템은 고체상태의 열가소성수지 재료를 가열하여 반액 상태로 만든 후, FDM헤드노즐을 통하여 모델단면에 해당하는 곳에 정확히 분출하여 모델을 완성한다. <그림 7-5>에서 보는 것처럼 한 단면층이 완성되면 모델지지대가 한 층의 두께만큼 내려가고 다음 단면의 성형을 시작한다. ABS수지나 폴리에스터수지를 사용하여 미니어처모델이나 각종 플라스틱견본을 생성할 수 있다.

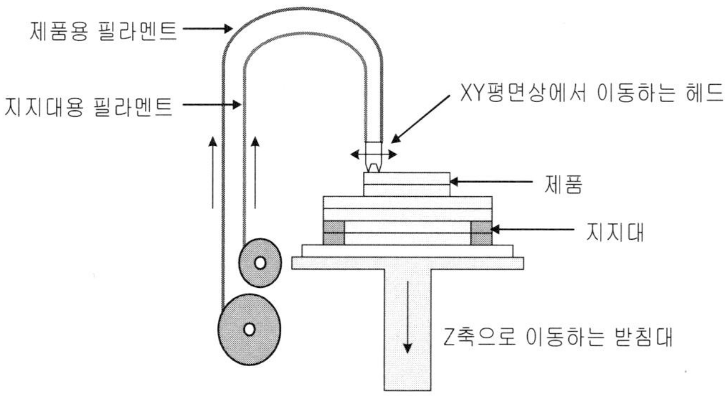

그림 7-5 FDM시스템

FDM방식은 고분자 왁스필라멘트선이 노즐을 통과하는 순간, 녹아 얇은 필름형태로 응고적층되는 방식으로 다음과 같은 특징이 있다.

- 레이저를 이용하지 않아 기계장치가 간단하다.
- 장비가격이 저렴하며, 사무실 환경에 적합하다.
- SLA방식보다 속도가 훨씬 빠르다.
- 다양한 재료, 색깔이 가능하다.
- ABS수지나 폴리에스터같은 열가소성수지를 재료로 사용한다.
- 후경화처리가 필요없다.
- 작고 깊게 패인 형상의 부품인 경우 가공이 빠르다.
- 크고 복잡한 부품인 경우 가공 속도가 떨어진다.
- 세밀하고 두께가 얇은 부품은 성형이 불가능하다.
- 정밀도와 표면거칠기가 떨어진다.

3.4 LOM(Laminated Object Manufacturing, 판재적층방식)시스템

LOM시스템은 열점착성 접착제가 코팅되어 있는 종이재료를 레이저로 단면을 잘라내어 적층시켜 제품을 얻는 방식이다. <그림 7-6>에서 보는 바와 같이 종이재료는 한쪽 롤에서 공급되고 반대편 롤에서 회수된다. 가열된 롤러는 적층에 필요한 압력과 열을 제공한다. 종이가 부착될 때마다 그 두께만큼 받침대는 아래로 내려간다. 종이가 부착되면 레이저는 단면의 윤곽을 따라가며 절단한다. 레이저는 단면의 윤곽만을 주사하므로 단면 전체를 이동하는 다른 방식보다 제품성형시간이 훨씬 적게 소요되는 장점이 있다. 사후에 불필요한 부분을 쉽게 제거하기 위하여 이들 영역은 '타일'(tile)이라고 불리는 격자형 작은 조각으로 잘라낸다. 적층과 절단이 완료되면 불필요한 부분을 제거하여 원하는 제품을 얻는다.

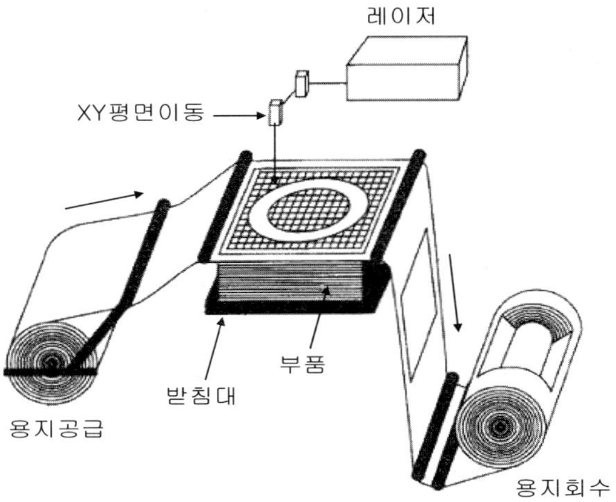

그림 7-6 LOM시스템

이 방법은 큰 형상을 쉽게 얻을 수 있고 외부지지대가 필요없는 장점이 있다. 하지만 성형 후에 불필요한 부분을 제거하는 일은 매우 섬세한 수작업을 필요로 한다. 외벽에 갇혀있거나 좁은 통로를 가진 내부 동공은 아예 제거가 불가능할 수도 있다. 플라스틱, 복합재료, 금속재료 등이 적층재료로 가능하지만 현재는 종이가 가장 많이 사용되고 있다.

LOM방식은 다음과 같은 특징이 있다.

- 다른 기법보다 5～10배가량 속도가 빠르다.
- 큰 치수의 부품제작이 가능하다.
- 후경화처리가 필요없다.
- 수축, 비틀림의 변형이 거의 없다.
- 지지대가 필요없다.
- 재료비가 저렴하다.
- 수지나 코팅된 종이를 사용한다.
- 무독성재질을 사용한다.
- 습한 환경에서는 성형이 잘 되지 않는다.
- 레이저로 종이를 태우므로 환기문제가 발생한다.
- 다른 방법에 비하여 정밀도가 떨어진다.
- 단면적이 좁고 긴 형상의 성형이 어렵다.
- 내부에 공동이 있는 경우 제품의 성형이 곤란하다.

4 쾌속조형의 비교

4.1 쾌속조형의 장단점

밀링, 선삭과 같은 절삭가공방식들은 설계데이터로부터 시제품을 제작하려면 별도로 가공데이터를 생성하거나 지그를 제작해야 한다. 쾌속조형에서는 이런 부가적인 작업이 필요없으므로 시제품 제작기간을 수개월에서 2~3일로 대폭 단축시킬 수 있다. 따라서 저렴한 비용으로 고품질의 제품을 만들 수 있다. <표 7-1>에서는 쾌속조형의 장단점을 각각 열거하고 있다.

표 7-1 쾌속조형의 장단점

장점	단점
◦가공시간과 비용이 단축된다. ◦복잡한 내부형상의 가공이 가능하다. ◦숙련된 기술이 필요없다. ◦변경과 수정이 용이하다. ◦소음이 없고 환경친화적이다.	◦완전한 3차원데이터를 전제로 한다. ◦대상재료가 제한적이다. ◦정밀도와 표면거칠기가 낮다. ◦후처리공정이 불편하다.

4.2 쾌속조형과 NC가공의 비교

CAD시스템으로부터 설계데이터를 받아 제품을 만든다는 점과 정교한 수치제어가 필요하다는 점에서 쾌속조형과 NC가공은 유사하다. 그러나 NC가공에서는 공구간섭으로 인하여 가공에 많은 제약을 받고 있다. 쾌속조형은 공구를 사용하지 않기 때문에 제품의 형상이 아무리 복잡해도 만들 수 있다. 심지어 NC기계로는 가공이 불가능한, 속이 비어있는 제품까지도 쾌속조형은 만들어 낼 수 있다. <표 7-2>는 NC가공과 쾌속조형을 비교한 것이다.

표 7-2 NC가공과 쾌속조형의 비교

NC가공	쾌속조형
◦숙련되려면 오랜 기간이 필요하다.	◦쉽게 배울 수 있다.
◦특정형상의 가공이 불가능하다.	◦어떠한 형상도 제작이 가능하다.
◦형상이 단순할수록 유리하다.	◦형상이 복잡할수록 유리하다.
◦사용되는 재료에 제약이 없다.	◦특정한 재료만 사용이 가능하다.
◦칩의 발생으로 작업환경이 나쁘다.	◦사무실환경에서도 작업이 가능하다.
◦정밀도가 높다.	◦정밀도가 상대적으로 낮다.
◦표면조도가 좋다.	◦제품면에 단차가 발생한다.
◦치공구의 제작이 필요하다.	◦지지대설치 및 제거가 필요하다.

5 쾌속조형의 응용분야

쾌속조형은 일반 공작기계에서 가공제작이 불가능한 복잡한 형상도 만들 수 있다. 그 뿐 아니라 모델링된 형상을 신속히 제작하여 검증할 수 있다. 따라서 쾌속조형은 산업분야, 의료분야 등에서 시제품을 제작하는데 널리 활용된다. 오늘날 쾌속조형은 다음의 목적으로 많이 이용되고 있다.

- 설계의 평가: 시제품을 만들어 눈으로 확인하는 것은 화면상의 CAD이미지를 보는 것보다 설계내용을 평가하기가 쉽다.
- 제품의 사전기능검사: 조립성, 기구학적 성능 등 제품이 원래 의도한 기능을 만족하고 있는지 제품을 생산하기에 앞서 확인한다.
- 의학용 모델: 의학분야의 CT나 MRI데이터로부터 STL파일을 얻어 RP기술에 연결하면 인간의 뼈나 장기의 모형을 제작할 수 있다.

<그림 7-7>은 산업분야와 의료분야에 쾌속조형을 활용하여 제작된 시제품들을 보여준다.

(a) 산업 분야

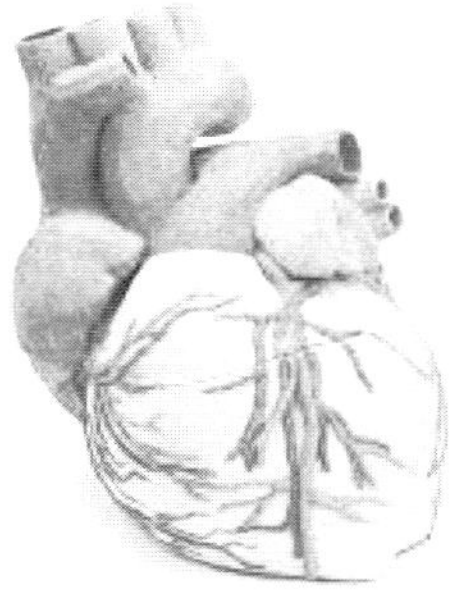
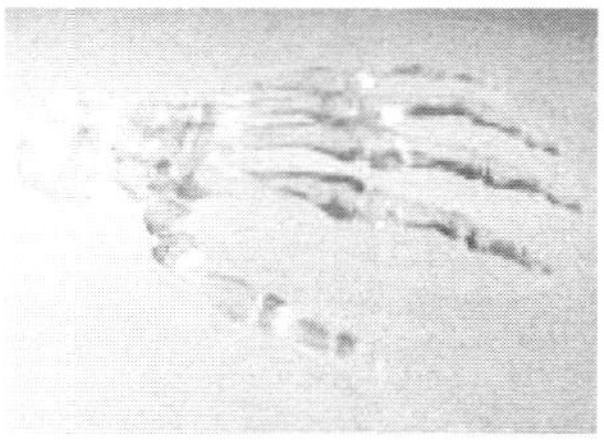

(b) 의료 분야

그림 7-7 쾌속조형의 활용분야

연습문제

1 NC가공과 쾌속조형의 차이를 비교해보라.

2 STL파일이란 무엇인가?

3 쾌속조형의 정밀도가 떨어지는 이유는 무엇인가?

4 SLA시스템의 단점은 무엇인가?

5 SLA시스템과 비교했을 때 SLS시스템의 장점은 무엇인가?

6 쾌속조형의 다른 방식과 비교했을 때 LOM방식만의 장점은 무엇인가?

7 NC가공과 비교했을 때 쾌속조형의 장점은 무엇인가?

8장

산업용 로봇

오래 전부터 인간은 자신의 모습을 닮았으며 자신을 대신하여 일하는 로봇에 대한 꿈을 가지고 있었다. 오늘날 그러한 꿈은 가시화되어 많은 영역에서 로봇은 활용되고 있다. 특히 산업체에서 작업자들을 대신하여 일하는 로봇을 산업용 로봇(industrial robot)이라고 한다. 산업용 로봇은 생산자동화의 최종목표인 무인공장을 실현하기 위한 필수적인 요소 중에 하나이기도 하다.

1 산업용 로봇의 개요

1.1 로봇의 역사

로봇이라는 용어는 1922년 체코의 희곡작가 카펙(Karel Capek)이 쓴 '로썸의 유니버설 로봇'이라는 작품에서 유래되었다. 로봇을 발명한 과학자 로썸(Rossum)은 인간을 위하여 일하는 로봇을 만들어낸다. 그러나 이 로봇은 자신의 역할에서 벗어나 인간에게 대항하고 죽이게 된다는 내용이다. 체코의 말 'robota'는 강제노동을 의미하는데, 영어로 바뀌면서 로봇(robot)이 되었다.

산업용 로봇의 발전에 크게 기여한 두 사람이 있다. 영국의 발명가인 켄워드(Cyril Kenward)와 미국의 발명가인 데볼(George Devol)이 그들이다. 켄워드는 1950년대에 X축, Y축, Z축이 움직이는 로봇을 처음 개발하였다. 한편 데볼은 1946년 기계의 움직임을 자기저장장치에 저장하여 같은 동작을 재현하는 장치를 발명하였고, 1950년대에는 프로그램에 의하여 운전되는 유압로봇을 개발하였다. 그 후 데볼은 Unimation회사를 설립하고 최초의 산업용 로봇인 'Unimate'를 생산하여, 1962년 <그림 8-1>에서 보는 바와 같이 GM사의 다이캐스팅 머신에서 뜨거운 부품을 꺼내어 적재하는 작업을 수행하였다.

그림 8-1 최초의 산업용 로봇

1.2 산업용 로봇의 정의

산업용 로봇은 프로그램이 가능한 기계로서 인간과 유사한 특성을 지니고 있다. 로봇의 기술은 NC기술과 매우 흡사하다. NC기계가 다수의 축모터를 구동시켜 공구의 위치를 제어하는데 비하여, 로봇은 다수의 관절모터를 구동시켜 원하는 작업을 수행한다. NC기계는 절삭가공과 같은 특정한 작업을 수행하기 위하여 설계되었다. 반면에 로봇은 용접, 자재운반, 조립 등 보다 다양한 작업을 수행할 수 있도록 설계되었다.

미국로봇협회(RIA, Robot Institute of America)에서는 산업용 로봇을 다음과 같이 정의하였다. '로봇은 여러 작업을 수행하기 위하여 자재, 부품, 공구, 특수장치 등을 프로그램에 따라 움직이도록 설계된, 재프로그램이 가능하고 다기능을 가진 머니퓰레이터다.'

2 로봇시스템의 구성

로봇은 다음의 요소들로 이루어진다.

- 몸체(manipulator): 인간의 팔과 유사하게 만들어진 기계적인 장치다.
- 로봇컨트롤러: 로봇을 제어하는 장치로 NC컨트롤러와 유사하다.
- 구동장치: 컨트롤러의 지시에 따라 모터나 실린더를 사용하여 로봇을 움직인다.
- 말단장치(end effector): 로봇의 팔 끝에 장착하여 작업을 수행하는 장치다.
- 센서: 내부나 주변의 상태를 감지하여 로봇컨트롤러에게 알린다.

2.1 몸체(manipulator)

산업용 로봇은 팔(arm)과 손목(wrist)으로 구분되며, 이들은 관절(joint)들로 연결된 링크(link)들로 이루어진다. 로봇의 팔은 사람과 유사하게 몸통, 어깨, 팔꿈치로 구성되어 있으며 이들 관절은 작업의 위치를 제어한다. 반면에 손목의 관절은 피치(pitch), 요(yaw), 롤(roll)의 방향으로 회전하며 작업의 방향을 제어한다. <그림 8-2>는 6축을 가진 산업용 로봇의 관절들을 보여준다.

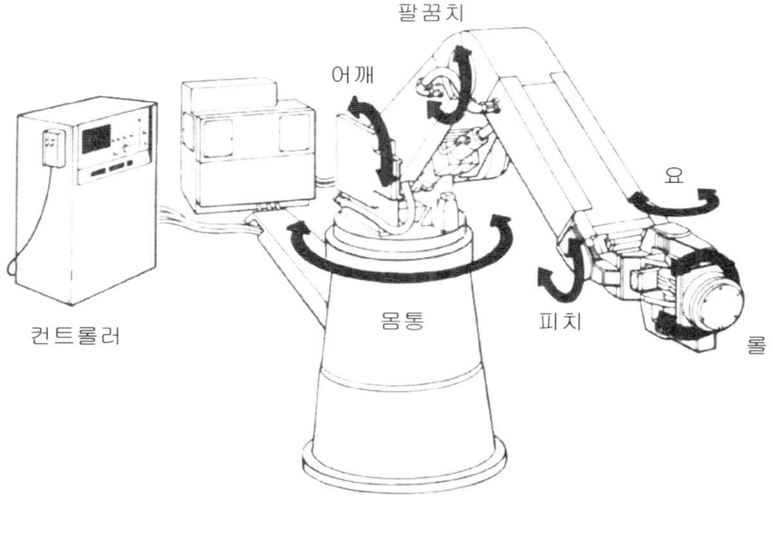

그림 8–2 6축 산업용 로봇

2.2 로봇컨트롤러

로봇의 컨트롤러는 여러 센서로부터 발생된 신호를 종합하여 처리한 후 각축의 구동부에 제어신호를 공급한다. 로봇컨트롤러가 하는 일은 다음과 같다.

- 원하는 위치와 순서로 로봇의 동작을 제어한다.
- 위치와 순서데이터를 메모리에 저장한다.
- 센서를 통하여 로봇을 외부세계와 인터페이스시킨다.

로봇을 제어하는 목적은 작업점에서 로봇의 작업위치와 작업방향을 결정하기 위한 것이다. 로봇의 제어는 점용접에 이용되는 위치결정제어와, 페인팅이나 아크용접에 이용되는 연속경로제어로 구분된다.

2.3 구동장치

로봇시스템의 구동방법으로는 공압식, 유압식, 전기식이 있다. 초기에는 유압서보를 사용하였지만 최근에는 대부분 전기서보모터를 사용하여 구동한다. 그러나 큰 힘이 필요한 곳에서는 여전히 유압서보를 사용한다. 공압구동방식은 구조가 간단하고 가격이 저렴하지만 정밀 위치제어와 속도조절이 어려우므로 두 지점 간을 왕래하는 pick and place로봇에 주로 사용된다.

2.4 말단장치(end effector)

말단장치는 로봇의 손목 끝에 장착되어 특정한 작업을 수행하는 기구로 그리퍼(gripper)와 공구의 두 종류가 있다. 그리퍼는 물건을 잡고 조작하는데 사용되며, 자재취급, 작업물의 장착과 탈착, 조립 등의 작업을 수행할 수 있다. 이 때 취급하게 될 부품의 형상은 매우 다양하므로 그리퍼는 주문설계되는 것이 통상적이다. <그림 8-3>은 그리퍼의 한 형태를 보여준다.

반면에 공구는 로봇이 가공공정을 수행할 경우 로봇손목 끝에 장착되어 사용된다. 말단장치로 사용되는 공구는 용접에 사용되는 용접토치, 도장에 사용되는 스프레이 건(spray gun), 스폿 용접의 전극접점, 드릴, 그라인더, 절단용 워터제트 등이 있다.

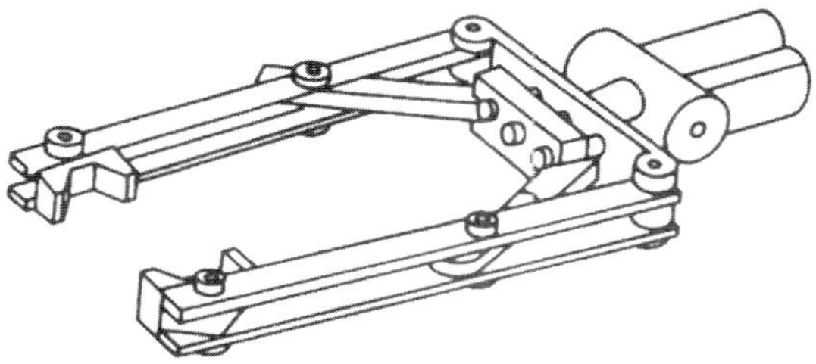

그림 8-3 로봇의 그리퍼(Shahinpoor, 1987)

2.5 로봇센서

로봇을 운전하려면 로봇 내부의 상태를 인식하는 내부센서와, 물체의 위치 등 외부조건을 인식하는 외부센서가 필요하다. 내부센서는 로봇관절의 위치, 속도를 감지하는데 사용되며 피드백제어루프를 형성한다. 로봇팔의 위치를 제어하는데 사용되는 내부센서로는 퍼텐쇼미터와 광엔코더가, 로봇팔의 속도를 제어하기 위한 내부센서로는 타코미터가 사용된다.

외부센서는 내부센서에 비하여 상대적으로 단순한 장치다. 예를 들어 부품이 치공구에 제대로 위치하고 있는지 혹은 컨베이어 위의 부품이 잡을 준비가 되어 있는지를 알려주는 리밋스위치 같은 것이다. 그 외에도 촉각센서, 근접센서, 광센서, 머신비전 등이 외부센서로 사용된다.

3 로봇의 종류와 작업역

3.1 로봇의 종류

로봇의 관절은 서보모터에 의하여 회전하는 회전형 관절과, 실린더에 의하여 직선으로 왕복운동하는 직선형 관절로 나누어진다. 로봇에서 하나의 관절은 하나의 자유도에 해당한다. 로봇의 팔에는 보통 3개의 자유도(혹은 관절)가 있고, 손목에는 1~3개의 자유도(혹은 관절)가 있다. 아크용접용 로봇이나 도장용 로봇 중에는 손목에서 롤 동작을 사용하지 않는 5축 로봇이 있다. 조립용으로 많이 사용되는 스카라로봇은 손목에 피치와 요 동작이 없는 4축 로봇이다. 로봇의 팔에 존재하는 3개의 관절 가운데 회전형과 직선형이 각각 몇 개씩이냐에 따라 로봇의 종류는 결정된다.

1) 직각좌표로봇(Cartesian robot)

직각좌표로봇은 <그림 8-4(a)>와 같이 서로 수직한 3개의 직선형 관절로 이루어진 가장 간단한 구조의 로봇이다. 관절의 직교운동에 따라 직육면체로 이루어진 작업역을 형성한다. 친숙한 직교좌표계를 기반으로 설계되었으므로 사용자들이 쉽게 교시(teaching)할 수 있으며 산업현장에서 널리 이용되고 있다. 하지만 불필요한 작업공간을 많이 차지하여 로봇의 크기에 비하여 작업역이 상대적으로 작다.

2) 원통좌표로봇(cylindrical robot)

원통좌표로봇은 <그림 8-4(b)>와 같이 2개의 직선형 관절과 1개의 회전형 관절로 이루어져 있다. 구조가 단순하며 작업물을 수직으로 이동하기가 용이하다. 하지만 목표물 주위에 장애물이 있는 경우 우회하기가 어렵다는 단점이 있다.

3) 극좌표로봇(polar robot)

극좌표로봇은 <그림 8-4(c)>에서 보는 바와 같이 1개의 직선형 관절과 2개의 회전형 관절로 이루어진 로봇이다. 이 로봇의 전형적인 동작은 작업물의 방향을 유지하면서 수직한 경로를 따라 작업물을 밀어내는 것이다. 이 형태는 1962년 최초의 산업용 로봇인 'Unimate'가 채용하였는데 그 이후에는 수요가 크게 줄어들었다.

4) 수직다관절로봇(vertical articulated robot)

수직다관절로봇은 <그림 8-4(d)>와 같이 3개의 회전형 관절을 가진 로봇으로 사람의 팔과 유사한 모양을 가지고 있다. 실제로 사람의 팔처럼 작업을 수행하며 로봇의 크기에 비하여 큰 작업역을 형성한다. 회전축으로만 구성되어 있어 제어와 사용이 어렵지만 설치면적과 몸체의 부피가 작고 속도가 빠르므로 산업현장에서 가장 많이 채택되고 있는 로봇이다. 1978년 미국 유니메이션사에서 제작한 'PUMA로봇'이 대표적인 수직다관절로봇이다.

5) 스카라로봇(SCARA robot)

1979년 일본의 야마니시대학에서 전자조립에 가장 적당한 로봇으로 스카라로봇을 개발 발표하였다. SCARA는 Selective Compliance Assembly Robot Arm의 약자다. 스카라로봇은 <그림 8-4(e)>와 같이 2개의 수평회전형 관절과 수직한 1개의 직선형관절을 가지고 있다. 스카라로봇을 '수평다관절로봇'이라고도 하는데 이는 회전관절에 의한 운동이 수평면 즉 XY평면을 만들기 때문이다. 스카라로봇은 설치면적에 비하여 동작범위가 크고 동작속도가 빠른 것이 특징이다.

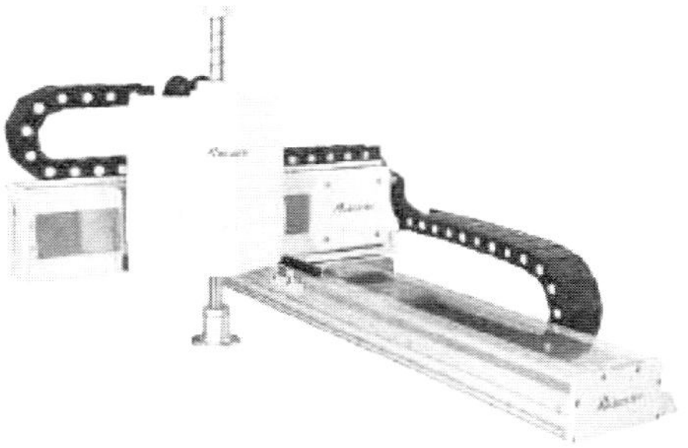

(a) 직교좌표로봇

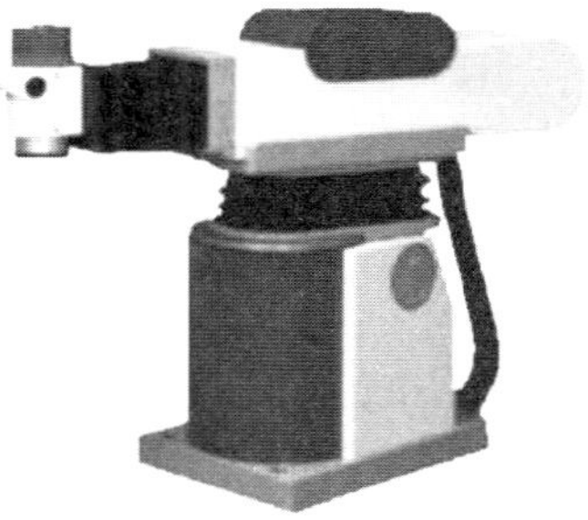

(b) 원통좌표로봇

(c) 극좌표 로봇

(d) 수직다관절 로봇

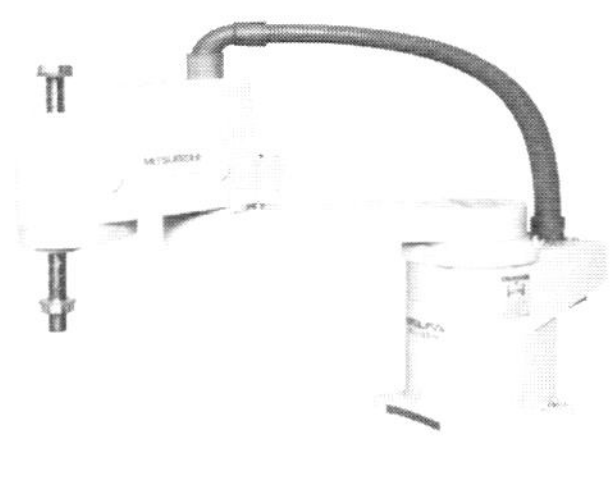

(e) 스카라로봇

그림 8-4　로봇의 종류

3.2 로봇작업역

로봇작업역은 로봇이 작업할 수 있는 공간영역을 가리킨다. 로봇의 작업은 로봇작업역 이내에서 이루어지므로 로봇을 선정하는데 있어 로봇작업역은 매우 중요한 특성이다. 그뿐만 아니라 로봇작업역은 작업의 안전을 위해서도 매우 중요하게 고려된다. 안전사고를 예방하려면 사람과 기계는 로봇작업역을 벗어난 위치에 있어야 한다. <그림 8-5>는 수직다관절로봇의 작업역을 보여주고 있다.

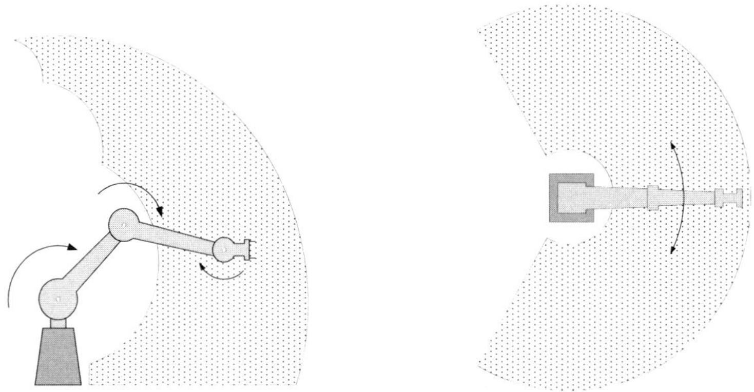

(a) 옆면 (b) 윗면

그림 8–5 수직다관절로봇의 작업역

3.3 로봇의 기구학(kinematics)

로봇의 기구학이란 로봇의 관절각도가 주어졌을 때 로봇의 팔끝이나 혹은 말단장치의 위치를 구하는 것이다. 예를 들어 <그림 8-6>과 같이 2개의 관절로 이루어진 로봇의 관절각이 각각 A와 B일 때 팔끝의 위치점 P(x,z)는 다음과 같이 결정된다.

$$x = c + a \cos A + b \cos B \tag{8.1}$$

$$z = d + a \sin A + b \sin B \tag{8.2}$$

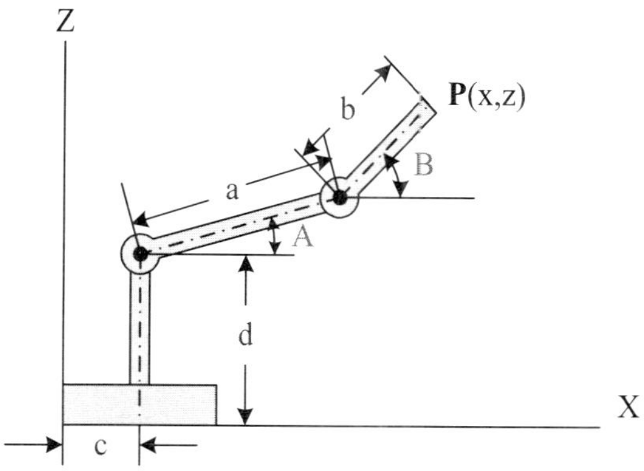

그림 8-6　다관절로봇의 관절각과 팔끝위치점

이와 반대로 지정된 한 점에 로봇의 팔끝을 위치시켜야 할 경우도 있다. 이런 경우 로봇의 팔끝이 지정된 위치점에 놓이려면 그에 해당되는 로봇의 관절각들을 구해야 한다. 이를 '역기구학'(inverse kinematics)이라고 한다. 앞에서 주어진 2축 다관절형 로봇의 경우 팔끝이 P(x,z)에 위치했을 때 해당되는 로봇관절의 각도 A와 각도 B는 다음과 같이 얻어진다.

$$A = \mathrm{acos}(x - z - c + d)/(\sqrt{2}a) - \pi/4 \qquad (8.3)$$

$$B = \mathrm{asin}(z - d - a\ \sin A)/b \qquad (8.4)$$

4 로봇의 제어와 프로그래밍방법

4.1 로봇의 제어방법

1) 제한적 순서제어(limited sequence control)

제한적 순서제어는 정해진 동작을 PLC에 저장하여 제어한다. 제어하는 위치를 변경할 때마다 PLC프로그램은 바뀌어야 한다. 이는 가장 초보적인 제어방식으로 리밋스위치와 기계적 정지장치를 사용하여 로봇을 제어한다. 위치제어의 성능향상을 위한 서보

제어나 피드백루프는 거의 이용되지 않는다. 제한적 순서제어방식은 공압실린더를 이용한 간단한 pick and place작업에 적합하다.

2) 재연제어(playback control)

재연제어는 일련의 지정된 위치와 운동을 로봇에게 교시하여 메모리에 저장한 다음 로봇이 반복재연하도록 하는 방식이다. 재연제어는 지정된 점들을 지나게 하는 PTP재연제어와, 지정된 경로를 지나게 하는 연속경로재연제어로 구분된다. PTP제어방식은 드릴작업과 점용접에, 연속경로제어방식은 스프레이 페인팅이나 아크용접 등에 이용된다.

3) 지능제어(intelligence control)

지능제어는 로봇이 프로그램된 운동을 재연할 뿐만 아니라 주변환경과 지능적으로 상호작용을 수행하는 기능을 갖는다. 컨트롤러는 작업장의 상황변화에 따라 프로그램된 작업내용을 바꿀 수 있어야 하며, 작업 중에 감지된 센서의 데이터에 따라 논리적인 판단을 할 수 있어야 한다. 지능제어는 조립작업과 아크용접분야에서 필요로 한다.

4.2 로봇의 프로그래밍방법

1) 동력교시방법

동력교시는 PTP제어를 하는 재연로봇의 프로그래밍방법으로 흔히 사용된다. 이는 <그림 8-7>과 같은 로봇교시조작기의 스위치나 버튼을 사용하여 로봇팔을 원하는 위치로 이동한다. 일단 원하는 위치에 정확히 로봇팔이 도달하게 되면 그 위치를 메모리에 저장한다. 작업할 모든 위치점들을 저장하고 나면 저장된 점데이터들을 재연시켜 작업을 수행한다. 조립, 드릴작업, 점용접에서 흔히 사용된다.

그림 8-7 로봇교시조작기의 예(I&J Fisnar)

2) 수동교시방법

연속경로를 저장하고자 할 때 가장 간편한 방법은 로봇의 말단장치를 손으로 잡고 원하는 경로를 지정된 속도로 따라가게 하는 것이다. 이동하는 동안 로봇의 위치와 속도는 일정한 간격으로 샘플링되어 메모리에 저장된다. 로봇팔은 상당히 무거우므로 손으로 잡아 원하는 속도대로 움직이기가 쉽지 않다. 따라서 로봇팔을 대신하는 시뮬레이터를 제작하여 로봇교시를 실시하기도 한다. 교시과정이 끝나면 저장된 위치와 속도데이터를 재연시켜 작업을 수행한다.

이 방법은 로봇을 움직이는 동안 손떨림이 생길 수 있으므로 잘못된 운동이 포함될 수 있고 높은 정밀도를 얻기 어렵다. 또한 많은 위치점과 속도데이터를 기억해야 하므로 큰 메모리를 필요로 한다. 수동교시방법은 아크용접이나 스프레이페인팅작업과 같은 연속경로작업에서 사용된다.

3) 로봇언어방법

로봇언어에 의한 방법은 NC기계를 위한 파트프로그램처럼 로봇언어를 사용하여 프로그램을 작성함으로 로봇이 이동할 경로와 속도를 지정하는 방법이다. 이는 로봇과 상관없이 프로그램을 작성할 수 있으며, 로봇에게 작업을 교시할 필요가 없어 로봇의 효율을 크게 높일 수 있다. 또한 CAD/CAM데이터베이스나 정보처리시스템과 연계될 수 있다는 장점도 있다. <표 8-1>은 교시방법에 의한 온라인프로그래밍과 로봇언어에 의한 오프라인프로그래밍의 장단점을 비교하고 있다.

표 8-1 온라인과 오프라인프로그래밍의 비교

	온라인프로그래밍	오프라인프로그래밍
장점	◦쉽게 배우고 빨리 시행할 수 있다. ◦충돌과 같은 문제를 쉽게 발견할 수 있다. ◦작업자의 기술이나 경험을 로봇에 전달할 수 있다.	◦로봇은 프로그램 중에도 생산활동에 참여할 수 있다. ◦CAD/CAM과 통합이 가능하다. ◦작업의 부분적인 변경이 용이하다.
단점	◦길고 복잡한 일에는 많은 시간과 메모리가 필요하다.	◦많은 계산이 필요하다. ◦프로그래밍 기술이 요구된다.

로봇언어는 로봇에 따라 각기 다르며, PUMA로봇을 위한 VAL을 비롯하여, Help, MCL, AR Basic, AML, Karel, RPL, Autopass, PAL 등 그 종류가 많다. <그림 8-8>은 로봇으로 작업물을 지점 A에서 지점 D로 옮기기 위한 VAL프로그램이다.

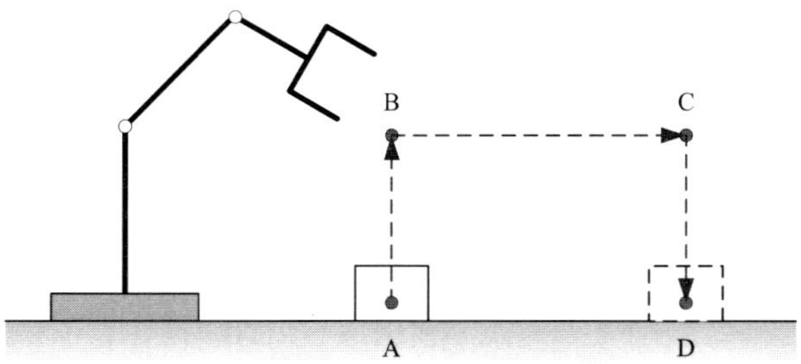

(a) 작업내용

```
program   FROM.A.TO.D.
              OPEN
              MOVE B
              MOVE A
              CLOSEI
              MOVE B
              MOVE C
              MOVE D
              OPENI
              MOVE C
```

(b) VAL 프로그램

그림 8-8 로봇 프로그램의 예

5 산업용 로봇의 도입 및 활용

5.1 산업용 로봇의 도입

로봇을 도입하려면 사전에 그 필요성에 대한 분석이 철저히 이루어져야 한다. 로봇을 도입할 때 고려해야 할 대표적인 사항으로는 환경분석, 경제성분석, 작업내용분석을 꼽을 수 있다.

- **환경분석:** 작업환경이 위험하거나, 건강에 해롭거나, 작업하기에 불편하거나, 불쾌감을 주는 경우에 로봇의 도입이 필요하다. 용접, 도장, 다이캐스팅, 화공약품취급 등이 이에 해당되는 작업이다. 정반대로 청결한 작업을 위하여 로봇을 도입하는 경우도 있다. 클린룸에서 사용되는 로봇이 그 경우다.
- **생산성분석:** 작업특성상 하루에 두 세 차례 작업교대가 필요한 작업인 경우, 로봇을 사용하면 생산성을 높일 수 있다. 이는 대량생산에 해당되는 것으로 다품종소량의 제품을 생산하는 공장에서는 로봇의 학습 등으로 인하여 오히려 성과가 떨어질 수도 있다.
- **작업내용분석:** 전자부품조립이나 자동차 점용접과 같이 반복적으로 이루어지는 작업에서는 로봇의 도입이 효과적이다. 또한 무거운 작업물을 취급하는 작업, 정밀도를 필요로 하는 작업, 빠른 속도가 요구되어 인간의 신체조건으로는 수행하기 어려운 작업들은 로봇작업으로 대신하는 것이 바람직하다.

5.2 산업용 로봇의 활용

산업용 로봇은 산업체의 다양한 분야에 활용되고 있다. 오늘날 산업용 로봇은 대부분 생산과 관련된 곳에서 응용되고 있으며, 자재취급, 가공공정수행, 조립, 검사의 분야에서 주로 활용되고 있다.

5.2.1 자재취급

산업용 로봇은 자재취급을 목적으로 사용될 수 있다. 로봇의 말단장치로는 그리퍼가 사용된다. 자재취급에는 자재이송과 자재장착 및 탈착이 있다. 자재이송은 자재를 집어 다른 장소로 옮기는 작업이다. 이는 단순한 작업이므로 순서에 따라 정해진 작업이 이루어지는 낮은 수준의 공압로봇이 주로 사용된다. 한편 자재장착 및 탈착은 자재를 기계에 장착하거나 혹은 작업이 끝난 작업물을 기계로부터 탈착한다. 이는 절삭, 단조, 프레스, 열처리, 사출성형 등의 작업에서 이용된다. 특히 프레스작업에서는 작업자가 손으로 작업할 경우 부상이나 절단의 위험이 있기 때문에, 단조와 열처리 등의 작업에서는 다루어야 할 제품이 매우 고온이고 작업환경이 열악하기 때문에 로봇의 사용이 절실하다.

5.2.2 가공수행

가공수행은 로봇의 말단장치에 공구를 장착하고 작업물의 가공을 수행하는 것이다. 관련된 작업으로는 점용접, 아크용접, 스프레이 페인팅, 드릴작업, 그라인딩, 레이저절단, 플라즈마절단, 가스절단 등이 있다.

산업용 로봇은 특히 자동차산업에서 점용접에 많이 사용되고 있다. 자동차 점용접에 사용되는 장비들은 매우 무거우므로, 작업자들이 정확하게 조작하기 어려워 용접품질의 저하를 초래한다. 따라서 자동차 점용접에 로봇을 사용하면 용접품질을 크게 개선하는 효과를 얻을 수 있다.

최근에는 조선업의 아크용접에 로봇의 적용이 증가하고 있다. 용접에 로봇이 많이 이용되는 이유는 열악한 작업환경 때문이다. 용접작업 중에는 유독성 가스가 발생하고 안전사고의 위험도 있다. 특히 아크작업의 경우 작업자는 헬멧을 착용해야 하므로 작업하기가 매우 불편하다.

스프레이 페인팅작업 역시 해로운 가스, 화재발생의 위험, 작업소음 등에 작업자가 노출되어 있으므로 로봇의 도입이 필요하다. 로봇을 도입하는 경우 사람보다 더 정밀하게 일정한 두께로 페인팅작업을 반복할 수 있는 장점도 있다.

5.2.3 조립작업

조립작업은 두 개 이상의 부품을 결합하여 제품을 완성하는 것이다. 이는 반복적이고 지루한 작업이므로 적극적으로 로봇을 활용하는 것이 필요하다. 조립작업에서는 대부분 작은 부품들이 취급되므로 사용되는 산업용 로봇은 대체로 크기와 무게가 작다.

5.2.4 검사작업

검사는 부품의 위치를 찾아내거나, 불량품을 발견하거나, 정해진 기준에 따라 제품을 분류하는 일로, 조립작업과 마찬가지로 반복적이고 지루한 작업이다. 최근에는 특히 품질에 대한 관심이 높아지고 전수검사의 요구가 커지면서 검사작업에 로봇이 많이 도입되는 추세를 보이고 있다.

연습문제

1 최초의 산업용 로봇에 대하여 조사해 보라.

2 로봇의 구성요소는 무엇인가?

3 로봇의 동작을 제어하는 3가지 방식을 열거하라.

4 로봇을 설치할 때 로봇의 작업역을 고려하는 이유는 무엇인가?

5 로봇의 동작을 제어하는 방법 가운데 수동교시방법을 설명하라.

6 산업용 로봇은 팔과 손목으로 구분된다. 이들 각각의 역할은 무엇인가?

7 역기구학이란 무엇인가?

8 현장에서 사용되는 산업용 로봇의 외부센서에 관하여 조사해 보라.

9 주위에서 산업용 로봇이 적용되는 사례를 조사해 보라.

9장

자동조립

일반적으로 제품은 많은 부품을 조립하여 만들어진다. 초창기의 조립은 대부분 수동으로 이루어졌다. 최근 수십 년 동안 부품가공의 자동화는 NC공작기계를 중심으로 급속히 발달한데 비하여, 부품조립의 자동화는 그에 미치지 못하고 있는 실정이다. 자동조립시스템의 한 요소인 산업용 로봇은 8장에서 소개되었다. 이번 장에서는 자동조립에 관한 전반적인 내용을 다루기로 한다.

1 자동조립시스템

자동조립이란 조립라인에서 조립전용기계나 산업용 로봇과 같은 장치를 사용하여 다양한 조립작업을 자동으로 수행하는 것이다. 자동조립시스템은 고정식 자동화의 범주에 속한다. 이는 순차적으로 배치된 다수의 조립작업장에서 연속적으로 조립을 실시하여 완제품을 만들어내도록 설계된다. <그림 9-1>과 같이 자동조립시스템을 구성하는 각각의 조립작업장에서는 다음의 3가지 활동이 이루어진다.

- **부품공급**: 부품을 조립작업장에 공급한다.
- **부품조립**: 공급된 부품을 조립한다.
- **조립물이송**: 다음 조립작업장으로 조립물을 이송한다.

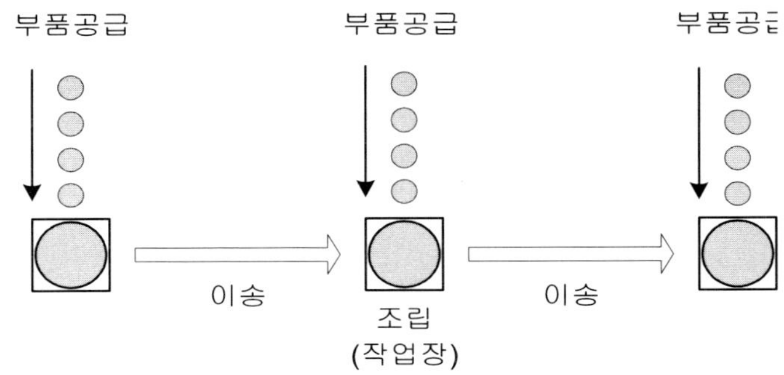

그림 9-1 조립작업장에서의 활동

각각의 조립작업장에 부품이 공급되고 조립이 이루어지면 조립물은 다음 조립작업장으로 이송된다. 이런 과정이 반복되어 모든 조립작업장을 지나게 되면 완제품이 얻어진다.

각각의 조립작업장에서 조립활동이 수행되려면 다음의 장치들이 필요하다.

- **부품공급장치:** 부품들을 조립작업장으로 공급한다.
- **조립장치:** 조립작업을 수행한다.
- **조립물이송장치:** 조립물을 다음 조립작업장으로 이송한다.

<그림 9-2>는 직선형과 회전형의 두 자동조립시스템을 보여준다. 직선형 조립시스템에서는 조립작업장들이 직선라인을 따라 배치되어 있다. 반면에 회전형 조립시스템은 원형 회전판 주위에 위치한 다수의 조립작업장에서 각각 조립활동이 이루어진다. 동기식으로 작업물이 이송되는 경우, 직선형이든 회전형이든 제품의 사이클타임은 조립을 위한 정지시간과 조립물이송을 위한 회전시간의 합으로 이루어진다.

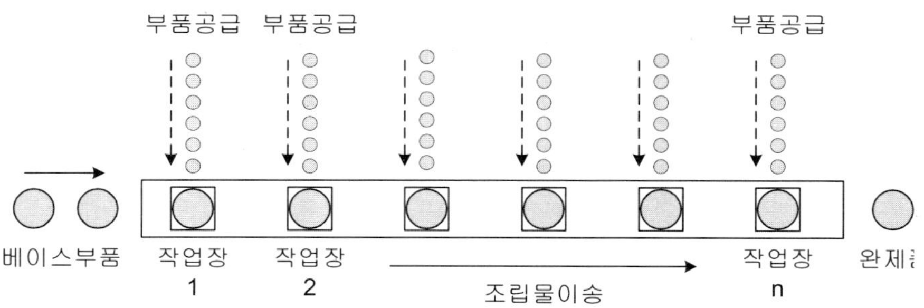

(a) 직선형

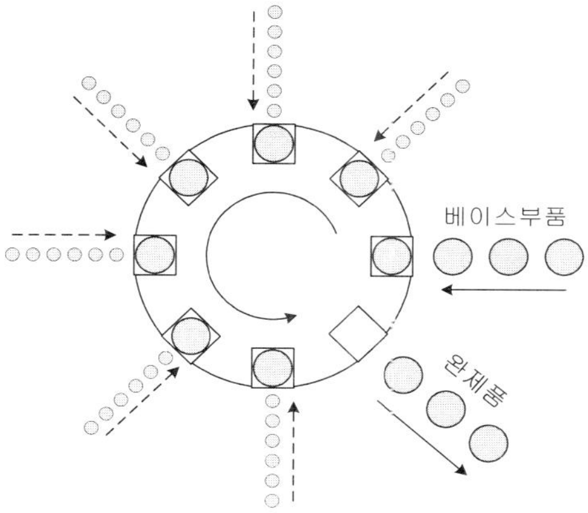

(b) 회전형

그림 9-2 자동조립시스템의 유형

조립시스템은 많은 조립작업장으로 이루어지므로 각 조립장마다 공급되는 부품의 불량률들은 조립완제품의 품질과 사이클 타임에 상당한 영향을 미친다. 다음을 살펴보자.

n개의 연속적인 작업장으로 이루어진 자동조립시스템에서 i번째 작업장에 공급되는 부품의 불량률을 d_i라고 하자. 또한 조립작업장에 불량부품이 공급되어도 작업장은 정지하지 않는다고 가정하자. 이런 경우 완제품이 1개 이상의 불량부품을 포함하고 있을 확률 P_d는 식(9.1)과 같다.

$$P_d = 1 - \prod_{i=1}^{n} (1 - d_i) \tag{9.1}$$

하지만 실제로 불량부품이 공급될 때 조립작업장은 고장을 일으킬 수 있다. 이 경우 고장을 복구하면서 불량부품은 제거되므로 완제품의 불량률은 줄어들게 된다. 하지만 조립작업장이 정상으로 복원될 때까지 조립시스템은 정지되므로 완제품당 평균조립시간, 즉 평균사이클시간은 늘어나게 된다.

i번째 조립작업장에 불량부품이 공급되었을 때 고장을 일으킬 확률을 m_i라고 하자. 이 경우 완제품에 불량부품이 포함될 확률 P_d는 식(9.2)와 같이 얻어진다.

$$P_d = 1 - \prod_{i=1}^{n}(1 - d_i + m_i d_i) \tag{9.2}$$

i번째 조립작업장에서 고장이 발생되었을 때 조립시스템이 정지되는 시간을 T_i^S라고 하자. 조립시스템이 정상적으로 구동되고 있을 때 사이클타임을 T_C^N라고 한다면 고장시간을 포함한 완제품의 평균사이클시간 T_C^M는 식(9.3)과 같이 얻어진다.

$$T_C^M = T_C^N + \sum_{i=1}^{n} m_i d_i T_i^S \tag{9.3}$$

이제 조립시스템의 상황을 보다 단순화시켜 보자. 작업장에 공급되는 부품의 불량률 d_i, 불량부품으로 인하여 조립장에 고장이 발생할 확률 m_i, 고장이 발생했을 때 조립시스템이 정지하는 시간 T_i^S가 각각 작업장에 상관없이 모두 동일한 값 d, m, T^S를 갖는다고 가정해보자. 이 때 완제품이 불량부품을 포함하고 있을 확률 P_d와 평균사이클시간 T_C^M는 각각 식(9.4), 식(9.5)와 같이 단순화된다.

$$P_d = 1 - (1 - d + md)^n \tag{9.4}$$

$$T_C^M = T_C^N + nmdT^S \tag{9.5}$$

예를 들어 20개의 연속적인 작업장으로 이루어진 자동조립시스템에서 각 작업장에 공급되는 부품의 불량률이 모두 동일한 값 0.001, 불량부품이 공급되었을 때 작업장이 정지될 확률이 모두 0.2, 고장이 발생했을 때 평균정지시간은 3분이라고 하자. 이 때 완제품의 불량률 P, 평균사이클타임 T_C^M, 조립시스템의 효율 E, 시간당 생산율 R을 구하라. 단 조립시스템이 정상상태일 때 사이클타임은 0.1분이다.

- 완제품의 불량률 $P = 1 - (1 - 0.001 + 0.2 \times 0.001)^{20} = 0.016(1.6\%)$
- 평균사이클타임 $T_C^M = 0.1 + 20 \times 0.2 \times 0.001 \times 3 = 0.112$분
- 조립시스템의 효율 $E = 0.1/0.112 = 89\%$
- 시간당 생산율 $R = 60/0.112 = 535.7$개

2 부품공급

조립작업장으로 부품을 공급하는 절차는 다음의 4단계로 이루어진다.

- 부품저장
- 부품운반
- 부품의 방향정렬
- 부품의 배출

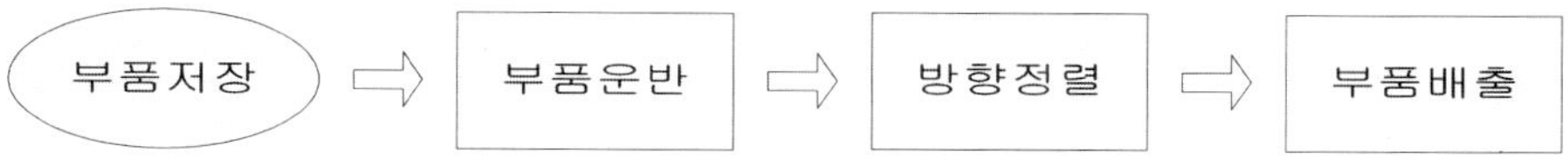

그림 9-3 부품공급의 절차

2.1 부품저장

조립될 부품들은 일단 호퍼(hopper) 안에 대량으로 적재된다. 이 때 호퍼 안에 있는 부품들은 제멋대로 방향을 갖는다.

2.2 부품운반

호퍼에 담겨진 부품들을 자동으로 공급하려면 이들을 하나씩 꺼내 조립작업장으로 진행하도록 해야 한다. 이러한 부품공급을 위하여 중력, 원심력, 회전, 공기압, 진동 등의 힘을 이용할 수 있다. 이들 가운데 진동은 융통성있게 부품을 공급할 수 있는 매우 간편한 방식이다.

<그림 9-4>는 진동부품공급기를 보여준다. 진동부품공급기는 전자석과 버팀스프링을 이용하여 용기를 가속진동시킨다. 진동으로 인해 부품들은 트랙을 따라 위쪽으로 조금씩 이동하게 된다. 트랙을 따라 이동하던 부품 가운데 일부는 트랙에서 이탈하여 용기에 떨어져 처음부터 다시 이동을 시작하기도 한다.

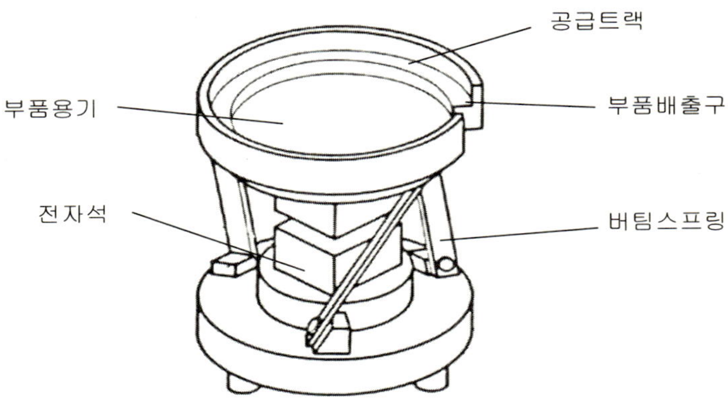

그림 9-4 진동부품공급기

2.3 방향정렬

조립작업장에 공급되는 부품들은 올바른 방향으로 정렬되어야 한다. 부품공급기 중에는 부품의 방향을 바로잡거나 잘못된 방향의 부품들을 트랙 밖으로 떨어뜨리기 위한 장치를 트랙의 일부 구간에 갖추고 있다.

<그림 9-5>는 나사를 적절한 방향으로 정렬시키기 위한 트랙 상의 여러 장치들을 보여주고 있다. 부품들이 통과해야할 첫 번째 장치로는 와이퍼날이 있다. 머리를 밑바닥으로 하고 서있는 나사들은 와이퍼날에 충돌하게 되어 있다. 그 결과 서있던 나사들은 트랙에 눕게 되거나 아니면 트랙 아래로 떨어지게 된다.

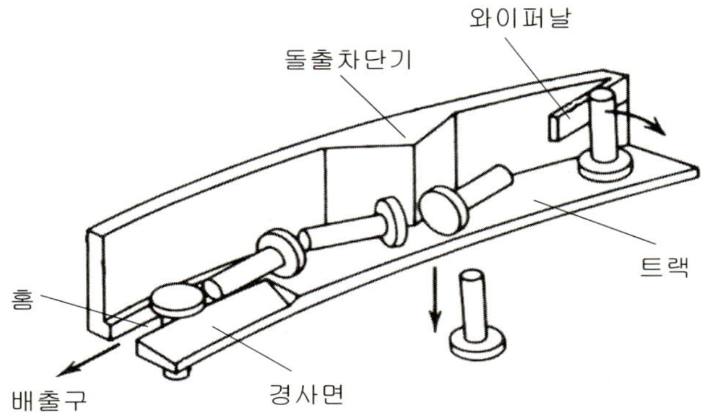

그림 9-5 나사의 방향정렬을 위한 트랙 상의 장치들

와이퍼날을 통과한 나사들은 다음으로 돌출차단기가 있는 폭이 좁은 트랙을 지나가야 한다. 좁은 트랙에서는 오직 하나의 나사만이 지나갈 수 있다. 따라서 나사가 하나씩 순차적으로 통과하지 않고 여러 개가 동시에 좁은 트랙을 통과하게 되는 경우, 한 개의 나사를 제외한 나머지들은 모두 트랙 아래로 떨어지게 된다.

방향정렬을 위한 마지막 장치는 배출구 직전의 경사면이다. 나사는 꼬리부분을 앞으로 향한 채 진행해야 한다. 머리 부분을 앞으로 하여 진행한 나사는 경사면에서 굴러 밑으로 떨어지게 된다. 꼬리부분을 앞세워 진행되어 왔더라도 나사의 꼬리가 배출구의 홈에 제대로 들어가지 못하는 경우, 그 역시 경사면에서 미끄러져 아래로 떨어지고 만다. 배출구를 통과하는 지점에서 나사는 트랙의 홈 안에 꼬리가 들어가 있게 되고, 머리부분에 의지하여 홈에 매달린 채 조립작업장에 공급된다.

2.4 부품배출

부품배출의 목적은 조립작업의 사이클시간과 동일한 시간간격으로 부품을 작업장에 공급하는 것이다. <그림 9-6>은 부품배출기의 몇 가지 예를 보여주고 있다.

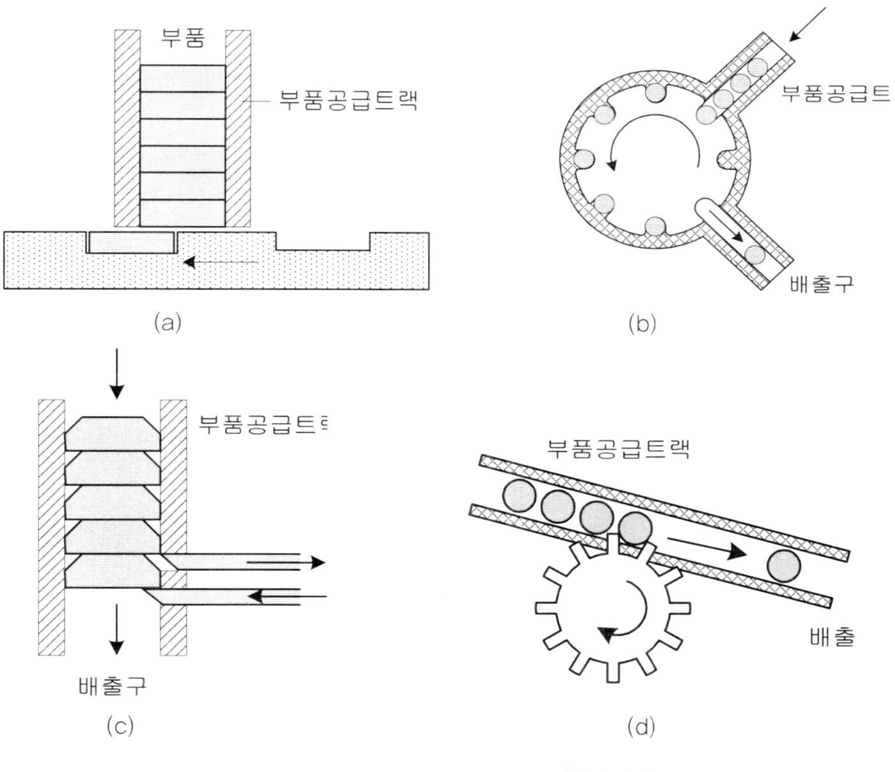

그림 9-6 여러 종류의 부품배출기

3 자동조립을 위한 설계의 원칙

산업용 로봇을 포함한 자동화시스템이 발달하면서 조립자동화를 보다 쉽게 할 수 있도록 부품을 설계하는 방법에 대한 관심이 높아지게 되었다. 효율적으로 자동조립을 하기 위한 부품설계의 원칙들을 몇 가지 소개한다.

1) 부품의 수를 최소화한다.

제품의 부품수를 줄이면 간접비용이 절감되고 조립작업이 줄어든다. 비용절감의 원인으로는 재고의 감소, 공장배치의 단순화, 구매활동의 감소, 자재취급의 감소, 품질관리의 감소, 회계작업의 감소 등을 들 수 있다. 또한 모든 부품은 고장과 관련이 있으므로 부품을 적게 사용할수록 제품의 품질은 더욱 향상된다.

<그림 9-7>은 자동차바퀴 바깥중심부에서 기능과 미관을 목적으로 부착하는 바퀴축덮개의 구성부품들을 보여준다. 개선 전에는 6개의 부품을 사용했으나 개선 후에는 부품의 수가 2개로 줄어들었다.

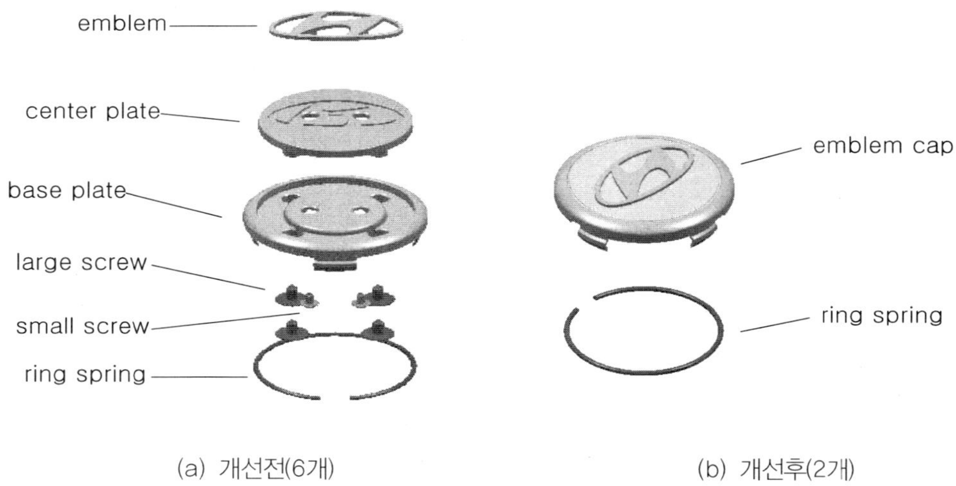

그림 9-7 자동차바퀴축덮개의 개선(현대자동차)

2) 조립선행도표를 작성하여 최적의 조립순서를 찾는다.

조립선행도표는 조립순서를 한 눈에 볼 수 있게 할뿐만 아니라 보다 나은 조립순서를 발견하는데 매우 효과적이다. 조립선행도표를 작성한 다음 작업들을 하나씩 검토하면서 더 좋은 조립순서가 없는지 살펴보아야 한다. <그림 9-8>은 전기플러그를 구성하는 14개의 부품들을 보여준다. 이들을 조립하여 전기플러그를 만들 때까지 조립선행도표는 <그림 9-9>와 같다.

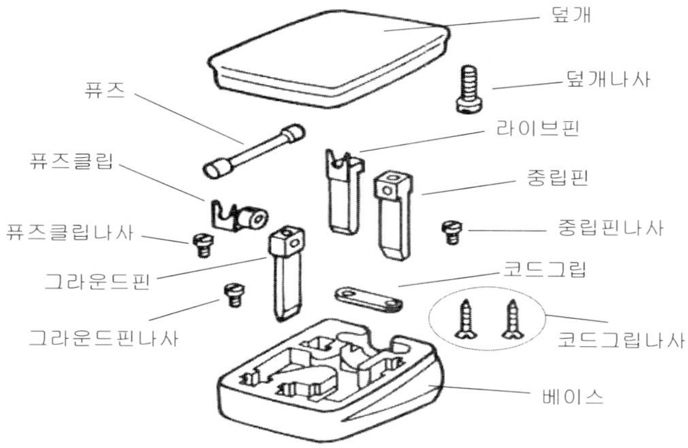

그림 9–8　전기 플러그의 부품

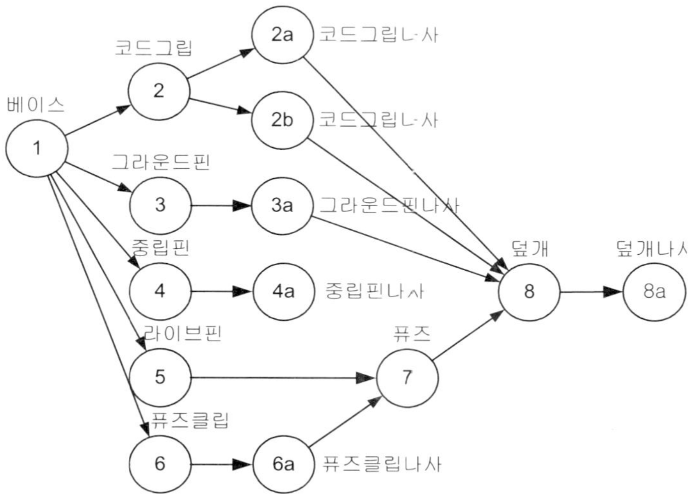

그림 9–9　조립선행도표

3) 한 방향으로 부품을 조립한다.

부품들은 한 방향으로 조립되어야 한다. 가능하다면 위에서 아래로 작업하여 중력의 이점을 이용하도록 한다. 만일 여러 방향으로 조립이 이루어지는 경우, 그에 따른 추가 설비, 이송장치, 검사 등이 더 필요하게 되어 비용과 시간이 많이 소요된다. 사람과 달리 기계의 경우, 위에서 아래로 조립하는 것이 효과적이다.

4) 방향정렬을 제거하기 위하여 대칭으로 설계한다.

부품의 양끝이 대칭이 아닌 경우 방향정렬이 필요하다. 방향을 정렬하는 불편을 제거하기 위하여 <그림 9-10>에서는 부품을 대칭으로 설계하였다. 경우에 따라 부품을 대칭으로 만드는 데 따르는 가공비용이 추가로 소요될 수도 있다. 이런 경우에는 추가된 가공비용과 방향정렬에 필요한 비용을 비교하면 대칭설계여부를 결정할 수 있다.

(a) 개선 전 (b) 개선 후

그림 9-10 대칭으로 부품의 방향정렬이 용이한 경우

5) 대칭이 방향정렬에 방해를 주는 경우 비대칭이 되도록 설계한다.

대칭으로 인하여 부품의 방향을 찾기 어려운 경우도 있다. <그림 9-11>의 예를 보라. 개선전의 부품들은 전체모양이 대칭을 유지하므로 부품의 중요한 특징을 찾아내기가 곤란하다. 이처럼 대칭성이 방향선택을 방해하는 경우, 인위적으로 비대칭을 만들어 문제를 해결할 수 있다.

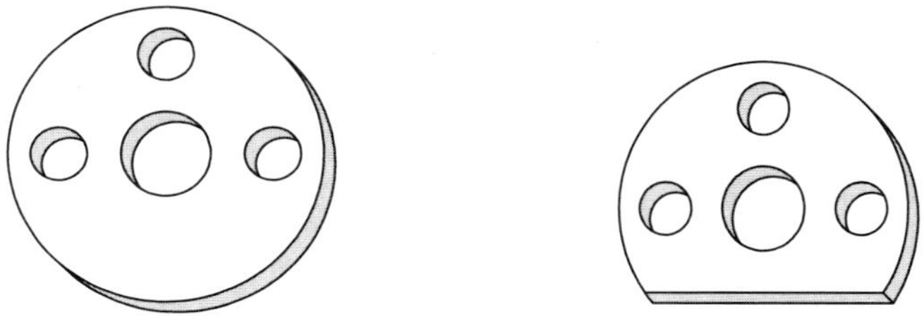

(a) 개선 전 (b) 개선 후

그림 9-11 비대칭으로 부품의 방향정렬이 용이한 경우

6) 부품이 엉키거나 겹치지 않도록 설계한다.

부품은 적재되거나 운반되는 도중에 서로 엉키거나 겹쳐지기도 한다. 부품의 엉킴은 <그림 9-12>에서 보는 바와 같이 돌출부와 구멍을 함께 가지고 있는 경우에 발생한다. 부품 간에 엉킴을 방지하려면 부품의 구멍을 충분히 작게 하거나, 부품의 돌출부를 충분히 크게 하여 구멍에 들어가지 못하도록 설계한다.

(a) 개선 전　　(b) 개선 후

그림 9-12　부품이 엉키는 경우

부품들은 트랙을 따라 이동하는 도중에 서로 겹쳐지기도 한다. 이는 옆모서리가 지나치게 얇은 부품들이 비스듬하게 만날 때 발생하기 쉽다. 따라서 부품이 만나는 옆모서리 면을 좀 더 두껍게 설계한다면 부품이 겹쳐지는 것을 방지할 수 있다. <그림 9-13>에서는 이동 중에 서로 겹쳐지는 개선전의 부품들과, 겹쳐지는 것을 방지한 개선후의 부품들을 함께 보여주고 있다.

(a) 개선 전　　(b) 개선 후

그림 9-13　부품이 겹치는 경우

7) 테이퍼나 모따기를 이용하여 쉽게 조립되도록 한다.

실린더에 피스톤을 삽입할 때 이들 간에 허용오차가 작으면 삽입하기가 쉽지 않다. 이런 경우 실린더의 입구나 피스톤의 끝부분을 테이퍼 처리하면 진입여유가 생겨 두 부품의 조립이 쉬워진다. <그림 9-14>에서는 실린더와 피스톤에 각각 테이퍼를 추가함으로 조립이 용이해지는 개선 예를 보여주고 있다.

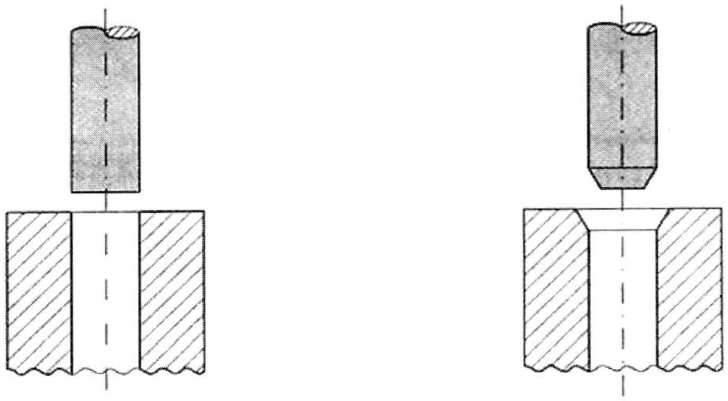

(a) 개선 전 (b) 개선 후

그림 9-14 테이퍼를 이용한 조립

8) 나사로 결합하는 조립을 피하라.

나사조립은 정확한 회전방향을 필요로 하므로 조립시간이 많이 소요된다. 눌러맞춤으로 조립하거나 원터치로 맞물리도록 부품을 설계하는 것이 바람직하다.

9) 고품질의 부품을 사용하라.

자동조립시스템이 좋은 성능을 유지하려면 각각의 작업장에서 공급되는 부품의 품질을 높이는 것은 절대적으로 필요하다.

연습문제

1 조립활동을 위하여 조립작업장에서 이루어지는 활동은 무엇인가?

2 조립작업장으로 부품을 공급하기 위하여 필요한 4단계 절차는 무엇인가?

3 자동조립의 경우 위에서 아래로 조립하는 것이 효과적이다. 그 이유는 무엇인가?

4 20개의 연속적인 작업장으로 이루어진 자동조립시스템에서 각 작업장에 공급되는 부품의 불량률이 모두 동일한 값 0.001이라고 하자.

1) 불량부품이 공급되어도 작업장이 정지하지 않는다고 할 때 완제품의 불량률을 구하라.

2) 불량부품이 공급되었을 때 작업장이 정지할 확률을 0.3이라고 하자. 생산된 완제품의 불량률을 구하라.

5 20개의 연속적인 작업장으로 이루어진 자동조립시스템에서 각 작업장에 공급되는 부품의 불량률이 모두 동일하다고 가정하자. 조립시스템에서 생산되는 완제품의 불량률을 0.001이하로 유지하려고 한다.

1) 불량부품이 공급되어도 작업장이 정지하지 않는다고 할 때, 원하는 완제품의 불량률을 얻기 위하여 필요한 공급부품의 최대불량률을 구하라.

2) 불량부품이 공급되었을 때 작업장이 정지할 확률을 0.3이라고 하자. 원하는 완제품의 불량률을 얻기 위하여 요구되는 공급부품의 최대불량률을 구하라.

6 30개의 연속적인 작업장으로 이루어진 자동조립시스템에서 각 작업장에 공급되는 부품의 불량률이 모두 동일한 값 0.001, 불량부품이 공급되었을 때 작업장이 정지될 확률이 모두 0.3, 고장이 발생했을 때 평균정지시간은 5분이라고 하자. 이 때 완제품의 불량률, 평균사이클타임, 조립시스템의 효율, 시간당 제품의 생산율을 구하라. 단 조립시스템이 정상상태일 때 사이클타임은 0.1분이다.

1) 완제품의 불량률

2) 평균사이클타임

3) 조립시스템의 효율

4) 시간당 제품의 생산율

시스템 자동제어 4부

10장. 시컨스 제어

11장. PLC

10장

시퀀스제어

시퀀스제어는 정해진 순서에 따라 작업을 순차적으로 수행하도록 제어하는 것이다. 이는 신호등, 세탁기, 엘리베이터와 같이 일상생활에 밀접한 기기로부터 컨베이어, 트랜스퍼머신, NC공작기계 등의 산업설비에 이르기까지 광범위하게 응용되고 있다. 여기서는 시퀀스제어의 제어내용을 논리회로로 표현하기 위한 부울대수, 진리표, 논리식, 논리도에 관하여 소개한다.

1 시퀀스제어의 정의

시퀀스제어(sequence control)는 '논리제어'라고도 말하며, '사전에 결정된 순서(시퀀스)와 조건에 따라 공정을 진행해 가는 제어'로 정의된다. 즉 정해진 공정순서를 논리적으로 분석하여 제어회로를 구성하고 각종 제어기기들을 원하는 제어목적에 부합하게 제어하는 것이다. 시퀀스제어는 산업자동화의 많은 응용분야에서 응용되고 있으며, 개방회로제어방식으로 ON/OFF의 출력값이 제공된다. 여기서 개방회로제어방식이란 실행된 제어동작을 검증할 수 있는 피드백회로가 없다는 것을 의미한다.

<그림 10-1>은 자동세탁기의 세탁공정을 흐름도로 나타낸 것이다. 여기서는 세탁, 헹굼, 탈수의 제어흐름이 사전에 정해진 순서와 조건에 따라 수행되고 있다.

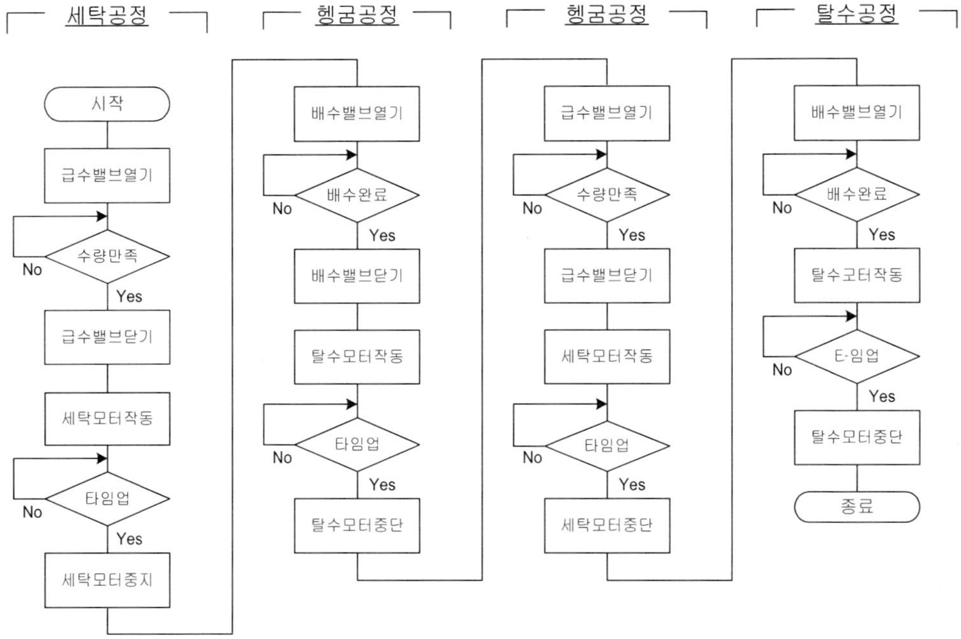

그림 10-1 자동세탁기의 세탁공정순서

2 부울대수

부울대수(Boolean algebra)는 1847년 영국의 수학자 부울(George Bool)이 처음 발표하였다. 부울대수에는 0과 1의 값을 가진 변수만이 존재한다. 0이 아닌 변수는 1이며, 1이 아닌 변수는 0이다. 변수 0과 1은 숫자의 값을 표시하는 것이 아니라, 전압의 레벨이나 접점의 ON/OFF상태를 표시하는 논리값의 기호를 의미한다. 실제로 미국의 샤논(Claude E. Shannon)은 릴레이회로설계에 부울대수를 처음 적용하였다. 그 밖에 컴퓨터회로구조, 스위치회로, 시퀀스제어장치, 전자계산 등에서 부울대수는 이용되고 있다.

2.1 부울대수의 기초연산자

부울대수에서는 3개의 연산자 AND, OR, NOT이 사용되고 있으며, 이들은 각각 '·', '+', '‾'의 기호로 표시된다. 이들 연산자를 사용하여 얻은 출력은 <그림 10-2>와 같다.

입력		출력		
		AND	OR	NOT
X	Y	$X \cdot Y$	$X + Y$	$\overline{X}$
0	0	0	0	1
0	1	0	1	1
1	0	0	1	0
1	1	1	1	0

그림 10-2 부울연산식의 입출력

2.2 부울대수의 기본정리 및 법칙

부울대수는 일반 대수와 마찬가지로 기본정리와 법칙을 가지고 있다. <표 10-1>은 이들 정리와 법칙 가운데 자주 사용되는 것들을 모아놓은 것이다. 이들 정리와 법칙을 잘 활용하면 복잡한 부울대수식을 간략하게 변환하는데 크게 도움을 얻을 수 있다.

표 10-1 부울대수의 기본정리와 법칙

[특성정리] $X \cdot 0 = 0$ $X \cdot 1 = X$ $X + 0 = X$ $X + 1 = 1$	[누승정리] $X \cdot X = X$ $X + X = X$ [부정정리] $\overline{\overline{X}} = X$
[교환법칙] $X \cdot Y = Y \cdot X$ $X + Y = Y + X$	[보원법칙] $X \cdot \overline{X} = 0$ $X + \overline{X} = 1$
[결합법칙] $X \cdot Y \cdot Z = X \cdot (Y \cdot Z) = (X \cdot Y) \cdot Z$ $X + Y + Z = X + (Y + Z) = (X + Y) + Z$	[흡수법칙] $X + X \cdot Y = X$ [반사법칙] $X + \overline{X} \cdot Y = X + Y$
[분배법칙] $X \cdot Y + X \cdot Z = X \cdot (Y + Z)$ $X \cdot (Y + Z) = X \cdot Y + X \cdot Z$	[드모르강법칙] $\overline{X \cdot Y} = \overline{X} + \overline{Y}$ $\overline{X + Y} = \overline{X} \cdot \overline{Y}$

3 진리표와 논리식

입력변수의 가능한 모든 상태에 대하여 출력결과를 나타낸 표를 '진리표'라고 한다. 또한 이들 입출력의 관계를 식으로 표시한 것을 '논리식'이라고 부른다.

3.1 진리표의 생성

종이절단기의 예를 이용하여 진리표를 생성하는 방법을 살펴보도록 하자. 종이절단기에는 3개의 버튼 S, X, Y가 있다. 버튼 S는 작업자의 안전을 위한 것으로, 눌러져 있는 경우 나머지 두 개의 버튼 X와 Y가 동시에 눌려질 때에만 절단칼날이 내려온다. 버튼 S가 눌려지지 않은 경우에는 버튼 X나 Y 중 어느 것을 눌러도 절단칼날은 내려온다. 버튼 S, X, Y는 입력변수가 되고, 이들은 버튼을 누르지 않을 때는 0의 값을, 버튼을 눌렀을 때는 1의 값을 갖는다. 종이절단기의 출력은 절단칼날이 내려오는 것으로 출력변수는 Z로 정한다. 출력변수 Z는 칼날이 내려올 때 1의 값을, 내려오지 않을 때 0의 값을 갖는다. 입출력변수들의 관계를 진리표로 나타내면 <표 10-2>와 같다.

표 10-2 종이절단기의 예에 대한 진리표

입력변수			출력변수
S	X	Y	Z
0	0	0	0
0	0	1	1
0	1	0	1
0	1	1	1
1	0	0	0
1	0	1	0
1	1	0	0
1	1	1	1

3.2 진리표에서 논리식 생성

앞에서 예로 들었던 종이절단기에 대한 진리표를 이용하여 논리식을 구하는 방법을 살펴보기로 하자. 출력변수의 값들 가운데 1의 값을 이용하는 방법과, 0의 값을 이용하는 방법이 있다.

방법 1_ 출력값 1의 이용

[방법 1]은 진리표에서 1의 출력값을 갖는 입력변수의 값들을 이용하여 논리식을 구하는 방법이다. 이 방법은 진리표에서 출력변수 Z에 대한 논리식을 생성하는 과정과, 얻어진 논리식을 간략화시키는 과정으로 이루어진다.

① 진리표로부터 Z에 대한 논리식을 생성해낸다.

<표 10-2>에서 출력변수 Z가 1의 값을 갖는 경우는 4가지다. 이들 각각에 대하여 0의 값을 갖는 입력변수는 NOT을 추가하고, 1의 값을 갖는 입력변수는 그대로 취하여 AND연산을 실시한다. 이렇게 얻어진 4개의 항들을 OR연산하면 식(10.1)과 같은 논리식을 얻게 된다.

$$Z = \overline{S} \cdot \overline{X} \cdot Y + \overline{S} \cdot X \cdot \overline{Y} + \overline{S} \cdot X \cdot Y + S \cdot X \cdot Y \qquad (10.1)$$

② 논리식을 간략화한다.

얻어진 논리식은 진리표를 만족시킨다. 하지만 이렇게 얻어진 논리식은 복잡하므로 부울대수의 정리와 법칙을 이용하여 다음과 같이 간략화하는 것이 필요하다.

$$\begin{aligned} Z &= \overline{S} \cdot (\overline{X} \cdot Y + X \cdot \overline{Y} + X \cdot Y) + S \cdot X \cdot Y \\ &= \overline{S} \cdot (\overline{X} \cdot Y + X) + S \cdot X \cdot Y \\ &= \overline{S} \cdot (X + Y) + S \cdot X \cdot Y \end{aligned}$$

간략화된 최종 논리식의 의미를 살펴보자. 칼날이 내려오려면(Z = 1) 다음의 조건 중에 하나가 만족되어야 한다. 안전버튼이 눌려지지 않은 경우에는(S = 0), 버튼 X 혹은 버튼 Y가 눌려져야 한다(X + Y = 1). 안전버튼이 눌려진 경우에는(S = 1), 버튼 X와

버튼 Y가 동시에 눌려져야 한다(X = 1, Y = 1).

방법 2_ 출력값 0의 이용

[방법 2]는 진리표로부터 출력값이 0인 입력변수들의 값을 이용하여 논리식을 형성하는 방법으로, 진리표의 출력값에서 0이 1보다 현저히 적을 때 사용하면 효과적이다. 이 방법은 진리표에서 출력변수 $\overline{Z}$에 대한 논리식을 생성하는 과정, 얻어진 논리식을 간략화하는 과정, Z에 관한 논리식으로 변환하는 과정으로 이루어진다.

① 진리표로부터 $\overline{Z}$에 대한 논리식을 생성해낸다.

<표 10-2>에서 출력변수 Z가 0의 값을 갖는 경우는 4가지다. 이들 각각에 대하여 0의 값을 갖는 입력변수는 NOT을 추가하고, 1의 값을 갖는 입력변수는 그대로 취하여 AND연산을 실시한다. 이렇게 얻어진 4개의 항들을 OR연산하면 다음의 논리식을 얻게 된다.

$$\overline{Z} = \overline{S} \cdot \overline{X} \cdot \overline{Y} + S \cdot \overline{X} \cdot \overline{Y} + S \cdot \overline{X} \cdot Y + S \cdot X \cdot \overline{Y} \tag{10.2}$$

② 논리식을 간략화한다.

$$\begin{aligned} \overline{Z} &= \overline{X} \cdot (\overline{S} \cdot \overline{Y} + S \cdot \overline{Y} + S \cdot Y) + S \cdot X \cdot \overline{Y} \\ &= \overline{X} \cdot (\overline{Y} + S \cdot Y) + S \cdot X \cdot \overline{Y} \\ &= \overline{X} \cdot (\overline{Y} + S) + S \cdot X \cdot \overline{Y} \\ &= \overline{X} \cdot \overline{Y} + \overline{X} \cdot S + S \cdot X \cdot \overline{Y} \end{aligned}$$

③ Z에 관한 식으로 변환한다.

$\overline{Z}$에 관한 논리식을 Z에 관한 논리식으로 바꾸려면 드모르강법칙을 사용하여 식을 변환하고 다시 간략화한다.

$$\begin{aligned} Z = \overline{\overline{Z}} &= \overline{(\overline{X} \cdot \overline{Y}) + (\overline{X} \cdot S) + (S \cdot X \cdot \overline{Y})} \\ &= \overline{(\overline{X} \cdot \overline{Y})} \cdot \overline{(\overline{X} \cdot S)} \cdot \overline{(S \cdot X \cdot \overline{Y})} \\ &= (X + Y) \cdot (X + \overline{S}) \cdot (\overline{S} + \overline{X} + Y) \end{aligned}$$

$$= \text{..........}$$
$$= \overline{S} \cdot (X + Y) + X \cdot Y$$

얻어진 최종 논리식의 의미를 살펴보자. 안전버튼이 눌려지지 않은 경우에는(S = 0), 버튼 X나 혹은 버튼 Y가 눌려지면(X + Y = 1) 칼날이 내려온다(Z = 1). 버튼 X와 버튼 Y가 동시에 눌려졌다면(X = 1, Y = 1) 안전버튼과 상관없이 칼날은 내려온다(Z = 1).

[방법 1]에서 얻은 논리식과 [방법 2]에서 얻은 논리식은 식 그 자체는 동일하지 않다. 하지만 서로 다른 두 논리식의 내용이 동일하다는 것은 진리표의 입출력관계를 만족시키는 것으로 확인될 수 있다. 물론 논리식의 의미를 살펴보는 것만으로도 이는 설명될 수 있다.

4 논리제어시스템의 여러 사례들

4.1 제어박스(Asfahl, 1992)

생산공정은 제어박스 내의 토글스위치에 의하여 조작된다. 토글스위치는 책임자 외에는 어느 누구도 조작할 수 없도록 <그림 10-3>에서 보는 바와 같이 잠금장치를 함께 사용되고 있다. 여기서는 3개의 입출력변수가 사용되고 있다. 토글스위치의 상태 T, 잠금장치의 상태 L, 생산공정의 상태 P가 바로 그들이다. 이들 가운데 토글스위치의 상태 T와 잠금장치의 상태 L은 입력변수이고, 생산공정의 상태 P는 출력변수다.

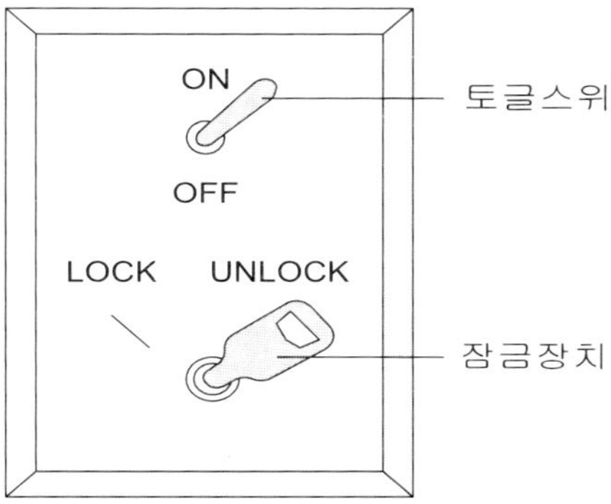

그림 10-3 제어박스의 토글스위치와 잠금장치

먼저 토글스위치의 상태 T를 다음과 같이 정의하자.

T = 0 : 토글스위치가 OFF상태다.
T = 1 : 토글스위치가 ON상태다.

또한 잠금장치의 상태 L은 다음과 같이 정의된다.

L = 0 : 잠금장치가 열린 상태다.
L = 1 : 잠금장치가 잠긴 상태다.

출력변수인 생산공정의 상태 P는 다음과 같이 정의된다.

P = 0 : 생산공정이 정지상태에 있다.
P = 1 : 생산공정이 가동상태에 있다.

생산공정의 상태 P에서 한 가지 유의할 점이 있다. 생산공정의 상태는 출력변수이면서 동시에 입력변수가 된다는 사실이다. 잠금장치가 잠긴 상태라면 토글스위치의 상태는 생산공정에 아무런 영향을 미치지 못하게 된다. 이 경우 출력인 생산공정의 상태에 영향을 미치는 요인은 직전 생산공정의 상태다. 즉 직전의 생산공정이 가동 중이었다면 현재의 생산공정은 가동상태에 있을 것이다. 반대로 직전의 생산공정이 정지상태에 있었다면 현재의 생산공정은 정지하고 있을 것이다. 이처럼 직전의 생산공정상태는 현재의 생산공정상태에 영향을 미치므로 생산공정은 입력변수이면서 동시에 출력변수도 된다. 편의상 입력변수인 직전 생산공정의 상태를 P, 출력변수인 현재 생산공정의 상태를 P'로 표기하기로 한다.

입출력변수가 모두 정의되었으므로 진리표를 작성해 보자. 먼저 잠금장치가 열려 있는 경우(L = 0)를 생각해 보자. 이 때 출력은 토글스위치의 ON/OFF상태에 의하여 공정의 가동여부가 결정된다. 하지만 잠금장치가 잠겨 있는 경우(L = 1), 토글스위치의 상태 T는 출력에 전혀 영향을 주지 못한다. 이 경우 출력은 단지 생산공정의 직전상태 P에 의하여 영향을 받게 된다. 이상의 내용으로부터 제어박스의 진리표를 작성하면 <표 10-3>과 같다.

표 10-3 제어박스에 대한 진리표

입력변수			출력변수
L	T	P	P'
0	0	0	0
0	0	1	0
0	1	0	1
0	1	1	1
1	0	0	0
1	0	1	1
1	1	0	0
1	1	1	1

<표 10-3>의 진리표로부터 논리식을 생성하여 간략화하면 다음과 같다.

$$P' = (\overline{L} \cdot T \cdot \overline{P}) + (\overline{L} \cdot T \cdot P) + (L \cdot \overline{T} \cdot P) + (T \cdot L \cdot P)$$
$$= \overline{L} \cdot T \cdot (\overline{P} + P) + L \cdot P \cdot (\overline{T} + T)$$
$$= \overline{L} \cdot T + L \cdot P$$

얻어진 논리식 $P' = \overline{L} \cdot T + L \cdot P$의 의미를 생각해 보자. 잠금장치가 열린 상태(L = 0)에서 토글스위치가 ON상태이거나(T = 1), 잠금장치가 잠긴 상태(L = 1)에서 직전 생산공정이 가동상태일 때(P = 1), 현재 생산공정은 가동상태에 있다(P' = 1).

4.2 경보장치가 추가된 제어박스

앞에서 소개한 제어박스에 경보장치를 추가하였다고 가정하자. 경보장치는 잠금장치가 잠겨있는 상태에서 누군가가 토글스위치를 임의로 조작할 때 경보를 울리게 된다. 출력변수인 경보장치 A의 상태를 다음과 같이 정의하자.

A = 0 : 경보가 울리지 않는다.
A = 1 : 경보가 울린다.

입력변수들이 어떤 상태에 있을 때 경보장치가 작동하게 되는지 살펴보자. 경보장치가 작동하려면 일단 잠금장치가 잠겨 있어야 한다(L = 1). 그리고 공정이 가동 중인 상태(P = 1)에서 토글스위치가 OFF로 조작되거나(T = 0), 혹은 공정이 정지된 상태(P = 0)에서 토글스위치가 ON으로 변경되는(T = 0) 2가지 경우에 경보는 울린다. 이같은 내용으로부터 경보장치가 추가된 제어박스에 대한 진리표를 작성하면 <표 10-4>와 같다. 진리표에는 3개의 입력변수 L, T, P와 2개의 출력변수 P', A가 존재한다.

표 10-4 경보장치가 추가된 제어박스의 진리표

입력변수			출력변수	
L	T	P	P'	A
0	0	0	0	0
0	0	1	0	0
0	1	0	1	0
0	1	1	1	0
1	0	0	0	0
1	0	1	1	1
1	1	0	0	1
1	1	1	1	0

출력변수인 현 생산공정의 상태 P'에 대한 논리식은 앞에서 이미 얻었다. 새로 추가된 출력변수인 경보장치의 상태 A에 대한 논리식은 다음과 같이 결정된다.

$$\begin{aligned} A &= (L \cdot \overline{T} \cdot P) + (L \cdot T \cdot \overline{P}) \\ &= L \cdot (\overline{T} \cdot P + T \cdot \overline{P}) \end{aligned}$$

얻어진 경보장치의 상태에 대한 논리식 $A = L \cdot (\overline{T} \cdot P + T \cdot \overline{P})$은 다음과 같은 의미가 있다. 잠금장치가 잠겨 있는 상태(L = 1)에서 생산공정이 가동 중일 때(P = 1) 토글스위치를 OFF로 조작하거나(T = 0), 생산공정이 정지되어 있을 때(P = 0) 토글스위치를 ON으로 조작하는(T = 1) 경우 경보장치는 작동된다(A = 1).

4.3 가상의 LED표시장치

4개의 출력 Y_1, Y_2, Y_3, Y_4로 이루어진 LED표시장치를 가정해 보자. 두 개의 입력변수 X_1, X_2로 얻어지는 4종류의 입력에 대하여 표시장치가 <그림 10-4>와 같이 표시하는 논리식을 구하고자 한다.

입력(X_2, X_1)	(0, 0)	(0, 1)	(1, 0)	(1, 1)
출력표시	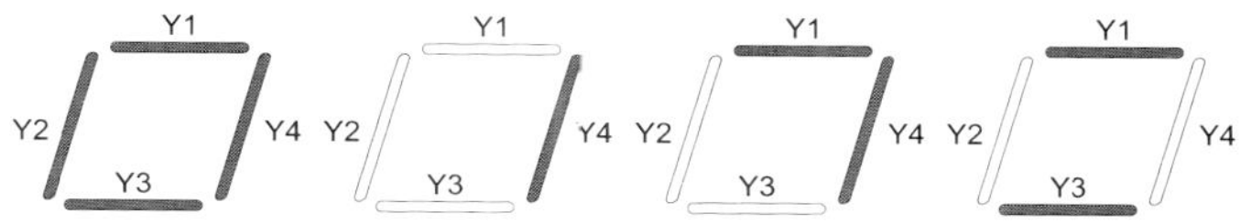			

그림 10-4　가상 LED표시장치의 입출력 내용

4개의 출력변수 Y_1, Y_2, Y_3, Y_4는 각각 다음과 같이 정의된다.

Y_1, Y_2, Y_3, Y_4 = 0 : 불이 들어오지 않는다.
Y_1, Y_2, Y_3, Y_4 = 1 : 불이 들어온다.

<그림 10-4>에서 2개의 입력변수 X_1, X_2와 4개의 출력변수 Y_1, Y_2, Y_3, Y_4의 관계를 진리표로 나타내면 <표 10-5>와 같다.

표 10-5　가상 LED표시장치에 대한 진리표

입력변수		출력변수			
X_2	X_1	Y_1	Y_2	Y_3	Y_4
0	0	1	1	1	1
0	1	0	0	0	1
1	0	1	0	0	1
1	1	1	0	1	0

위의 진리표로부터 출력변수 Y_1, Y_2, Y_3, Y_4에 대한 논리식을 각기 구해보자. Y_1과 Y_4의 경우 출력변수에서 0의 개수는 1의 개수보다 훨씬 적으므로 [방법 2]를 사용하여 논리식을 구하는 것이 바람직하다. 나머지 Y_2와 Y_3은 [방법 1]을 사용하여 논리식을 구한다. 따라서 4개의 출력변수들에 대한 논리식은 다음과 같이 얻어진다.

$$\overline{Y}_1 = \overline{X}_2 \cdot X_1 \Rightarrow Y_1 = \overline{\overline{Y}_1} = \overline{\overline{X}_2 \cdot X_1} = X_2 + \overline{X}_1$$

$$Y_2 = \overline{X}_2 \cdot \overline{X}_1$$

$$Y_3 = \overline{X}_2 \cdot \overline{X}_1 + X_2 \cdot X_1$$

$$\overline{Y}_4 = X_2 \cdot X_1 \Rightarrow Y_4 = \overline{\overline{Y}_4} = \overline{X_2 \cdot X_1} = \overline{X}_2 + \overline{X}_1$$

5 논리도

앞서 설명한 논리식은 논리도(logic diagram)라고 부르는 그림으로 표현될 수 있다. 논리도에는 여러 종류가 있는데 여기서는 논리망도(logic network diagram)와 래더도(ladder diagram)에 관하여 설명하기로 한다.

5.1 논리망도(logic network diagram)

논리망도를 사용하여 논리식을 나타낼 경우, 논리식의 연산자에 해당하는 것이 논리게이트(logic gate)다. <그림 10-5>에서는 AND, OR, NOT에 해당되는 논리게이트의 심볼을 보여주고 있다.

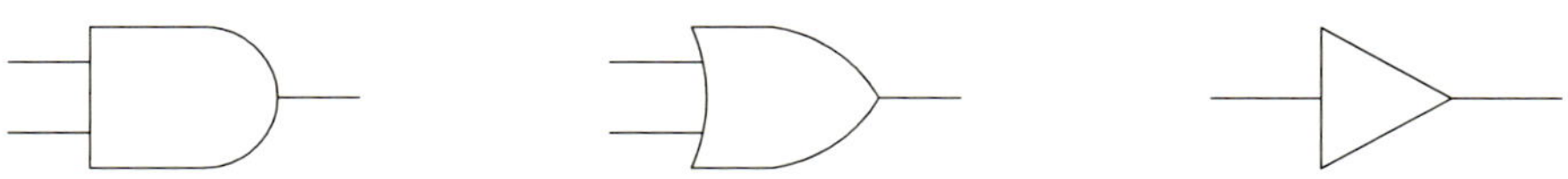

(a) AND게이트 (b) OR게이트 (c) NOT게이트

그림 10-5 논리게이트

논리망도를 작성하는 방법은 비교적 단순하다. 먼저 입력변수들을 왼쪽에 그리고 출력 변수들을 오른쪽에 나열한다. 그 다음 논리식의 내용을 논리게이트와 연결선을 이용하여 도시하면 된다. 앞서 소개했던 제어박스의 예에 대한 논리식 $P' = \overline{L} \cdot T + L \cdot P$를 논리망도로 도시해보면 <그림 10-6>과 같다.

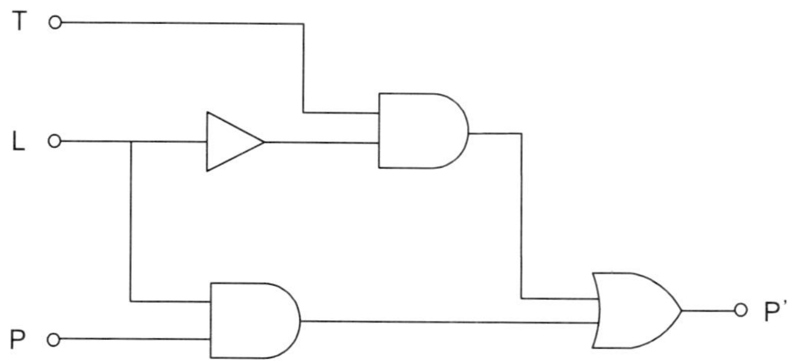

그림 10-6 제어박스 예에 대한 논리망도

5.2 래더도(ladder diagram)

래더도는 논리식을 그림으로 나타내는 다른 방법이다. 여기서 래더(ladder)란 사다리라는 뜻으로 래더도의 모양이 사다리와 유사하므로 붙여진 이름이다. 래더도는 논리망도와 전혀 다른 방식으로 논리식을 표현한다. 이는 <그림 10-7>에서 보여주는 것처럼 5가지의 기본적인 심볼들로 이루어진다.

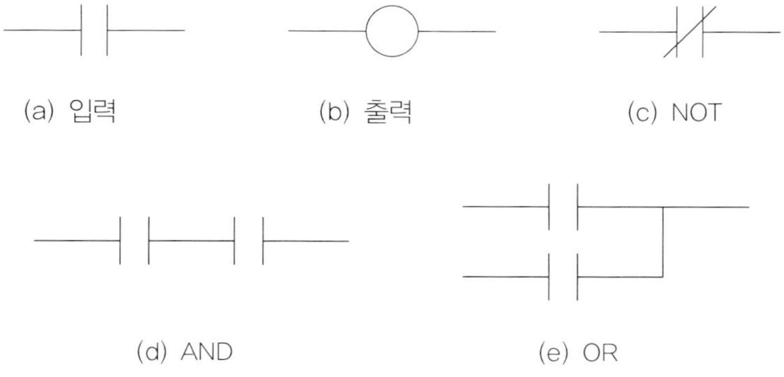

그림 10-7 래더도에서 사용되는 심볼

논리망도와 마찬가지로 제어박스의 논리식 $P' = \overline{L} \cdot T + L \cdot P$ 를 사용하여 래더도를 작성해보자. 먼저 좌우 양쪽 끝에 2개의 수직선을 긋는다. 그 다음 두 수직선의 내부에 논리식의 내용에 따라 입력, 출력, NOT, AND, OR과 같은 심볼들을 기입한다. 이 때 입출력변수들의 이름은 심볼의 상단에 추가한다. 이같은 절차에 따라 얻어진 래더도는 <그림 10-8>과 같다.

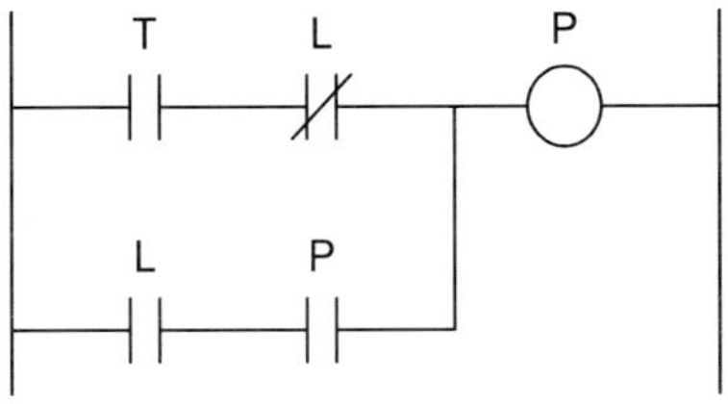

그림 10-8 제어박스의 예에 대한 래더도

논리식으로부터 논리도를 작성하는 과정에서 래더도는 논리망도에 비해 제약이 있다. 그것은 래더도가 개별입력변수의 NOT연산만을 도시할 수 있다는 점이다. 논리식에 여러 입력변수들이 복합된 연산식 전체에 NOT이 존재하는 경우, 직접 래더도로 도시하는 것은 불가능하다. 이런 경우에는 드모르강법칙을 사용하여 NOT연산자 내에 들어 있는 복합연산식을 개별변수의 NOT으로 이루어진 연산식으로 변경해야한다.

예를 들어 설명해보자. 논리식 $Y = \overline{A \cdot B + C}$ 에 대하여 논리망도는 <그림 10-9>와 같이 쉽게 얻어진다.

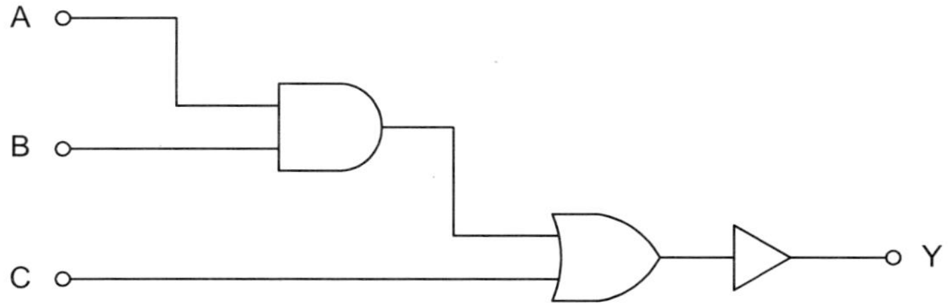

그림 10-9 논리식 $Y = \overline{A \cdot B + C}$ 에 대한 논리망도

하지만 이 논리식은 하나의 NOT연산자 내에 여러 변수들로 구성된 복합연산식을 포함하므로 직접 래더도로 표현하는 것은 불가능하다. 따라서 드모르강법칙을 사용하여 논리식을 식(10.3)과 같이 변환시켜야 한다.

$$Y = \overline{A \cdot B + C} = \overline{A \cdot B} \cdot \overline{C} = (\overline{A} + \overline{B}) \cdot \overline{C} \tag{10.3}$$

변환된 최종 논리식에는 복합연산식을 품는 NOT연산자가 없으므로 <그림 10-10>과 같이 래더도로 표시하는 것이 가능하다.

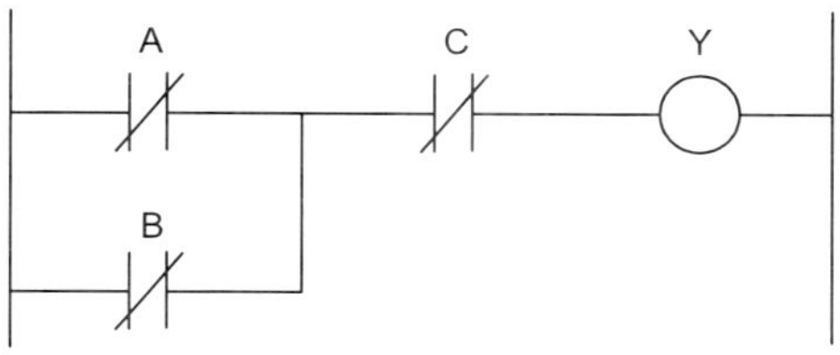

그림 10–10 변환된 논리식 $Y = (\overline{A} + \overline{B}) \cdot \overline{C}$에 대한 래더도

래더도는 임시출력변수를 사용하여 간소화시킬 수 있다. 임시출력변수는 특히 동일한 연산식이 중복되는 경우에 매우 유용하다. 식(10.4)와 같은 논리식이 주어졌다고 하자.

$$Z = [(A + \overline{C}) \cdot B \cdot D + (A + \overline{C}) \cdot B \cdot E] \cdot \overline{A} \tag{10.4}$$

주어진 논리식(10.4)는 중복된 연산식 $(A + \overline{C}) \cdot B$를 포함하고 있다. 연산식 $(A + \overline{C}) \cdot B$를 임시출력변수 X로 대체하여 논리식을 수정하면 식(10.5)와 같다.

$$Z = (X \cdot D + X \cdot E) \cdot \overline{A} \qquad \text{여기서} \quad X = (A + \overline{C}) \cdot B \tag{10.5}$$

임시출력변수를 사용하지 않은 논리식(10.4)와 임시출력변수를 사용한 논리식(10.5)를 각각 래더도로 도시하면 <그림 10-11>과 같다.

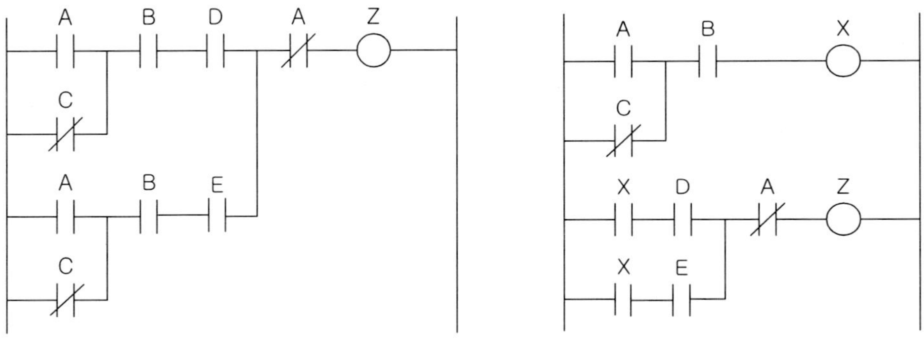

(a) 임시출력변수를 사용하지 않은 식(10.4)　　(b) 임시출력변수를 사용한 식(10.5)

그림 10-11 임시출력변수의 사용여부에 따른 래더도의 비교

연습문제

1 다음의 진리표로부터 논리식을 유도하여 간략화하라.

입력	X	0 0 0 1 0 1 1 1
	Y	0 0 1 0 1 0 1 1
	Z	0 1 0 0 1 1 0 1
출력	F	1 1 0 1 0 1 1 1

2 다음의 논리식을 간략화하라.

1) $Z = (A + B) \cdot (A + \overline{B})$

2) $Z = (\overline{A \cdot B \cdot C}) \cdot (A + B)$

3 관계식 $\overline{X \cdot Y} \cdot (X + \overline{Y}) = \overline{Y}$ 을 증명하라.

4 아래의 논리식에 대하여

$$Z = (\overline{A \cdot B \cdot C}) \cdot (D + E)$$

1) 논리망도를 작성하라.

2) 래더도를 작성하라.

5 논리식 $Z = \overline{(A + B) \cdot (D + E)}$을 래더도로 나타내라.

6 아래의 논리식에 대하여

$$Z = \overline{A \cdot B \cdot C \cdot D} + \overline{A \cdot B} \cdot C \cdot \overline{D} + \overline{A \cdot B} \cdot C \cdot D + \overline{A} \cdot B \cdot C \cdot D$$

1) 간략화하라.

2) 논리망도를 작성하라.

3) 래더도를 작성하라.

7 0에서 9까지의 수를 표현하려면 최소한 4개의 입력변수가 필요하다. 입력변수 X_1, X_2, X_3, X_4에 의하여 수치값을 아래와 같이 정하였다.

(X_4,X_3,X_2,X_1)	(0,0,0,0)	(0,0,0,1)	(0,0,1,0)	(0,0,1,1)	(0,1,0,0)
수치값	0	1	2	3	4
(X_4,X_3,X_2,X_1)	(0,1,0,1)	(0,1,1,0)	(0,1,1,1)	(1,0,0,0)	(1,0,0,1)
수치값	5	6	7	8	9

정해진 수치값을 오른편 그림과 같이 7개의 출력변수 Y_1, Y_2 ,..., Y_7로 정의된 LED 표시장치에 표시하고자 한다. 각각의 출력변수는 불이 들어오면 1, 불이 들어오지 않으면 0의 값을 갖는다. 정의되지 않은 입력변수값들에 대해서는 출력 Y_7에만 불이 들어와 '-' 로 표시한다.

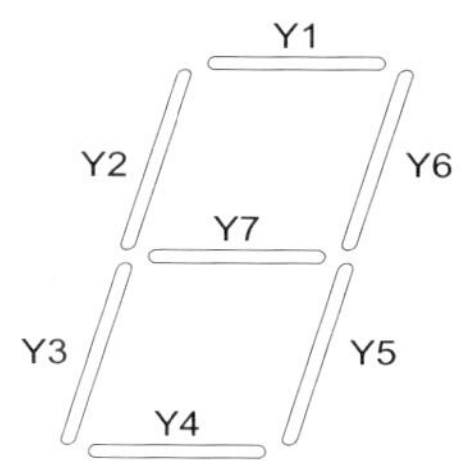

1) 모든 출력변수에 대한 진리표를 작성하라.

2) 모든 출력변수에 대한 논리식을 구하여 간략화하라.

11장

PLC

자동화 시스템을 구성하고 있는 기본요소는 센서, 제어기, 액추에이터, 기계장치로 구분된다. 이들 중 자동화에서 가장 중요한 요소가 제어기다. 이진신호처리를 수행하는 PLC는 제어기 가운데 하나이며, 1970년대에 처음 사용되기 시작하여 지속적인 발전을 거듭해 왔다. PLC는 주로 제조산업에서 가공기계, 이송라인, 자재취급장치 등의 자동제어에 이용되고 있다.

1 PLC개론

PLC가 출현하기 이전에는 릴레이가 중심이 되어 코일, 카운터, 타이머 등으로 이루어진 릴레이제어장치가 산업용 제어를 위해 사용되었다. 하드웨어 중심의 릴레이제어는 많은 문제점을 지니고 있었으므로 소프트웨어 중심의 PLC가 제어역할을 대신하게 되었다. 오늘날 PLC는 기능이 매우 다양하므로 컴퓨터와 비교할 때 역할과 기능면에서 차이를 구분하기가 쉽지 않다.

1.1 릴레이제어의 한계

1960년대 후반은 철강이나 자동차와 같은 기간산업의 자동화가 발달한 시기다. 이른바 대량생산이 시작된 시대로 생산설비의 자동화가 크게 진행되었다. 이 당시 생산설비의 제어시스템은 릴레이에 의한 제어방식을 주로 사용했다. 이는 비교적 단순하고 저렴하다는 장점이 있었다. 하지만 생산시스템이 고도화하고 복잡해짐에 따라 릴레이를 사용한 제어방식은 적용에 한계가 있었다. 다음의 내용들은 당시 릴레이제어의 한계점들이었다.

- 장치를 연결하여 동작을 실행해보기 전에는 프로그램을 확정할 수 없었다.
- 릴레이회로의 수정이나 변경은 납땜이나 결선작업이 필요하므로 매우 번거로웠다.
- 릴레이의 접점불량, 전기적, 기계적 수명으로 인하여 고장이 자주 발생하였다.
- 릴레이는 기계적인 동작을 하는 부품이므로 고속응답이 거의 불가능하였다.

1.2 PLC의 출현 배경

1969년 미국의 GM사는 릴레이회로로 이루어진 제어장치를 대신할 새로운 장치를 자동차 조립라인에 도입하기 위하여 다음과 같은 10개 항목의 요망사양을 발표했다.

① 프로그래밍과 변경이 용이할 것
② 수리와 보수가 용이할 것
③ 현장에서 신뢰성이 릴레이 제어반보다 높을 것
④ 릴레이 제어반보다 크기가 작을 것
⑤ 컴퓨터와 같은 중앙데이터 처리장치로 데이터를 전송할 수 있을 것
⑥ 릴레이 제어반보다 경제적일 것
⑦ 입력은 교류 115V를 표준으로 할 것
⑧ 출력은 115V, 2A이상의 교류로 솔레노이드밸브, 모터 등을 동작시킬 수 있을 것
⑨ 접점의 확장이 가능할 것
⑩ 4K word 이상의 메모리를 가질 것

이에 따라 하드웨어만으로 이루어진 릴레이보드를 대신하여 소프트웨어와 하드웨어가 분리된 PLC가 개발되었다. 초기의 PLC는 Allen Bradley사, Modicon사, Gould사에서 제품이 개발되었고, 1980년대부터는 소형, 저가격의 PLC개발이 이루어져 복잡한 시스템의 제어장치로 도입되었다. 최근에는 단순히 시퀀스제어를 하는 로직컨트롤러의 개념을 넘어 연산기능, 데이터변환기능 등을 갖추고 있다. 또한 전자산업의 발달, 생산품

의 다품종화, 생산라인의 자동화 등에 영향을 받아 비약적으로 발전하고 있다.

1.3 PLC의 정의

PLC는 'Programmable Logic Controller'의 약자로 과거에 사용하던 릴레이제어반 내의 릴레이, 타이머, 카운터 등의 기능을 IC, 트랜지스터 등의 반도체소자로 대체하고 시퀀스제어기능에 수치연산기능을 추가하여 프로그램제어를 가능하게 만든 제어장치다.

미국전기공업회규격(NEMA, National Electrical Manufacturing Association)에서는 PLC를 '디지털 또는 아날로그 입출력 모듈을 통하여 로직, 시퀀싱, 타이머, 카운팅, 연산과 같은 특수한 기능을 수행하기 위하여 프로그램 가능한 메모리를 사용하여 여러 종류의 기계나 프로세서를 제어하는 디지털 전자장치'로 정의하고 있다.

<그림 11-1>은 릴레이제어반과 PLC의 제작과정을 비교하고 있다.

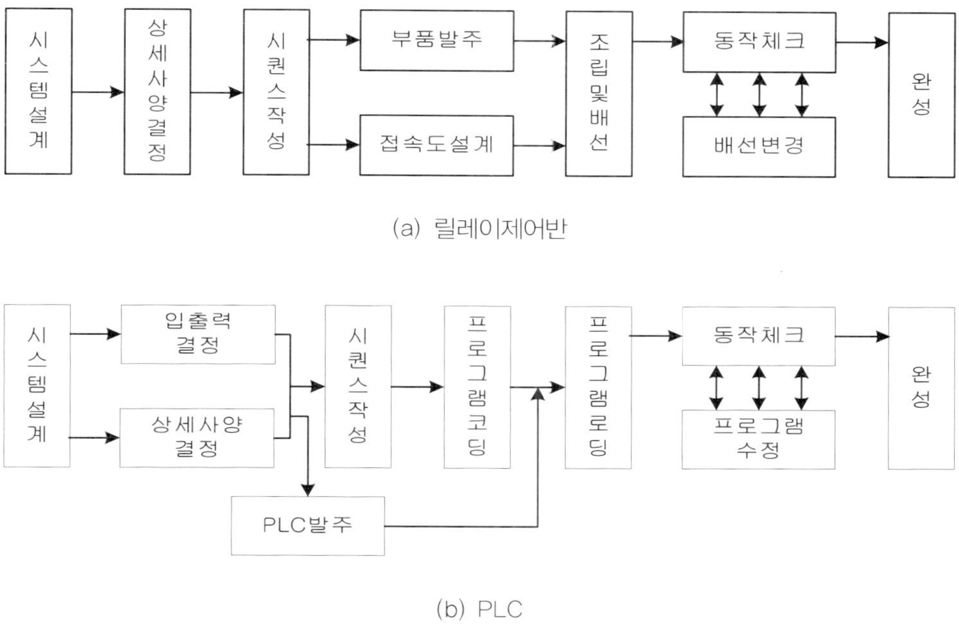

그림 11-1 릴레이제어반과 PLC의 제작과정 비교

이들 간의 중요한 차이는 시퀀스작성 이후에 나타난다. 즉 릴레이제어반이 부품들을 구입하여 조립하여 배선하고 있는데 반하여, PLC는 표준 PLC를 구입하여 그곳에 코딩한 프로그램을 로딩하고 있다. 제작과정에서 릴레이제어반과 PLC의 차이점을 비교해보면 <표 11-1>과 같다.

표 11-1 릴레이제어반 PLC의 제작과정 비교

릴레이보드	PLC
◦필요한 부품 발주 ◦부품들을 연결할 접속도 설계 ◦부품들의 조립과 배선 ◦오류가 있을 때 배선변경	◦적합한 PLC 표준품 발주 ◦PLC프로그램 코딩 ◦PLC에 프로그램 로딩 ◦오류가 있을 때 프로그램 수정

그 외에도 PLC는 릴레이제어반에 비하여 다음과 같은 장점을 가지고 있다.

- 제어속도가 빠르다.
- 신뢰도가 높다.
- 시스템 확장이 용이하다.
- 소형화가 가능하다.
- 설계와 제작기간이 적게 소요된다.

1.4 PLC의 구성

PLC는 프로그램이 저장된 메모리와 프로그램을 순차적으로 실행하는 CPU, 외부의 스위치나 센서로부터 받아들인 신호를 CPU에 전달하는 입력부, CPU에서 나온 PLC의 제어 결과 신호를 외부기기에 전달하는 출력부, PLC에 전원을 공급하는 전원부, PLC내의 메모리에 프로그램을 입력하는 주변장치인 로더(loader)로 구성되어 있다. <그림 11-2>는 PLC의 전체 구성도를 나타낸 것이다.

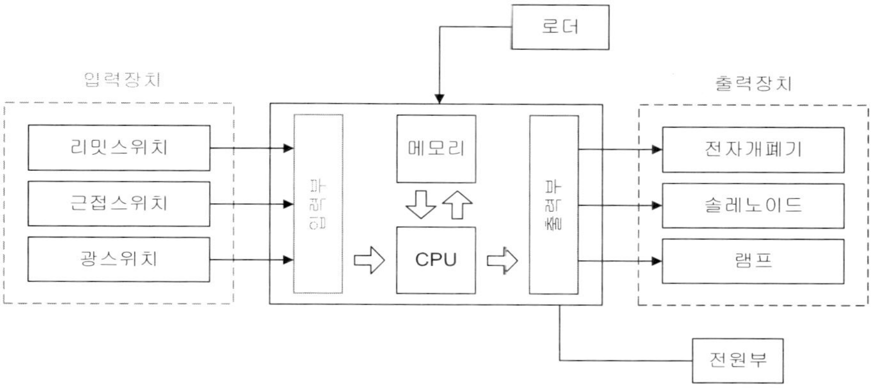

그림 11-2 PLC의 구성도

일반적으로 PLC는 대형PLC라고 불리는 '분리형'과 소형PLC라고 불리는 '일체형'의 두 종류가 있다. 분리형은 전원부, CPU부, 입력접점, 출력접점이 각각 분리되어 있어 필요에 따라 선택하거나 추가할 수 있다. 따라서 유연성이 크다는 것이 가장 큰 장점이다. 그에 비하여 일체형은 이들 기본구성이 하나의 몸체 안에 모두 들어있다. 따라서 일단 일체형이 선정되면 발휘할 수 있는 기능과 기본 유닛에 증설될 수 있는 입출력접점수에 제한이 있다. 일체형은 간단한 제어시스템에서 많이 사용된다. <그림 11-3>은 시판되는 일체형과 분리형 PLC의 예를 보여주고 있다.

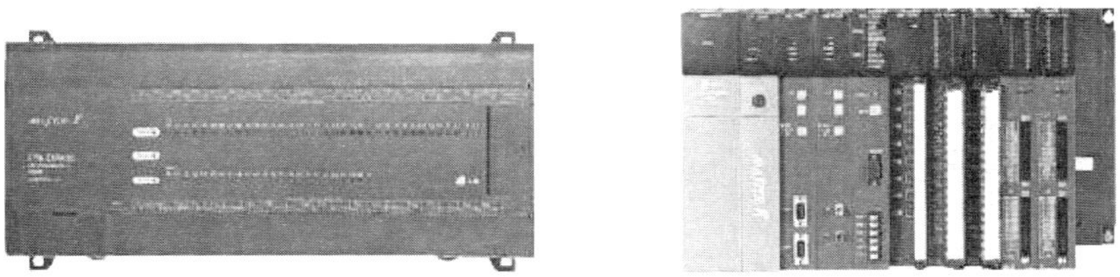

(a) 일체형　　(b) 분리형

그림 11-3 PLC의 종류(LS산전)

2 PLC프로그램과 실행원리

PLC를 수행하려면 정해진 언어방식에 따라 PLC프로그램을 작성하여 입력해야 한다. 입력된 프로그램은 PLC 내에서 순차적으로 읽혀가며 프로그램의 명령에 따라 실행된다. 여기서는 먼저 PLC프로그램을 작성하기 위한 언어를 소개하고, 그 다음에 프로그램이 실행되는 원리에 대하여 설명한다.

2.1 PLC프로그래밍언어

PLC프로그램을 위한 언어는 크게 도식언어, 문자식언어, 순차기능도로 구분된다. 여기서는 이들 가운데 도식언어에서 주로 사용되는 래더도(ladder diagram)방식과, 문자식언어에서 자주 사용되는 니모닉(mnemonic)언어에 의한 명령어방식을 소개하고자 한다. <그림 11-4>에서는 래더도방식과 명령어방식에 의한 PLC프로그램 예를 보여주고 있다.

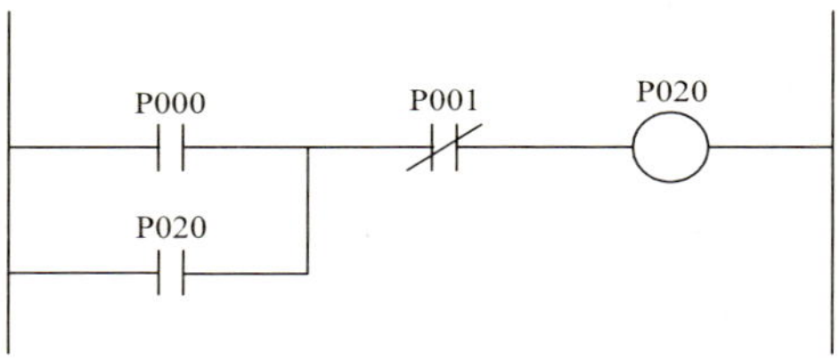

(a) 래더도방식

스텝	명령	
0000	LOAD	P000
0001	OR	P020
0002	AND NOT	P001
0003	OUT	P020

(b) 명령어방식

그림 11-4 PLC프로그래밍언어의 종류

2.2 PLC프로그래밍의 절차

PLC프로그래밍은 <그림 11-5>에서 보여주는 바와 같이 제어내용의 결정, PLC하드웨어의 선정, 입출력 분할, 프로그램 작성, 프로그램 로딩의 순서로 이루어진다.

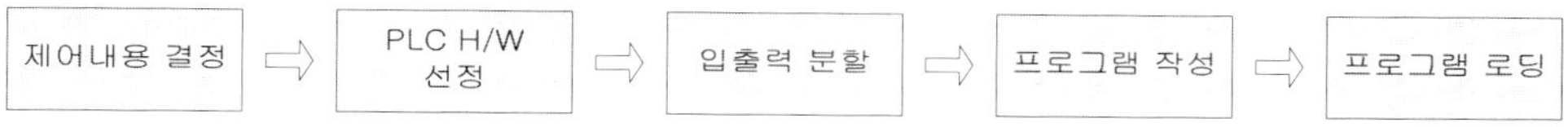

그림 11-5　PLC프로그래밍의 절차

1) 제어내용의 결정

두 개의 푸시버튼스위치 PB1, PB2에 의하여 NC공작기계와 기계에 부착된 램프를 제어하려고 한다. 제어내용은 다음과 같이 결정되었다.

◦PB1과 PB2는 각각 기계작동 및 정지용 푸시버튼이다. ◦PB1과 PB2가 동시에 눌려졌을 때 기계는 정지한다. ◦기계가 작동 중일 때 기계의 램프는 점등된다.

2) PLC하드웨어의 선정

제어할 내용에 따라 PLC의 메모리용량, 연산속도, 명령어 종류, 입출력 접점수 등을 적절히 정하는 일은 매우 중요하다. PLC메모리의 크기는 PLC프로그램과 데이터를 저장할 용량을 의미한다. 필요한 메모리용량을 정확하게 알아내는 것은 쉽지 않다. 요구되는 제어의 내용을 잘 살펴서 여유있게 용량을 정하는 것이 바람직하다.

프로그램이 길거나 PLC의 속도가 늦으면 프로그램을 실행하는 시간이 오래 걸리게 된다. 이런 경우 자칫 외부신호에 대하여 반응이 늦어지는 '응답지연'이나, 반응이 아예 나타나지 않는 '응답일탈'이 발생할 수도 있다. 따라서 PLC의 실행시간이 너무 오래 걸리지 않도록 적절한 연산속도를 가진 PLC를 선정해야 한다.

PLC명령어에는 AND, OR와 같이 프로그램을 작성할 때 필수적인 기본명령어와, 고속으로 데이터를 처리하기 위하여 사용되는 응용명령어가 있다. 응용명령어를 이용하면 프로그램의 작성과 디버깅시간이 단축되므로 점차 그 중요성이 부각되고 있다. 그러나 명령어의 수가 많아지면 PLC가격이 올라가므로 적절한 명령어의 수와 종류를 선택해야 한다.

입출력접점수는 제어대상의 수에 따라 결정된다. 제어대상의 수가 적을 때는 CPU와 입출력부가 일체로 된 PLC를 선택하는 것이 경제적이다. 반면에 제어대상의 수가 많거나 다양한 입출력기기를 접속해야 할 경우에는 입출력부가 모듈단위로 증설가능한 분리형 PLC를 선택하는 것이 바람직하다.

3) 입출력분할

입출력분할은 스위치나 센서 같은 입력기기와, 솔레노이드나 작동할 기계와 같은 출력기기를 PLC의 몇 번째 입력접점과 출력접점에 각각 접속하여 사용할 것인지 결정하는 단계다. <그림 11-6>은 입출력을 분할하여 정리한 목록을 보여준다. 두 개의 스위치 PB1, PB2는 각각 입력접점 P001과 P002에, 그리고 기계와 램프는 출력접점 P201, P202에 각각 접속되었다.

입력분할표

입력No	기호	신호이름
P000		
P001	PB1	기계ON명령
P002	PB2	기계OFF명령
P003		

출력분할표

입력No	기호	신호이름
P200		
P201	MC	기계ON실행
P202	LP	램프ON
P203		

그림 11–6 입출력 분할표

4) 프로그램 작성

결정된 제어내용과 입출력분할에 따라 래더도를 사용하여 PLC 프로그램을 작성하면 <그림 11-7>과 같다.

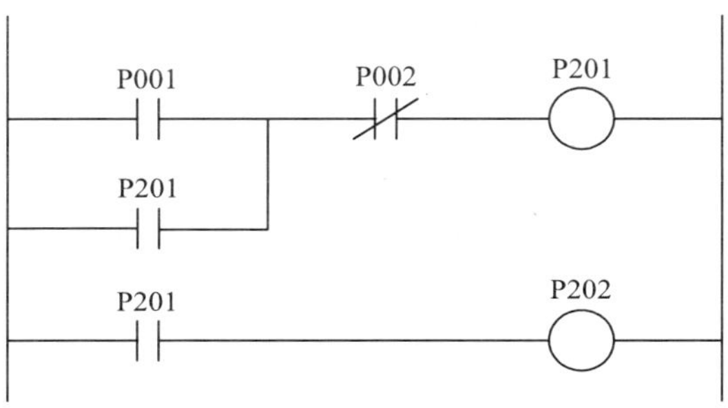

그림 11–7 래더도에 의한 PLC프로그램

5) 프로그램 로딩

작성한 프로그램을 PLC메모리에 로딩하는 방법은 여러 가지가 있다. 이들 중에서 가장 많이 사용되는 방법으로는 AND, OR같은 니모닉언어로 로딩하는 방식과, 심볼키로 표현된 래더도 상태로 로딩하는 방식이다. 래더도의 상태로 PLC에 프로그램을 로딩하더라도 내부적으로는 이를 니모닉언어로 변환시켜 메모리에 저장하게 된다. 프로그램을 PLC에 입력하려면 당연히 입력장치가 필요하다. 예전에는 전용 로더(loader)를 사용하여 프로그램을 입력하였다. 그러나 요즈음에는 보편화된 컴퓨터를 이용하여 프로그램을 작성하고 이를 데이터 전송방식으로 PLC에 로딩하는 것이 일반적이다.

2.3 PLC프로그램의 실행

PLC프로그램은 '스텝'(step)이라고 부르는 명령문라인들로 이루어진다. 하나의 명령문 스텝을 처리하는데 소요되는 시간은 PLC의 성능을 좌우하는 매우 중요한 지표가 된다. 요즘 생산되는 PLC는 기종에 따라 하나의 스텝을 처리하는데 수 나노초(nano second, 10^{-9}초)에서 수 마이크로초(micro second, 10^{-6}초)까지 속도의 차이가 크다.

PLC에 로딩된 사용자프로그램은 처음 스텝부터 마지막 스텝까지 실행이 완료되면 처음으로 되돌아가 끊임없이 반복 실행되는 것이 일반적이다. 이 때 외부입출력신호를 읽거나 쓰는 일은 해당 입출력명령문을 실행할 때 집행하는 방식보다는 프로그램 실행의 처음과 마지막에 한꺼번에 처리하는 방식이 많이 사용된다. 즉 <그림 11-8>에서 보는 바와 같이 외부로부터 입력신호를 모두 읽어들인 후에 사용자프로그램을 실행한다. 그리고 자기진단을 실시하여 프로그램의 실행 중에 오류가 발생하지 않았는지 점검한 다음, 출력결과를 한꺼번에 외부에 보내게 된다.

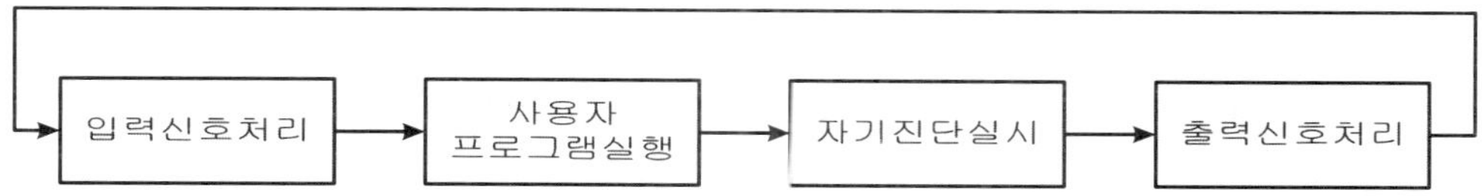

그림 11-8 PLC프로그램의 실행

입력신호처리부터 시작하여 출력신호처리를 완료하기까지 PLC프로그램이 한차례 실행되는 것을 1스캔(scan)이라고 말한다. 또한 1스캔을 처리하는데 소요되는 시간을 '스캔타임'(scan time)이라고 부른다.

외부신호가 마침 입력신호를 처리하는 시점에 입력되었다면 이는 즉시 처리될 수 있다. 하지만 <그림 11-9>에서 보는 바와 같이 입력신호처리가 끝난 이후에 외부신호가 입력된 경우에는 즉시 처리되지 못하고 다음 입력신호처리 때까지 기다려야 한다. 그 때까지 외부신호가 지속되고 있다면 '응답지연'이 나타난다. 그러나 입력신호가 입력신호처리 시점에 도달하기 전에 중단되었다면 신호처리가 아예 이루어지지 않는 '응답일탈'이 발생한다. 따라서 입력신호가 확실히 처리되기를 바란다면 입력신호를 스캔타임보다 오래 지속시켜야 한다. 스캔타임이 짧은 PLC를 사용하는 경우 응답지연이나 응답일탈의 가능성을 줄일 수 있다.

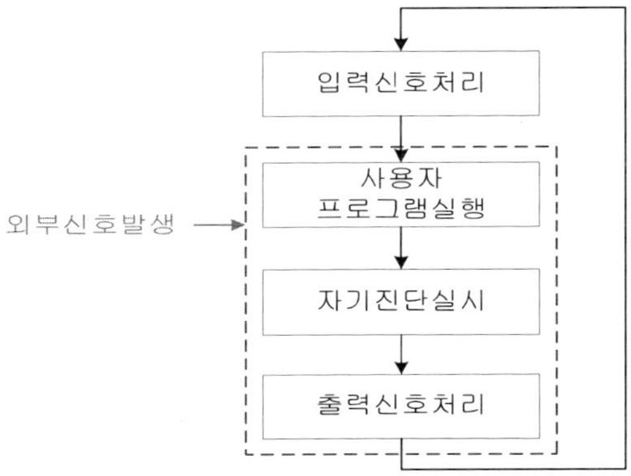

그림 11-9 응답지연이나 응답일탈의 발생

3 PLC프로그램의 변수와 기본명령어

PLC프로그램의 변수를 정의하는 방법과 종류 그리고 PLC프로그램에서 사용되는 기본명령어에 대하여 설명하기로 한다.

3.1 PLC변수의 정의와 종류

PLC프로그램에서 변수는 PLC의 입출력접점과 내부메모리를 필요에 따라 할당한 것이다. 변수의 명칭은<그림 11-10>과 같이 '식별자'라고 불리는 한 개의 영문자와 메모리의 주소를 나타내는 여러 숫자들로 이루어진다.

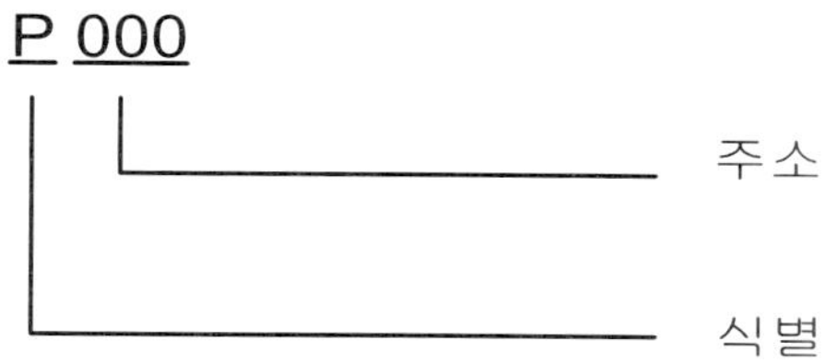

그림 11-10 PLC변수 명칭의 구성

PLC변수의 명칭에서 식별자로 사용되는 대상으로는 입출력접점(P), 보조접점(M), 킵접점(K), 특수접점(F), 타이머(T), 카운터(C), 데이터레지스터(D) 등이 있다.

- 입출력접점(P): 버튼, 센서, 모터, 솔레노이드 등 외부기기와 직접 연결되는 접점이다. 입력접점은 a접점과 b접점이 모두 가능하지만 출력접점은 a접점만을 사용할 수 있다.
- 보조접점(M): 외부기기로는 직접적인 입출력이 불가능하지만 입출력접점과 연결하면 외부로 입출력이 가능하다. 프로그램의 연산 도중에 내부정보를 가공할 때 정보를 전달해주는 용도로 사용된다.
- 킵(keep)접점(K): 보조접점과 용도는 동일하지만 일단 데이터가 기억되면 전원이 끊어져도 지속적으로 데이터를 보존한다.
- 특수접점(F): 외부컴퓨터와 통신하기 위해 특정접점을 ON하거나 혹은 시계 데이터를 읽거나 쓰기위해 운전 중에 일정한 간격으로 펄스를 발생시키는 등, 특수한 목적을 위해 사용되는 내부접점이다.
- 타이머(T): 지정된 조건에 따라 시간을 제어하기 위하여 사용된다. 시간단위는 10msec와 100msec의 두 종류가 주로 사용된다.
- 카운터(C): 접점에 입력된 신호의 개수를 세고 지정된 조건에 따라 ON/OFF 하기 위해 사용된다.
- 데이터레지스터(D): 수치연산을 위하여 내부데이터를 저장하는 영역으로 데이터를 읽거나 쓰는 것이 가능하다.

3.2 PLC기본명령어

PLC프로그램의 기본명령어 가운데 자주 사용되는 것들을 정리하면 <표 11-3>과 같다. 이들 명령어는 아직 표준화되지 않았으므로 PLC기종에 따라 다양하다. 본 교재에서는 LS산전의 MASTER-K를 기준으로 기본명령어들을 설명한다.

표 11-3 PLC의 기본명령어

접점명령	결합명령	반전명령	출력명령	종료명령	타이머명령	카운터명령
LOAD LOAD NOT AND AND NOT OR OR NOT	AND LOAD OR LOAD	NOT	D D NOT SET RST OUT	END	TON TOFF TMR	CTU CTD CTUD

1) LOAD, LOAD NOT명령어

LOAD명령어는 a접점입력에 해당하며, 스위치를 눌러 전원이 연결되면 OFF에서 ON으로 바뀌게 된다. 반면에 LOAD NOT명령어는 b접점입력에 해당하며, 스위치를 눌러 전원이 연결되면 ON에서 OFF로 바뀐다.

2) OUT명령어

OUT명령어는 프로그램에서 처리된 결과를 외부기기로 출력한다.

3) END명령어

END명령어는 프로그램의 종료를 의미하며 처음 스텝으로 다시 돌아가게 된다.

<그림 11-11>은 이들 명령어를 사용하여 작성한 간단한 예제프로그램으로, 니모닉언어와 래더도를 함께 보여주고 있다.

스텝	명령	
0000	LOAD	P000
0001	OUT	P020
0002	LOAD NOT	P001
0003	OUT	P021
0004	END	

(a) 니모닉언어

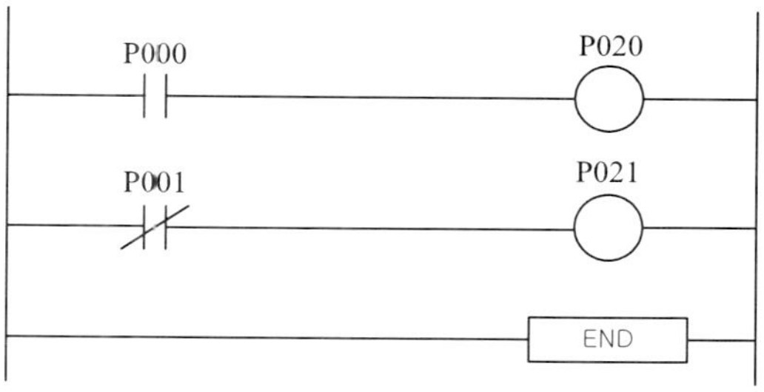

(b) 래더도

그림 11-11 LOAD, OUT, END 명령어를 사용한 예제프로그램

4) AND, AND NOT명령어

AND명령어와 AND NOT명령어는 각각 a접점과 b접점입력을 직렬로 연결한다.

5) OR, OR NOT명령어

OR명령어와 OR NOT명령어는 각각 a접점과 b접점입력을 병렬로 연결한다.

<그림 11-12>는 AND와 OR명령어를 사용하여 만든 예제프로그램으로 니모닉언어와 래더도를 함께 보여주고 있다.

스텝	명령	
0000	LOAD	P000
0001	OR	P020
0002	AND NOT	P001
0003	OUT	P020
0004	LOAD NOT	P000
0005	AND	P021
0006	OR	P001
0007	OUT	P021
0008	END	

(a) 니모닉언어

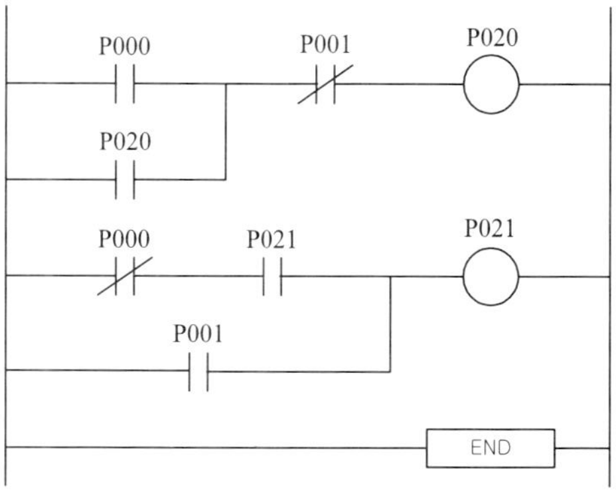

(b) 래더도

그림 11-12 AND, OR 명령어를 사용한 예제프로그램

6) SET명령어

SET명령어는 신호입력이 일단 ON되면 지정된 접점은 ON상태가 된다. 잠시 후에 신호입력이 OFF되어도 지정된 접점은 계속해서 ON상태로 유지된다. <그림 11-13(a)>는 입력 P000이 ON되었다가 OFF로 변했을 때 출력 P020과 SET명령어로 지정된 P021의 상태를 보여주는 예제프로그램의 래더도다. 시간의 흐름에 따라 입출력의 상태를 보여주는 타임차트가 <그림 11-13(b)>에 주어져 있다.

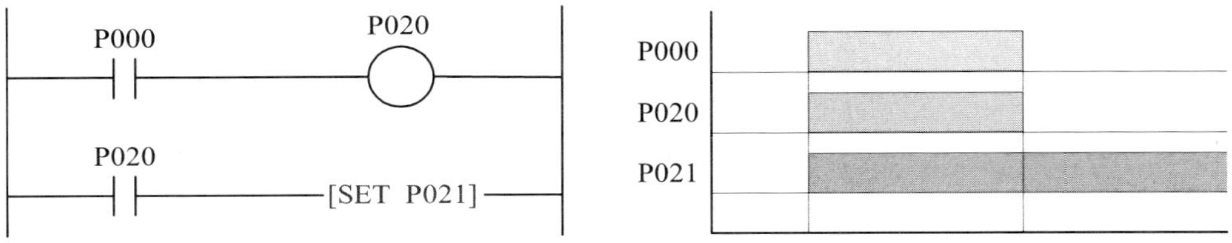

(a) 래더도 (b) 타임차트

그림 11-13 SET명령어를 사용한 예제프로그램

7) RST명령어

RST명령어는 입력조건이 ON되면 지정된 접점을 ON상태에서 OFF상태로 바꾸어 계속 유지시킨다. <그림 11-14>는 입력 P000이 잠시 동안 ON상태에 있다가 OFF상태로 변했을 때, SET명령어와 RST명령어로 지정된 P021의 상태를 보여주는 예제프로그램의 래더도와 타임차트를 보여주고 있다. 여기서 SET명령어로 지정된 P021은 입력 P000이 ON될 때 함께 ON상태가 되며, P000이 OFF되어도 여전히 ON상태를 유지한다. 입력 P001이 ON되면 RST명령어로 지정된 P021은 즉시 ON에서 OFF로 변하게 된다.

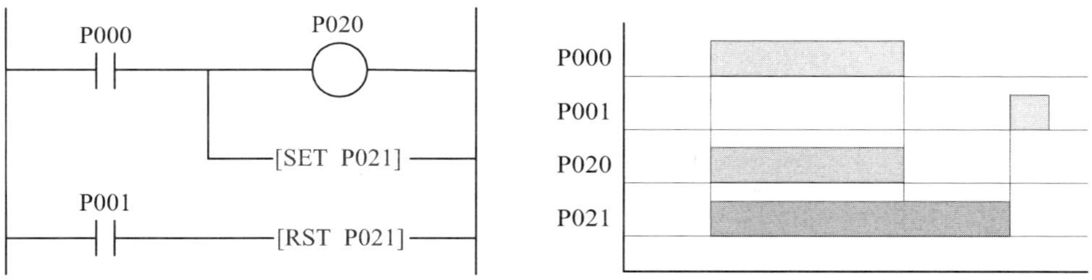

(a) 래더도 (b) 타임차트

그림 11-14 RST명령어를 사용한 예제 프로그램

8) D명령어

D명령어는 입력조건이 OFF에서 ON으로 바뀔 때, 지정된 접점을 1 스캔타임 동안 ON상태가 되도록 한 후 다시 OFF상태로 돌아간다. <그림 11-15>는 입력조건 P000이 OFF에서 ON으로 바뀔 때, D명령을 실행하는 예제프로그램이다.

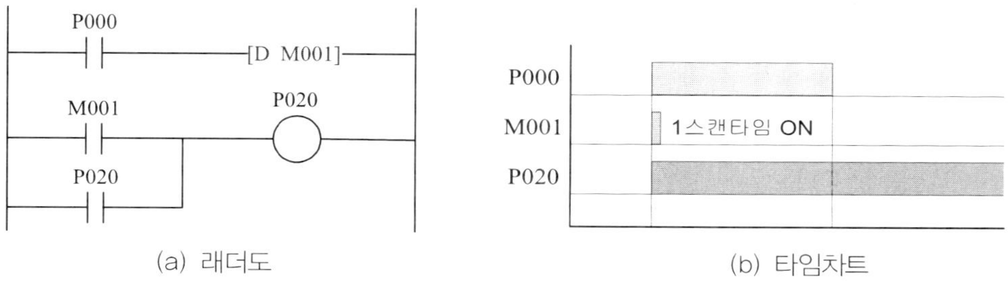

그림 11-15 D명령어를 사용한 예제 프로그램

4 기본회로의 예

여기에서는 PLC프로그램에서 사용되는 기본회로들에 대하여 설명하고자 한다.

4.1 자기유지회로

스프링푸시버튼에 의하여 주어진 입력신호는 버튼이 눌려져 있는 동안만 ON 상태가 되고, 버튼에서 손을 떼면 OFF로 되돌아간다. 따라서 일단 입력푸시버튼이 눌려지면 손을 뗀 이후에도 계속해서 출력을 ON으로 유지하는 회로가 필요하다. 이를 '자기유지회로'라고 부른다. 자기유지회로를 이해하기 위해 단순한 회로부터 시작하여 설명하도록 하자.

먼저 <그림 11-16(a)>의 단순한 회로를 보자. 이 회로에서는 입력신호와 출력이 동일하므로 출력을 ON의 상태로 유지하려면 버튼을 계속 누르고 있어야 한다. <그림 11-16(b)>의 회로를 살펴보자. 이는 출력으로 사용된 P020을 다시 입력신호로 사용하고 있다. 이 때 입력접점 P020은 푸시버튼 P000과 병렬로 연결되어 있으므로, 이들 가운데 하나만 ON의 상태를 유지하게 되면 출력 P020은 ON을 유지하게 된다. 따라서 일단 푸시버튼 P000을 누르게 되면 그 이후에는 푸시버튼의 ON/OFF와 상관없이 출력 P020은 항상 ON을 유지하게 된다.

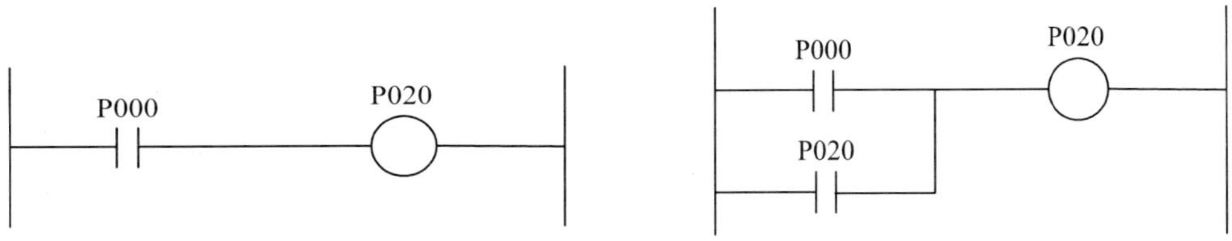

(a) 단순한 회로 (b) ON 자기유지회로

그림 11-16 자기유지회로의 설명을 위한 회로

<그림 11-16(b)>의 ON 자기유지회로는 일단 출력이 ON이 되면 이후에 OFF시킬 수 없다는 문제점이 있다. 따라서 OFF스위치를 회로 내에 추가할 필요가 있다. <그림 11-17>은 출력을 OFF시키는 외부입력스위치 P001을 추가한 두 종류의 ON/OFF 자기유지회로를 소개하고 있다. 이 두 회로는 ON스위치 P000을 누르면 출력 P020이 ON되고, OFF스위치 P001을 누르면 출력 P020이 OFF된다는 점에서는 동일하다. 하지만 두 스위치 P000과 P001을 동시에 눌렀을 때 출력은 다르게 나타난다. <그림 11-17(a)>는 ON과 OFF스위치를 동시에 눌렀을 때 출력을 OFF시키는 회로다. 이를 '정지우선' 자기유지회로라고 부른다. 또한 <그림 11-17(b)>는 ON과 OFF스위치를 동시에 눌렀을 때 출력을 ON시키는 회로로, '작동우선' 자기유지회로라고 부른다.

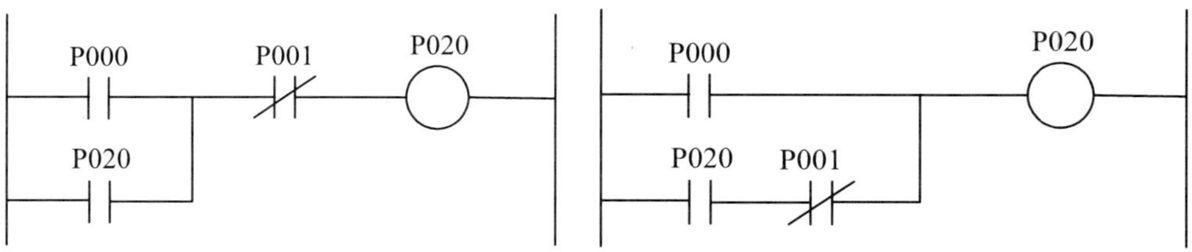

(a) 정지우선 (b) 작동우선

그림 11-17 ON/OFF 자기유지회로

4.2 인터록(interlock)회로

인터록회로는 두개 이상의 입력이 있을 때 먼저 들어온 신호를 우선적으로 처리하고, 그 입력에 대한 출력이 완료될 때까지 다른 입력들을 무시하는 회로다. 한 가지 예로, 모터에서 정회전출력과 역회전출력이 동시에 발생되는 경우를 방지하기 위한 인터록회로를 작성해 보자. 인터록회로에 필요한 입출력들을 다음과 같이 정의하였다.

- [입력] P000, P001: 정회전, 역회전의 입력을 위한 스프링푸시버튼
- [입력] P002: 회로정지를 위한 스프링푸시버튼
- [출력] P020, P021: 모터의 정회전, 역회전 구동

회로작성을 위하여 제어해야할 내용들은 다음과 같다.

- 입력버튼 P000, P001는 각각 출력 P020, P021을 구동시킨다.
- 출력 P020, P021은 모두 자기유지회로가 요구된다.
- 모터가 회전 중일 때 다른 방향의 회전입력은 불가능하다.

모터의 정회전 P020은 정회전입력버튼 P000이 눌려졌을 때 ON이 되고, 정지버튼 P002가 눌려졌거나 역회전 P021이 구동 중일 때 OFF가 된다. 또한 모터의 역회전 P021은 역회전입력버튼 P001이 눌려졌을 때 ON이 되고, 정지버튼 P002가 눌려졌거나 정회전 P020이 구동 중일 때 OFF가 된다. 이 같은 내용을 기초로 하여 인터록회로의 래더도를 작성하면 <그림 11-18>과 같다.

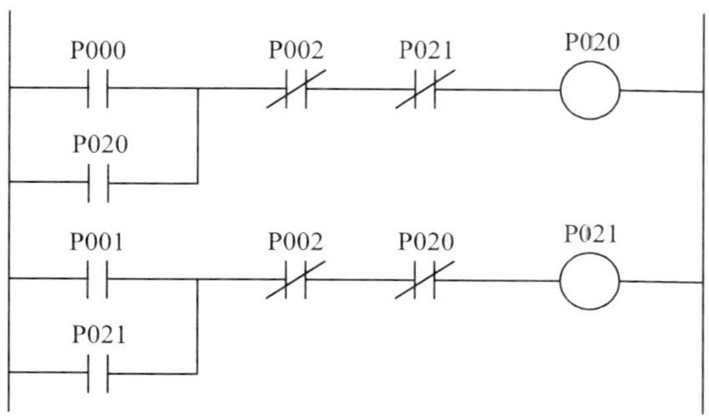

그림 11-18 인터록회로

4.3 조립라인의 구동(Asfahl, 1992)

조립라인을 구동할 때는 먼저 저속으로 출발시킨 다음에 고속으로 전환시켜야 한다. 고속출력과 저속출력은 상호전환이 가능하다. 이를 위한 구동회로를 설계하고자 한다. 필요한 입출력은 다음과 같이 결정되었다.

- [입력] P000, P001: 라인을 저속, 고속으로 구동시키기 위한 스프링푸시버튼
- [입력] P002: 라인을 정지시키기 위한 스프링 푸시버튼
- [출력] P020, P021: 라인을 저속, 고속으로 구동

조립라인의 구동을 위하여 제어해야 할 내용은 다음과 같다.

- 저속출력 P020과 고속출력 P021은 자기유지회로가 필요하다.
- 저속버튼 P000을 눌렀을 때 고속출력 P021은 정지되고 저속출력 P020이 구동된다.
- 고속버튼 P001을 눌렀을 때 저속출력 P020은 정지되고 고속출력 P021이 구동된다.
- 고속출력 P021은 저속출력 P020이 구동 중일 때에만 구동이 가능하다.

저속출력 P020은 저속입력버튼 P000이 눌려졌을 때 ON이 되고, 정지버튼 P002이나 고속버튼 P001이 눌려졌을 때 OFF가 된다. 또한 고속출력 P021은 저속출력 P020이 구동 중이면서 고속입력버튼 P001이 눌려졌을 때 ON이 되고, 정지버튼 P002이나 저속입력버튼 P000이 눌려졌을 때 OFF가 된다. 이들 내용에 기초하여 래더도를 작성하면 <그림 11-19>와 같은 회로를 얻게 된다.

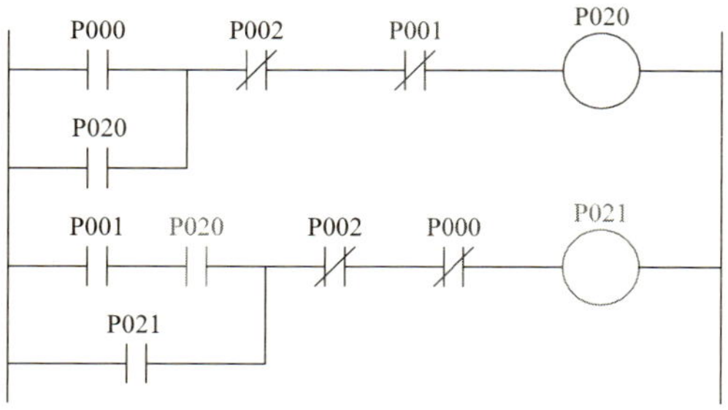

그림 11-19 조립라인의 구동을 위한 회로

4.4 단동실린더에 의한 컨베이어의 물품이송(김종오, 1996)

<그림 11-20>에서 보는 바와 같이 두 대의 컨베이어를 이용하여 물품을 이송하고 있다. 컨베이어1로부터 물품이 스테이션1에 도착하면 센서1은 이를 감지하고 즉시 실린더1을 전진시킨다. 실린더가 충분히 전진하게 되면 물품은 스테이션1에서 스테이션2로 옮겨진다. 이와 동시에 실린더2는 전진을 시작하여 물품을 컨베이어2에 밀어놓는다. 실린더1과 실린더2는 단동실린더이며, 전진운동이 중단되면 내부스프링의 힘에 의하여 원래 위치로 복귀하게 된다.

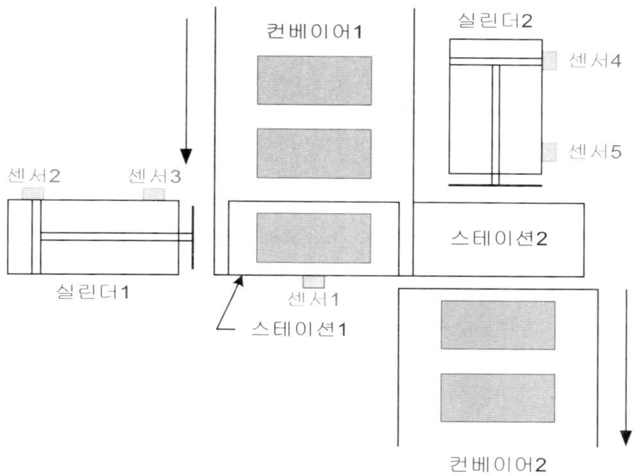

그림 11-20 컨베이어 상에서 물품이송

이같은 물품이송을 위한 구동회로를 설계하고자 한다. 필요한 입출력은 다음과 같이 결정되었다고 하자.

- [입력] P001, P002, P003 P004, P005: 센서1, 센서2, 센서3, 센서4, 센서5
- [출력] P020, P021: 실린더1과 실린더2의 전진동작

물품이송작업의 PLC프로그램을 작성하기 위하여 제어할 내용을 정리하면 다음과 같다.

- 실린더1의 전진동작 P020과 실린더2의 전진동작 P021은 자기유지회로가 필요하다.

- 실린더1의 전진동작 P020은 센서1, 센서2, 센서4가 동시에 ON일 때 시작되고, 센서3이 ON일 때 중단된다(자동으로 후진).
- 실린더2의 전진동작 P021은 센서3이 ON일 때 시작되고, 센서5가 ON일 때 중단된다(자동으로 후진).

이 내용을 근거로 래더도를 작성하면 <그림 11-21>을 얻는다.

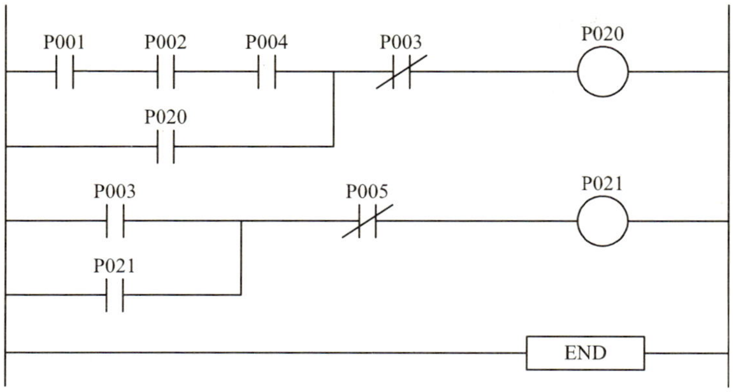

그림 11-21 물품이송작업의 구동을 위한 회로(단동실린더)

4.5 복동실린더에 의한 컨베이어의 물품이송

앞의 컨베이어의 물품이송의 예에서 실린더1과 실린더2가 복동실린더라고 가정하고 구동회로를 작성해 보자. 전진하던 실린더는 후진신호가 주어지면 이동방향을 반대로 하여 원위치에 도달할 때까지 후진해야 한다. 이러한 이송작업을 수행하기 위한 구동회로에 필요한 입출력을 다음과 같이 정하였다고 하자.

- [입력] P001, P002, P003 P004, P005: 센서1, 센서2, 센서3, 센서4, 센서5
- [출력] P020, P021: 실린더1, 실린더2의 전진동작
- [출력] P022, P023: 실린더1, 실린더2의 후진동작

물품이송작업의 PLC프로그램을 작성하기 위하여 제어할 내용은 다음과 같다.

- 두 실린더의 전진동작과 후진동작(P020, P021, P022, P023)은 모두 자기유

지회로가 필요하다.

- 실린더1의 전진동작(P020)은 센서1, 센서2, 센서4가 동시에 ON일 때 시작되고, 센서3가 ON일 때(P003) 중단된다.
- 실린더1의 후진동작(P022)은 실린더1이 전진 중이면서(P020) 센서3가 ON일 때 시작되고, 센서2가 ON일 때 중단된다.
- 실린더2의 전진동작(P021)은 센서3가 ON일 때(P003) 시작되고, 센서5가 ON일 때(P005) 중단된다.
- 실린더2의 후진동작(P023)은 실린더2가 전진 중이면서(P021) 센서5가 ON일 때 시작되고, 센서4가 ON일 때 중단된다.

이들의 내용을 참고하여 래더도를 작성하면 <그림 11-22>와 같다.

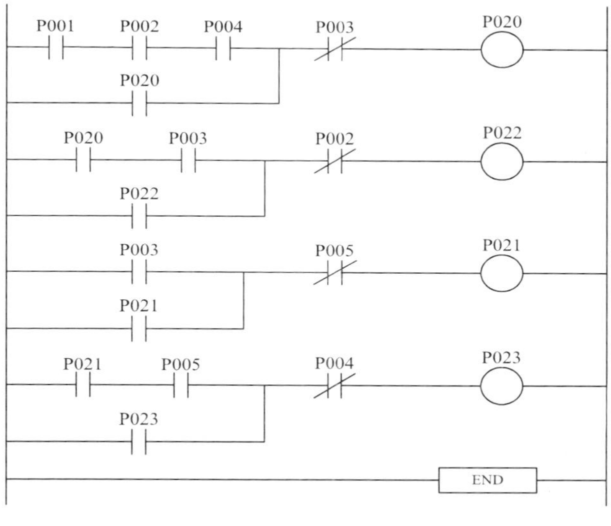

그림 11-22 물품이송작업의 구동을 위한 회로(복동실린더)

<그림 11-22>의 래더도를 보면 출력접점 P020, P021, P022, P023은 출력접점 외에도 내부접점으로 여러 곳에서 사용되고 있다. 이런 경우 외부기기를 다른 출력접점으로 변경하여 연결한다면 프로그램 내에서 해당되는 접점들을 모두 찾아내어 수정해야 하는 번거로움이 있다. 이러한 불편을 제거하기 위하여 보조접점이 사용된다. 내부의 출력접

점 P020, P021, P022, P023을 대신하여 보조접점 M000, M001, M002, M003을 사용한 래더도는 <그림 11-23>과 같다.

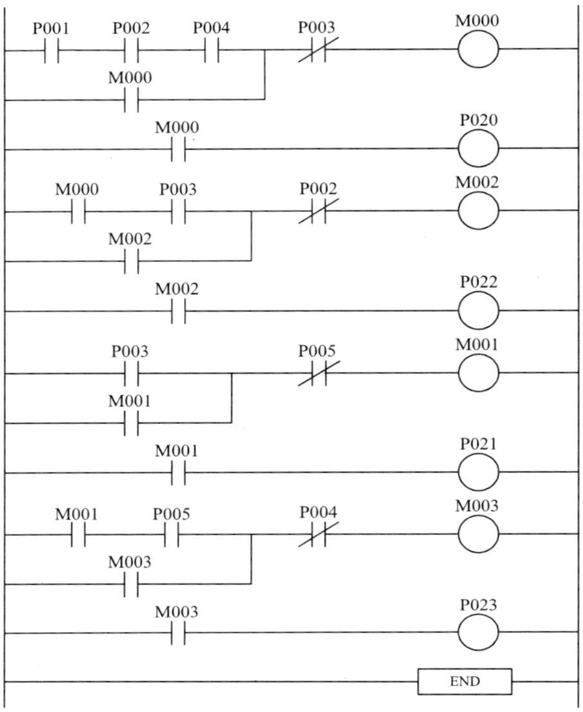

그림 11-23 보조접점을 사용한 물품이송작업의 구동을 위한 회로

4.6 분주회로

처음 누르면 출력신호가 ON되고, 두 번째 누르면 출력신호가 OFF되는 스프링푸시버튼을 주위에서 자주 볼 수 있다. 이처럼 푸시버튼을 누를 때마다 출력신호가 ON과 OFF를 반복하는 회로를 '분주회로'라고 한다. 입출력이 다음과 같이 설정되었을 때 ON과 OFF출력을 반복하는 분주회로의 래더도는 <그림 11-24>와 같다.

- [입력] P000: 스프링푸시버튼
- [출력] P020: 분주회로의 출력

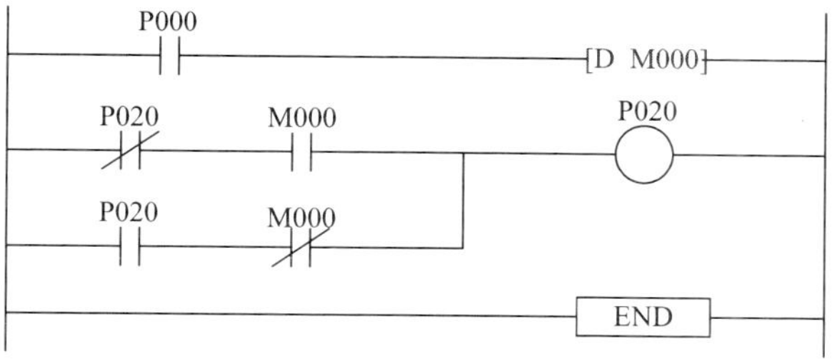

그림 11-24 분주회로의 래더도

분주회로의 실행과정을 좀 더 자세하게 설명해 보자. 이는 <그림 11-25>와 같이 4개의 과정으로 나누어 생각할 수 있다.

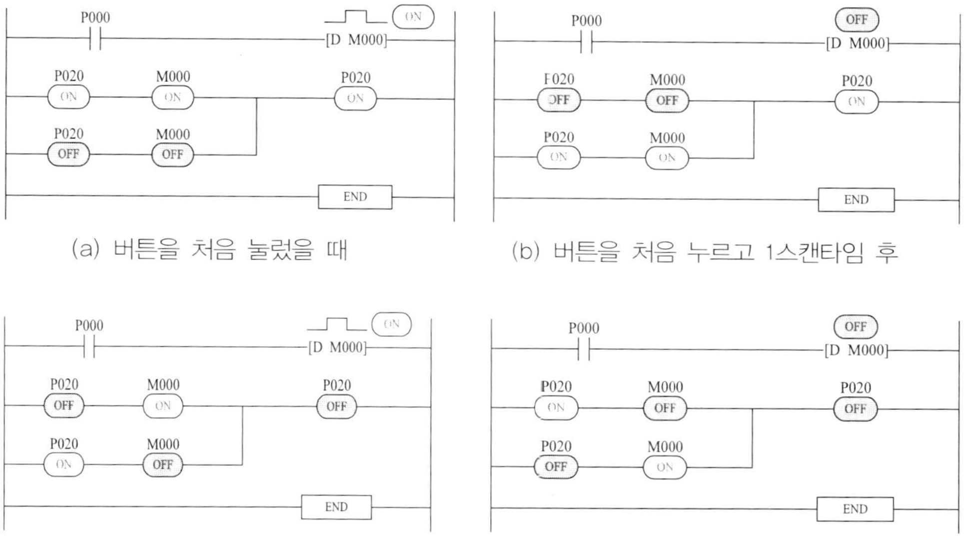

(a) 버튼을 처음 눌렀을 때

(b) 버튼을 처음 누르고 1스캔타임 후

(c) 버튼을 두 번째 눌렀을 때

(d) 버튼을 두 번째 누르고 1스캔타임 후

그림 11-25 푸시버튼을 두 차례 눌렀을 때 분주회로의 상태변화

과정 1_ <그림 11-25(a)>에서 보는 바와 같이 처음 P000입력신호에 의하여 M000이 1스캔타임만큼 ON되면 출력 P020은 ON이 된다.

- 첫 번째 푸시버튼 P000이 눌려진다.
- 명령어 D로 말미암아 출력 M000에서 ON펄스가 발생한다.

- 입력 M000의 상태가 OFF에서 ON으로 바뀐다.
- 출력 P020이 OFF에서 ON으로 바뀐다.

과정 2_ <그림 11-25(b)>와 같이 1스캔타임이 지난 후 출력 M000이 ON에서 OFF로 변했을 때 출력 P020의 ON상태는 자기유지회로에 의하여 지속된다.

- 1스캔타임만큼 시간이 경과한다.
- ON펄스가 종료되어 출력 M000은 ON에서 OFF로 바뀐다.
- 모든 입력 P020, M000은 동시에 상태가 바뀐다.
- 자기유지회로에 의하여 출력 P020은 ON상태가 지속된다.

과정 3_ <그림 11-25(c)>와 같이 두 번째 P000입력신호에 의하여 M000이 1스캔타임만큼 ON되었을 때 출력 P020은 OFF된다.

- 두 번째 푸시버튼 P000이 눌려진다.
- 명령어 D로 말미암아 출력 M000에서 ON펄스가 발생한다.
- 입력 M000의 상태가 OFF에서 ON으로 바뀐다.
- 출력 P020이 ON에서 OFF로 바뀐다.

과정 4_ <그림 11-25(d)>와 같이 1스캔타임이 지난 후 출력 M000이 ON에서 OFF로 변했을 때 출력 P020의 OFF상태는 그대로 지속된다.

- 1스캔타임만큼 시간이 경과한다.
- ON펄스가 종료되어 출력 M000은 ON에서 OFF로 바뀐다.
- 모든 입력 P020, M000은 동시에 상태가 바뀐다.
- 출력 P020은 OFF상태가 지속된다.
- 또 다시 P000입력신호가 주어지면 과정1로 돌아간다.

이상의 과정을 통하여 분주회로는 입력신호가 반복될 때마다 ON과 OFF의 출력을 반복하게 된다. <그림 11-26>은 분주회로에 대한 타임차트를 보여주고 있다. 입력 P000이 반복될 때마다 출력 P020은 ON과 OFF를 반복하고 있음을 알 수 있다.

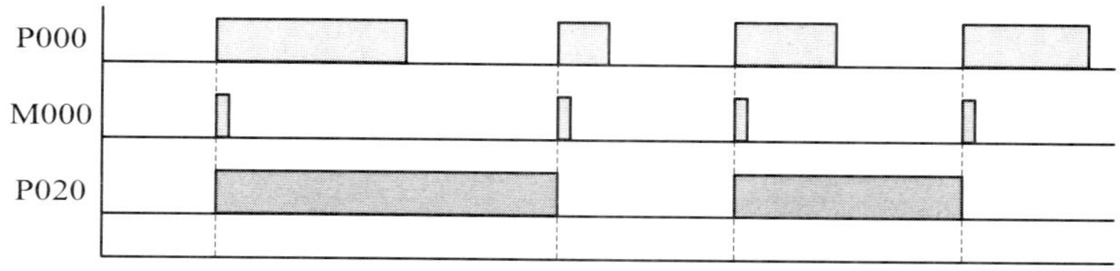

그림 11-26 분주회로의 타임차트

5 타이머명령어

타이머는 시간을 제어하기 위한 장치로 명령어로는 TON, TOFF, TMR 등 다양하다. 타이머는 현재의 시간값(현재값)과 설정된 시간값(설정값)을 비교하면서, 이 둘이 서로 일치할 때 ON출력을 발생시킨다. 타이머를 도입하면 시간과 관련하여 보다 다양한 분야에 적용할 수 있는 PLC프로그램을 개발할 수 있다. 시간단위는 10msec와 100msec를 기준으로 하는 두 종류가 있으며 본 교재에서는 100msec를 기준으로 정한다.

5.1 TON명령어

TON명령어는 입력조건이 ON인 동안 타이머의 현재값을 증가시킨다. 현재값이 타이머의 설정값에 도달하게 되면 타이머 출력은 ON이 된다. 입력조건이 OFF이거나 리셋 명령을 만나게 되면 타이머 출력은 OFF가 되고 현재값을 0으로 설정한다.

<그림 11-27>에서는 TON명령어의 동작회로를 보여준다. 여기서 타이머 T001은 설정값이 100이므로 P000에서 입력신호가 주어지면 10초 후에 ON신호를 발생한다.

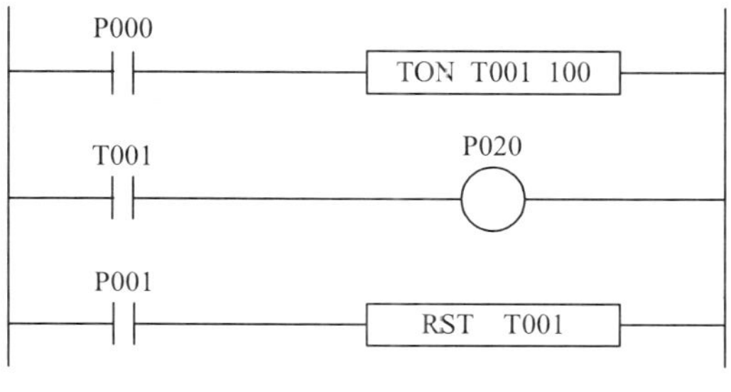

(a) 래더도

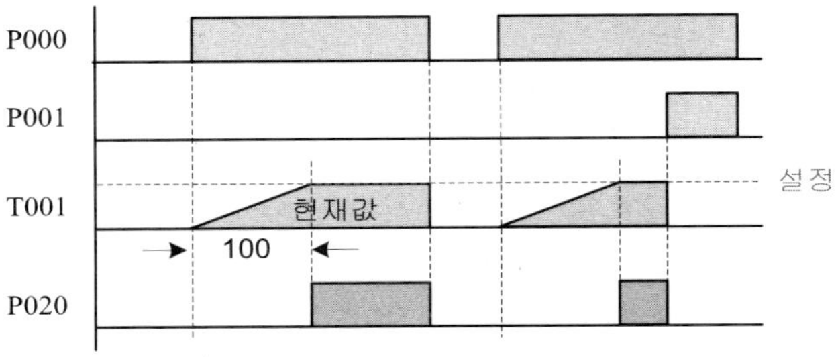

(b) 타임차트

그림 11-27 TON명령어의 동작회로

5.2 TOFF명령어

TOFF명령어는 입력조건이 ON인 동안 타이머의 현재값은 설정값을 유지하고 타이머 출력은 ON이 된다. 입력조건이 OFF가 되면 타이머의 현재값은 감소되기 시작하여 현재값이 0이 되는 순간 출력은 ON에서 OFF로 바뀐다. 리셋명령을 만나면 타이머출력은 OFF되고 타이머의 현재값은 타이머설정값으로 복원된다.

<그림 11-28>에서는 TOFF명령어의 동작회로를 보여준다. 타이머 T001은 설정값이 50이므로 P000에서 입력신호가 OFF가 되면 5초 후에 타이머접점 T001의 출력은 ON에서 OFF로 변하게 된다.

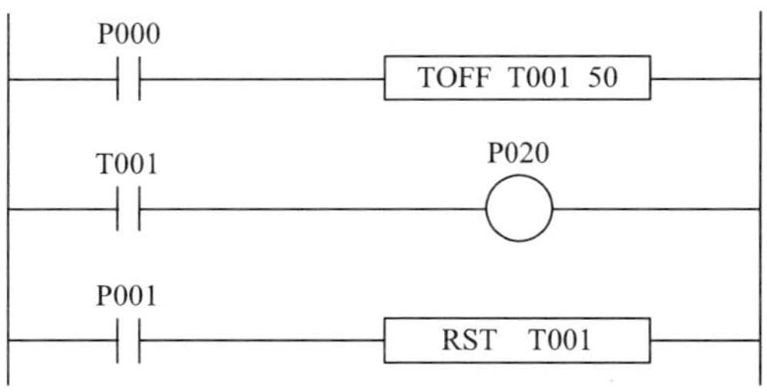

(a) 래더도

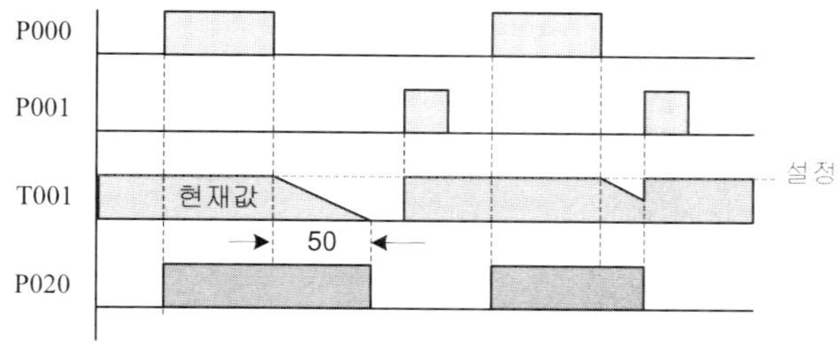

(b) 타임차트

그림 11-28 TOFF명령어의 동작회로

5.3 TMR명령어

TMR명령어는 입력조건이 ON인 동안 타이머의 현재값을 증가시켜 누적된 값이 설정값에 도달하면 타이머접점이 ON된다. 리셋조건을 만나면 타이머접점은 OFF가 되고 현재값은 0으로 복원된다.

<그림 11-29>에서는 TMR명령어의 동작회로를 보여준다. 사용된 타이머 T001은 설정값이 300이므로 P000에서 누적된 입력신호가 30초가 되면 ON출력을 발생한다.

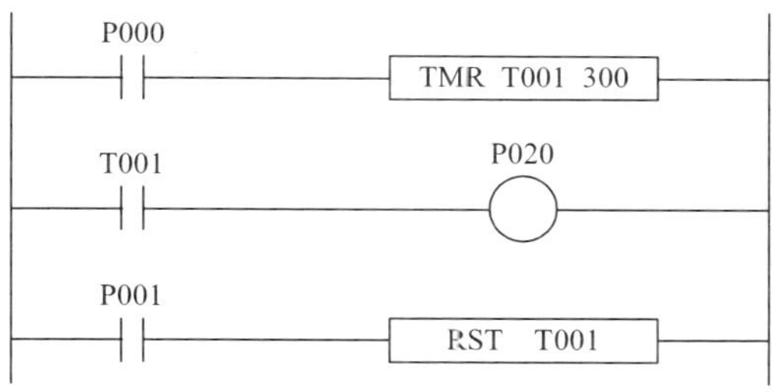

(a) 래더드

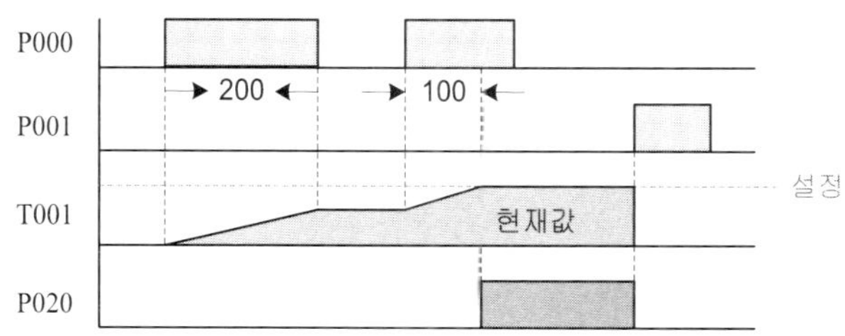

(b) 타임차트

그림 11-29 TMR명령어의 동작회로

5.4 램프의 순차점멸 회로

스타트버튼을 누르면 램프 L1, L2, L3이 0.5초 간격으로 순차적으로 점멸한다. 또한 스톱버튼을 누르게 되면 램프들은 모두 정지한다. 스타트버튼과 스톱버튼은 모두 스프링푸시버튼이다. 필요한 입출력을 다음과 같이 정하기로 하자.

- [입력] P000, P001: 스타트버튼, 스톱버튼
- [출력] P020, P021, P022: 램프 L1, L2, L3

순차점멸회로에 따라 원하는 램프들의 작동상태를 타임차트로 표시하면 <그림 11-30>과 같다.

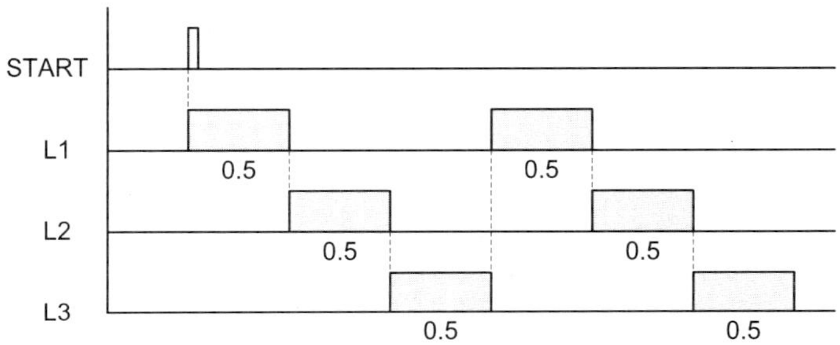

그림 11-30 순차점멸회로의 타임차트

순차점멸회로의 PLC프로그램을 작성하기 위하여 제어할 내용을 정리하면 다음과 같다.

- 설정치 0.5초의 TON타이머 3개가 필요하다(T000, T001, T002).
- 스타트버튼(P000)을 누르면 P020을 시작으로 점멸이 시작된다.
- 스톱버튼(P001)을 누르면 회로는 정지된다.
- 램프 L1, L2, L3의 점등(P021, P022, P023)을 위하여 자기유지회로가 필요하다.
- 다음 램프가 ON되는 순간, 직전 램프는 OFF되어야 한다.
- P020이 ON되기 위한 조건은 스타트버튼이 눌려지거나, T002가 ON되는 것이다.
- P021이 ON되려면 T000접점이 ON이어야 한다.
- P022이 ON되려면 T001접점이 ON이어야 한다.

이들 내용에 기초하여 순차점멸회로의 래더도를 작성하면 <그림 11-31>을 얻게 된다.

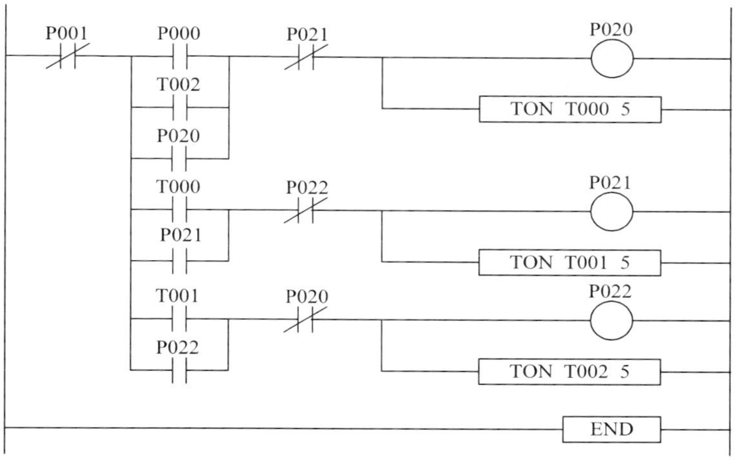

그림 11-31 순차점멸회로의 래더도

출력접점이 내부접점으로 사용되고 있으므로 보조접점 M000, M001, M002를 도입하여 프로그램을 작성하면 <그림 11-32>와 같다.

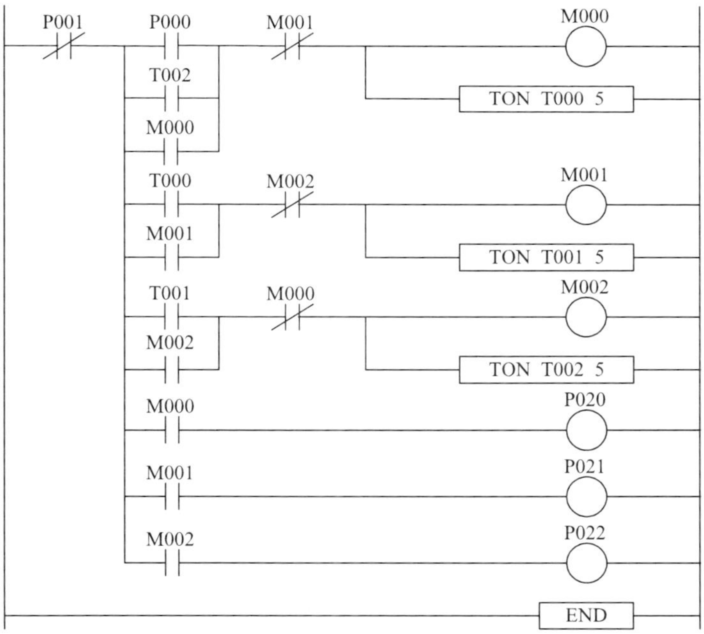

그림 11-32 보조접점을 사용한 순차점멸회로의 래더도

5.5 자동문개폐 제어회로(김종오, 1996)

<그림 11-33>에서 보는 것과 같이 자동으로 열리고 닫히는 출입문을 제어하기 위한 PLC프로그램을 작성하려고 한다. 출입문은 다음과 같이 작동된다. 2개의 초음파센서 SEN1, SEN2를 출입문 안팎에 설치하여 사람이 감지되면 모터를 정회전시켜 문을 연다. 출입문이 완전히 열리면 한계스위치 LS1은 이를 검출하여 모터를 정지시키고, 3초 동안 정지하였다가 모터를 역회전시켜 문을 닫는다. 문이 완전히 닫히면 한계스위치 LS2는 이를 검출하여 역회전모터를 정지시킨다.

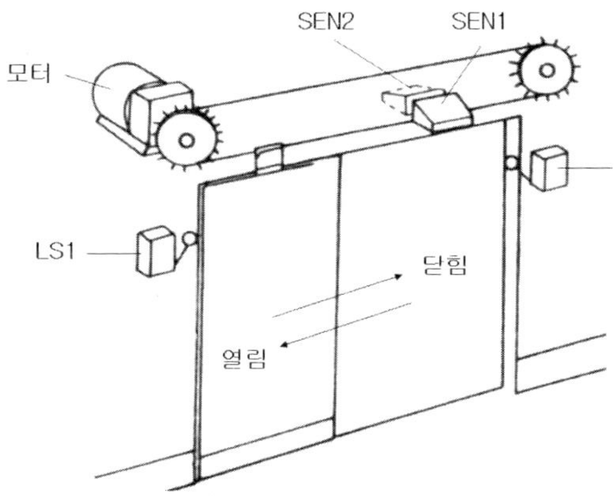

그림 11-33 자동 출입문

이러한 자동문개폐제어회로를 설계하기 위하여 필요한 입출력을 다음과 같이 정한다.

- [입력] P000, P001: 초음파센서 SEN1, SEN2
- [입력] P002, P003: 한계스위치 LS1, LS2
- [출력] P020, P021: 모터의 정회전, 역회전 구동

자동문개폐제어회로에서 제어할 내용은 다음과 같다.

- 설정치 3초의 TON타이머(T000)가 필요하다.
- 모터의 정회전(P020)과 역회전(P021)은 자기유지회로가 필요하다.
- SEN1이나 SEN2가 감지되면 모터의 정회전(P020)이 시작되고 한계스위치 LS1(P002)이 감지되면 정지된다.
- 한계스위치 LS1이 감지되면 3초간 문이 정지된다. 3초 후에 T000접점은

ON된다.

- T000이 ON되면 모터의 역회전(P021)은 시작되고, LS2, SEN1, SEN2가 감지되면 정지된다. SEN1이나 SEN2가 감지되는 경우에는 모터의 정회전이 시작된다.

이들 내용에 기초하여 래더도를 작성하면 <그림 11-34>와 같다.

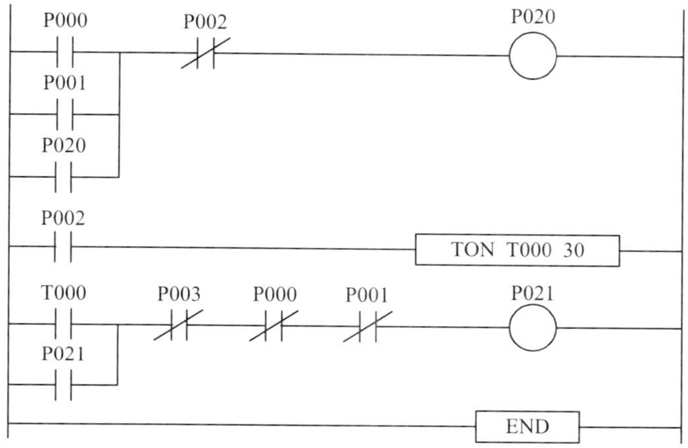

그림 11–34 자동문개폐 제어회로의 래더도

5.6 램프냉각팬 회로

푸시버튼 A를 누르면 즉시 램프에 불이 켜진다. 버튼 A를 누른 후 60초가 지나도 램프가 계속 켜져 있으면 냉각팬이 작동한다. 푸시버튼 B를 누르면 즉시 램프는 꺼진다. 이 때 냉각팬이 작동 중인 경우에는 30초 더 작동한 후에 멈춘다. 필요한 입출력을 다음과 같이 결정했다고 하자.

- [입력] P000, P001: 푸시버튼 A, B
- [출력] P020, P021: 램프, 냉각팬이 작동

램프냉각팬회로를 위하여 제어할 내용은 다음과 같다.

- 설정치 60초, 30초인 TON타이머 2개가 필요하다.
- 푸시버튼 A를 누르면 램프에 불이 켜진다(자기유지회로).

- 푸시버튼 B를 누르면 램프를 켜는 자기유지회로가 OFF된다.
- 불이 켜진 후 60초가 경과되면 타이머는 신호를 보낸다.
- 타이머신호를 받으면 냉각팬이 작동된다(자기유지회로).
- 버튼 B를 눌렀을 때 냉각팬이 작동 중이면 30초 더 지속된 후 멈춘다.

이들 내용을 참고하여 래더도를 작성하면 <그림 11-35>와 같다.

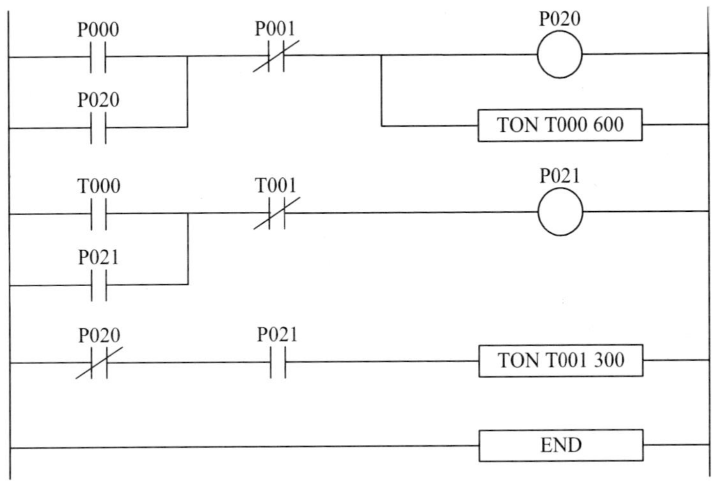

그림 11-35 램프냉각팬 회로의 래더도

6 카운터명령어

카운터는 접점에 입력된 신호의 수를 세기 위하여 사용되는 장치로, 이를 제어하기 위한 명령어로는 CTU, CTD, CTUD 등이 있다. 카운터는 타이머와 마찬가지로 현재값이 설정값에 도달할 때 ON출력을 발생시킨다.

6.1 CTU명령어

CTU명령어는 <그림 11-36(a)>에서 보는 바와 같이 가산입력과 리셋입력의 두 입력접점을 가지고 있다. 가산입력접점으로부터 카운터신호가 하나씩 입력될 때마다 현재값은 1씩 더해지며, 현재값이 설정값 이상이 되면 ON출력이 발생된다. 리셋신호가 ON되면 카운터 출력을 OFF시키고 현재값을 0으로 정한다.

<그림 11-36(b)>는 CTU명령어 동작회로의 타임차트를 보여준다. 사용된 카운터 C000은 설정값 10을 가지고 있다. 따라서 가산입력접점 P000으로부터 10개의 신호가 들어왔을 때 카운터는 ON출력을 발생하였고, P020은 ON되었다. 또한 P001로부터 리셋신호가 들어오는 순간 카운터의 현재값은 0이 되었고, P020은 OFF로 바뀌었다.

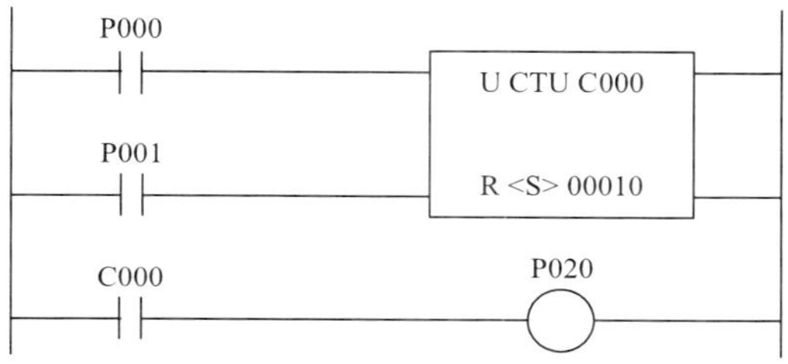

(a) 래더도

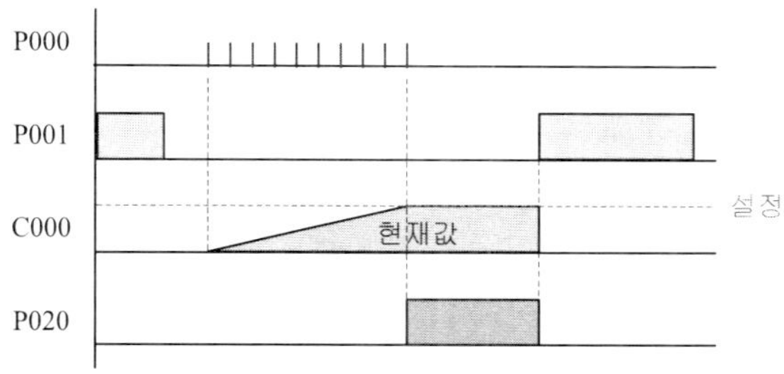

(b) 타임차트

그림 11-36 CTU명령어의 동작회로

6.2 CTD명령어

CTD명령어는 <그림 11-37(a)>에서와 같이 감산입력과 리셋입력의 두 입력접점을 가지고 있다. 감산입력접점으로부터 카운트신호가 하나씩 입력될 때마다 현재값은 설정값으로부터 1씩 줄여나가 0의 값이 되면 출력을 ON한다. 리셋신호가 ON이면 카운터출력을 OFF시키고 설정값을 현재값으로 복원시킨다.

<그림 11-37(b)>는 CTD명령어 동작회로의 타임차트를 보여준다. 사용된 카운터 C000은 5의 설정값을 가지고 있다. 따라서 감산입력접점 P000으로부터 5개의 신호가 입력되었을 때, 카운터의 현재값은 0이 되고 ON출력이 발생하였다. 이와 동시에 P020도 ON되었다. 또한 P001로부터 리셋신호가 들어올 때, 카운터의 설정값이 되었고 P020은 OFF가 되었다.

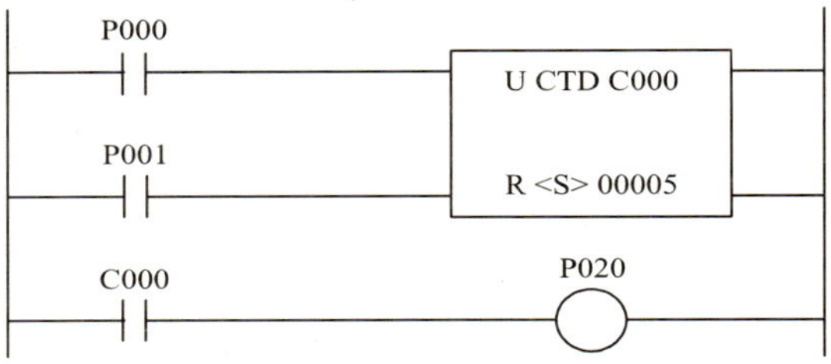

(a) 래더도

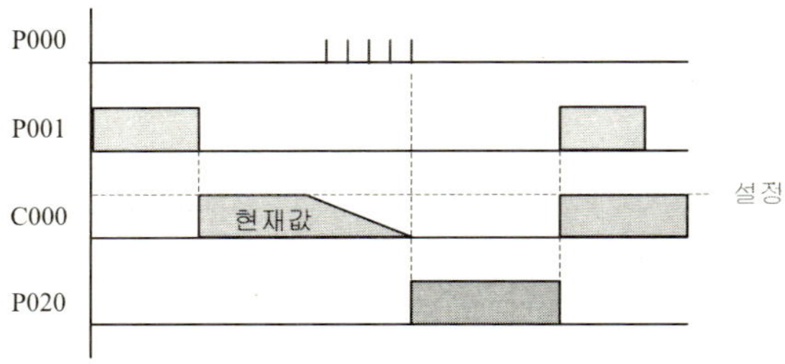

(b) 타임차트

그림 11-37 CTD명령어의 동작회로

6.3 CTUD명령어

CTUD명령어는 <그림 11-38(a)>에서 보는 바와 같이 가산입력, 감산입력, 리셋입력의 세 입력접점을 가지고 있다. 가산입력접점으로부터 신호가 입력될 때 카운터의 현재값은 1씩 증가하고, 현재값이 설정값 이상이 되면 ON출력을 발생한다. 감산입력접점으로부터 신호가 입력되면 현재값은 1씩 줄어든다. 리셋신호가 ON되면 현재값은 0이 된다. 가산신호와 감산신호가 동시에 입력되는 경우에는 현재값에 변화가 생기지 않는다.

<그림 11-38(b)>는 CTUD명령어 동작회로의 타임차트를 보여준다. 사용된 카운터 C000은 5의 설정값을 가지고 있다. 따라서 가산입력접점 P000으로부터 신호가 입력되어 현재값이 설정값에 도달하게 되면, 카운터는 ON출력을 발생하고 또한 출력접점 P020도 ON된다. 반면에 감산입력접점 P001로부터 신호가 입력되어 현재값이 설정값보다 작아지면, 카운터는 ON출력을 중단하고 출력접점 P020은 ON에서 OFF로 바뀐다.

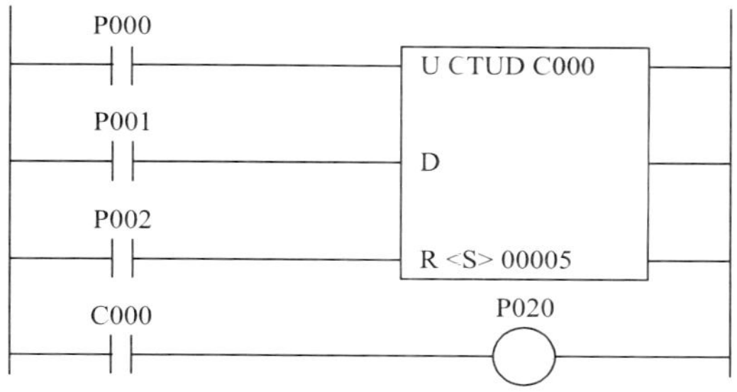

(a) 래더도

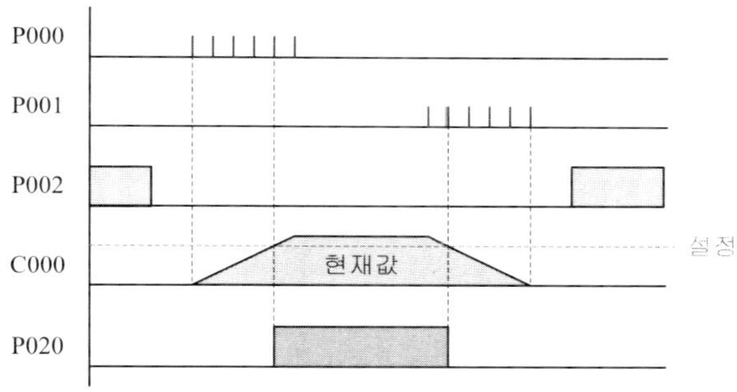

(b) 타임차트

그림 11-38 CTUD명령어의 동작회로

6.4 자판기 회로

무인으로 커피를 판매하는 자판기를 개발하고자 한다. 이 자판기는 100잔의 커피를 팔 수 있으며, 판매량을 자동으로 카운트할 수 있는 기능을 가지고 있다. 준비된 100잔의 커피가 모두 팔리게 되면 '판매중지' 램프가 점등된다. 100잔의 커피가 모두 팔리기 전에 관리자가 커피재료를 보충하고 리셋시키면, 이전의 판매량은 무시되고 처음부터 다시 카운트한다. 자판기의 PLC프로그램을 작성하기 위해 입출력을 다음과 같이 정하였다.

- [입력] P000: 판매버튼
- [입력] P001: 커피재료보충의 리셋버튼
- [출력] P020: 판매중지램프의 점등

자판기회로에서 제어할 내용은 다음과 같다.

- 자판기회로는 설정값 100의 CTU카운터가 필요하다.
- CTU카운터의 가산입력은 판매버튼이고, 리셋입력은 리셋버튼이다.
- 카운터의 출력신호는 판매중지램프를 점등시킨다.
- 판매중지램프는 자기유지회로가 필요하다.
- 리셋버튼은 판매중지램프를 소등시킨다.

이같은 제어내용을 기초로 자판기회로의 래더도를 작성하면 <그림 11-39>와 같다.

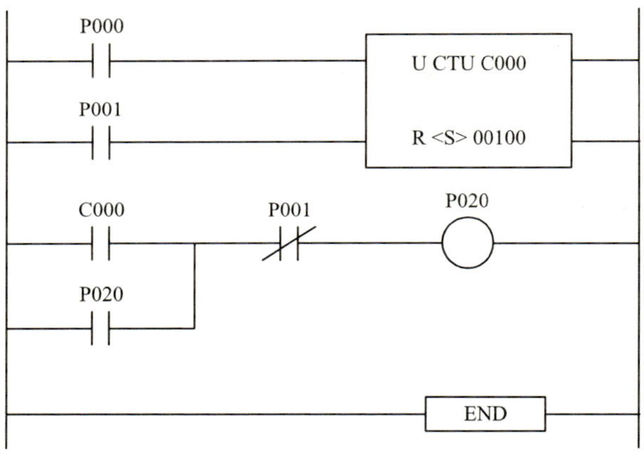

그림 11-39 자판기회로의 래더도

연습문제

1. 릴레이제어반과 PLC의 차이를 비교하라.

2. PLC하드웨어를 선정할 때 고려할 점은 무엇인가?

3. PLC에서 응답지연과 응답일탈은 왜 발생하는가? 또한 이들을 방지하는 방법은 무엇인가?

4. 스캔타임을 구성하는 내용들을 열거해보라.

5. 지하주차장에서 센서 S_1은 들어오는 차량을, 센서 S_2는 나오는 차량을 감시한다. 차량이 주차장에 들어오면 지하주차장 내의 전등 B는 1분간 ON된다. 지하주차장에 주차된 차량이 20대 이상이면 경고등 E가 ON된다. 현재 지하주차장에는 차량이 한 대도 없다고 가정한다. 입출력을 정의하고 접점을 할당한 다음 PLC프로그램을 작성하라.

6 모든 표시등이 OFF일 때 스프링푸시스위치 A를 누르면 표시등 R이 ON된다. 표시등 R이 ON인 상태에서 스프링푸시스위치 B를 누르면 표시등 R이 OFF되고 표시등 G가 ON된다. 표시등 R이 OFF된 상태에서 스위치 B를 누르면 표시등 G는 작동되지 않는다. 표시등 G가 ON상태일 때 스위치 A를 누르면 표시등 G는 OFF된다. 입출력을 정의하고 접점을 할당한 다음 PLC프로그램을 작성하라.

7 퀴즈프로에 출연한 3명의 출연자 A, B, C가 모두 버튼스위치를 눌렀을 경우 가장 먼저 누른 출연자 앞의 램프에 3초간 불이 들어오도록 PLC프로그램을 작성하라. 단 입력과 출력접점은 다음과 같이 정의된다.

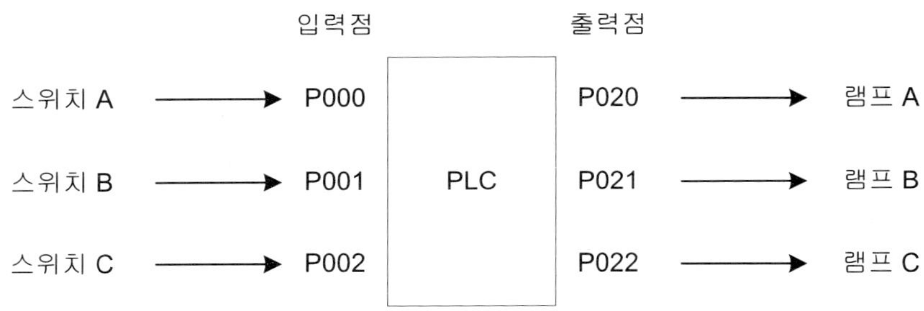

8 아래와 같이 동작하는 보행자 횡단 신호등제어기를 설계하라.

- 입력접점 P000이 작동되면 차량신호등은 적색으로, 보행자신호등은 파란색으로 바뀐다.
- 차량의 예비신호(노란색)는 3초 동안 켜지고 차량의 적색신호는 16초간 지속된다.
- 보행자의 파란색신호는 10초로 한다.

9 컨베이어 벨트 상에 물건의 적재현황을 관리하고 컨베이어 벨트를 통과한 물건의 수량을 계수하는 회로를 다음과 같이 설계하라. 단 적재현황은 이동레지스터, 물건수량은 카운터를 사용한다.

- 센서는 컨베이어의 입구와 출구에 각각 1개씩 2개 설치한다.
- 컨베이어 상에 물건은 동시에 16개까지 적재가 가능하다.

10 아래 왼편과 같이 주어진 회로에서 P000에서 입력신호가 5초부터 1초 간격으로 입력될 때 아래 오른편 타임차트에 P020의 출력을 작성하라. 타이머의 시간단위는 10ms이다.

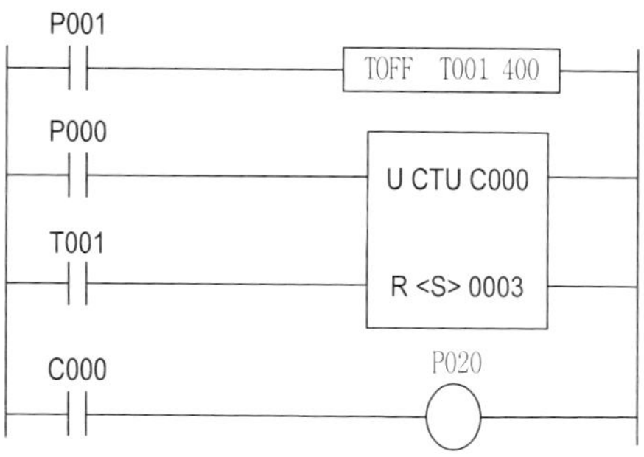

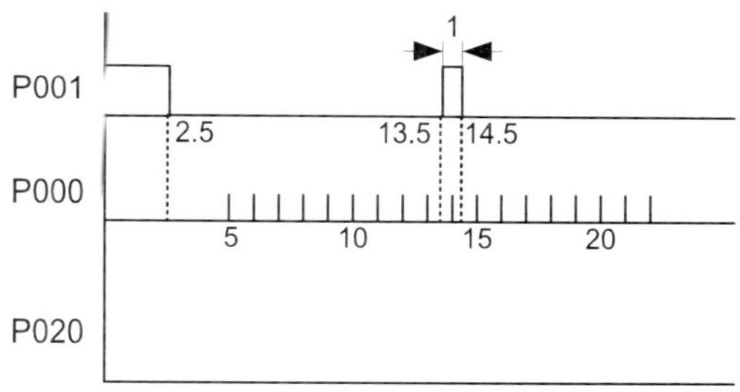

11 아래 그림과 같이 두 개의 루프로 이루어진 레일이 있다. 버튼 A를 누르면 기차는 운행을 시작하며 버튼 B를 누르면 정지한다. 레일의 각 루프에는 센서 S_1, S_2가 있어서 기차의 현 위치를 알려준다. 기차가 레일의 두 루프를 교대로 운행할 수 있도록 회로를 작성하라.

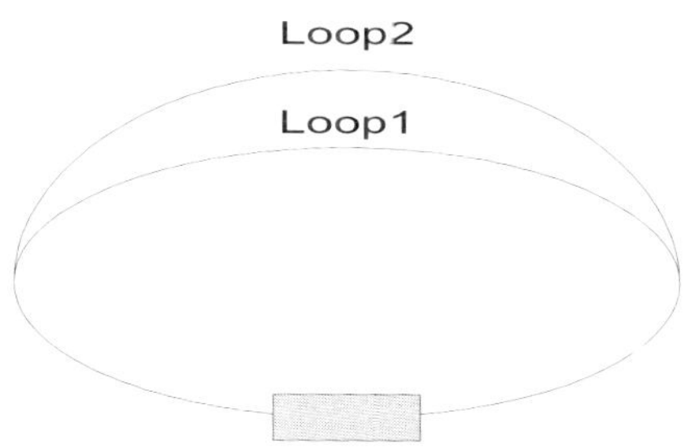

5부 시스템 통합

12장

데이터전송

생산자동화를 위해서는 로봇, PLC, NC공작기계 등의 자동화기기들이 서로 연계되어야하며, 그들 간에 정보의 공유와 상호교환이 이루어져야 한다. 이러한 정보의 공유와 교환을 위하여 컴퓨터는 필수적으로 요구되며, 컴퓨터를 중심으로 모든 자동화기기를 감시하고 제어하는 자동화시스템은 구축된다. 이번 장에서는 자동화기기들 간에 데이터를 주고받는 데이터전송에 관하여 살펴보고자 한다.

1 데이터전송의 기초

1.1 전송매체

전송매체는 전송측과 수신측을 연결하는 물리적인 경로로서, 이 전송매체의 성질과 전송되는 신호의 성질에 의해 통신의 특성이 좌우된다. 특히 유선매체인 경우에는 전송매체 자체가 전송한계를 결정하는 중요한 요소로 작용한다. 현재 널리 쓰이고 있는 전송매체로는 이중나선, 동축케이블, 광섬유의 유선통신회선이 있으며, 무선통신에는 마이크로파, 라디오파, 적외선 등이 이용되고 있다.

1) 이중나선(twisted pair)

이중나선은 <그림 12-1(a)>에서 보는 바와 같이 절연된 두 개의 구리선이 꼬여 있는

나선모양으로, 보통 하나의 케이블은 <그림 12-1(a)>와 같이 여러 쌍의 이중나선을 함께 피복으로 감싸 만들게 된다. 이처럼 구리선을 서로 꼬아주는 이유는 전자파신호가 흘러가면서 생기는 전기 및 자기장이 서로 상쇄되어 간섭현상을 줄일 수 있기 때문이다. 이중나선은 가격이 저렴하지만, 전송능력이 떨어져 전송거리도 짧고, 전송속도도 느리며, 잡음에 대한 내성도 좋지 않다.

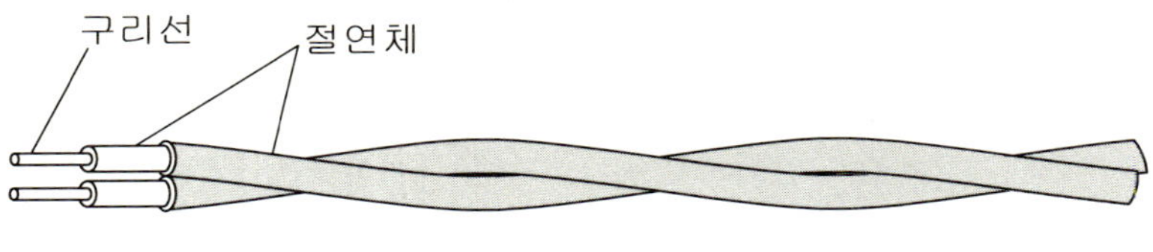

(a) 이중나선

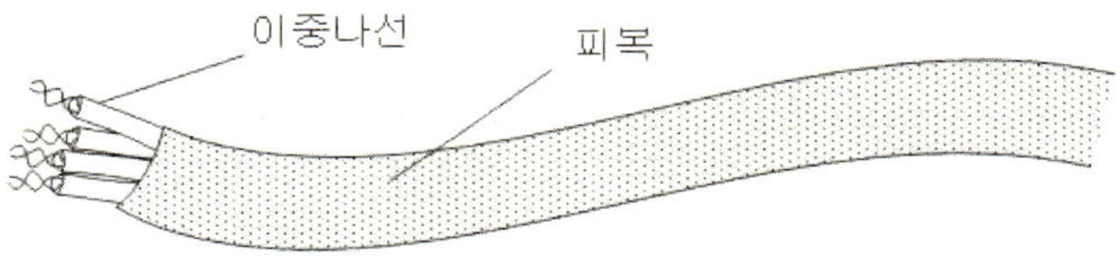

(b) 피복케이블

그림 12-1 이중나선과 피복케이블의 구조

2) 동축케이블(coaxial cable)

동축케이블은 넓은 범위의 주파수로 전송하기 위하여 이중나선과는 다른 모양을 지니고 있으며, <그림 12-2>에서 보는 바와 같이 외부도체가 내부도체를 중심으로 동심원을 이루고 있다. 이때 내부도체와 외부도체 사이에는 절연체를 두고 서로 단절되어 있고, 외부도체는 외부와 절연시키기 위하여 피복으로 감싸여 있다. 동축케이블은 그 구조적 특성 때문에 외부와의 단절성이 우수하여 간섭현상이 적으며, 높은 주파수에서 빠른 데이터전송이 가능하다. 근거리통신망, 원거리전화망, 케이블TV 등 여러 용도의 전송매체로 사용된다.

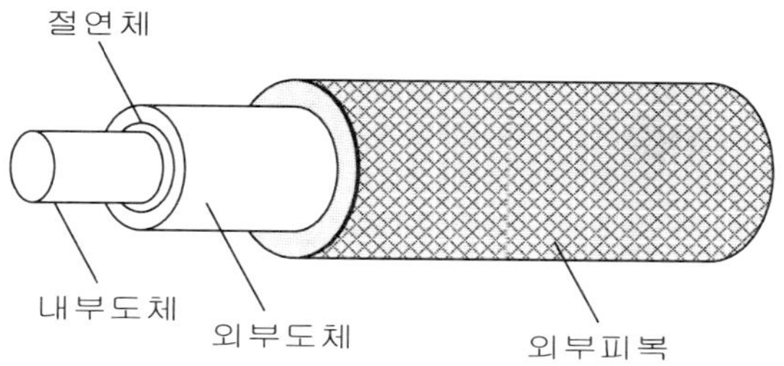

그림 12-2 동축케이블의 구조

3) 광섬유(optical fiber)

광섬유는 통신기술의 발달로 각광을 받고 있는 전송매체다. 광섬유는 가늘고 가벼우며 구부러지기 쉬운 성질을 가졌으며, 빛의 펄스의 형태로 데이터를 전송한다. 광섬유는 <그림 12-3>과 같이 빛을 전달하는 내부의 코어와, 이를 둘러싼 여러 종류의 유리나 플라스틱으로 된 클래딩(cladding)으로 구성된다. 광섬유는 가격이 다소 비싸지만 전송거리와 전송속도가 매우 우수하다. 또한 빛으로 신호를 전달하므로 외부 잡음으로 인한 영향이 거의 없다. 따라서 근거리 및 원거리통신망을 비롯하여 다양한 분야에 이용될 전망이다. 장점으로는 넓은 대역폭, 작은 크기와 무게, 적은 감쇠도, 전자기적 격리 등이다.

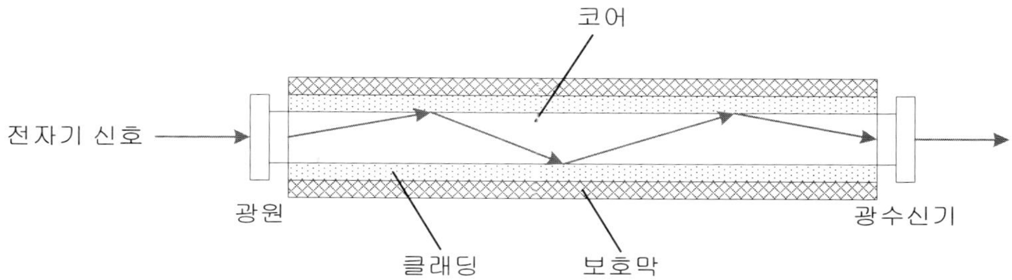

그림 12-3 광섬유의 구조

1.2 회선이용방식

2대의 기기들 간에 데이터전송을 실시할 때 회선이용방식은 데이터가 전송되는 방향에 따라 단방향방식, 반이중방식, 전이중방식의 3가지로 구분된다.

1) 단방향방식

연결된 두 기기 간에 한쪽 방향으로만 데이터가 전송되는 방식으로 키보드, 모니터, 프린터에서 사용된다. 이 방식에서는 수신측에 데이터가 올바로 전송되었는지 에러발생여부를 송신측이 알 수 없다.

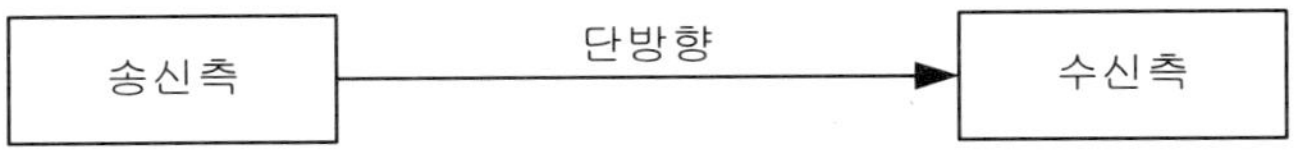

2) 반이중방식

양 방향으로 데이터를 전송할 수 있으나 한 시점에서는 둘 중에 한 방향으로만 데이터가 전송된다. 양측에서 동시에 데이터를 전송하는 경우, 충돌이 일어나므로 이를 피하기 위해 데이터를 송신하기 전에 회선의 사용가능여부를 확인해야 한다. 휴대용무전기에서 사용된다.

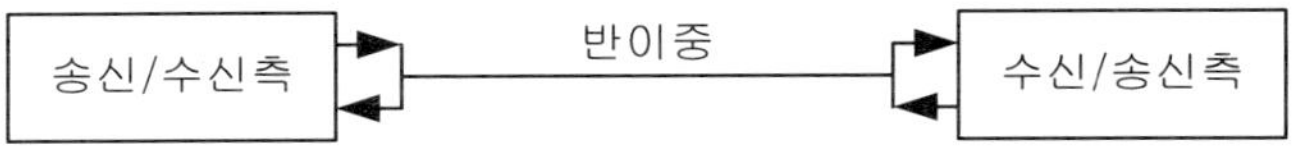

3) 전이중방식

두 개의 전송선을 사용하여 동시에 양 방향으로 데이터를 전송할 수 있다. 2대의 컴퓨터를 연결하여 서로 통신할 때 사용하는 방식이다.

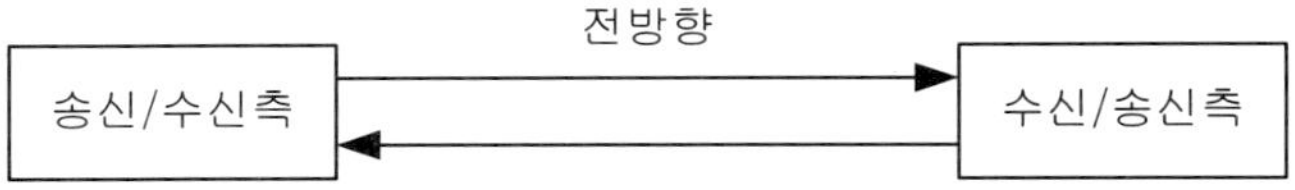

2 신호의 전송과 변환

2.1 신호의 전송

검출량 같은 어떤 정보가 특정한 매체를 통하여 전송되려면 전자기파의 형태인 신호로 변환되어야 한다. 이러한 신호는 크게 아날로그(analog)신호와 디지털(digital)신호로 구분된다. <그림 12-4>에서 보는 바와 같이 아날로그신호는 시간이 흐름에 따라 그 크기와 패턴이 연속적으로 변한다. 그에 반하여 디지털신호는 시간이 흐름에 따라 신호의 형태가 급격하게 바뀌고 있다.

아날로그신호는 연속적으로 변하는 전자기파로서 동선, 이중나선, 광섬유 등 전송매체와 상관없이 전송이 가능하다. 그뿐만 아니라 무선통신도 가능하다. 반면에 디지털신호는 일련의 전압펄스형태를 가지며, 무선통신과 광섬유에서의 전송이 불가능하다.

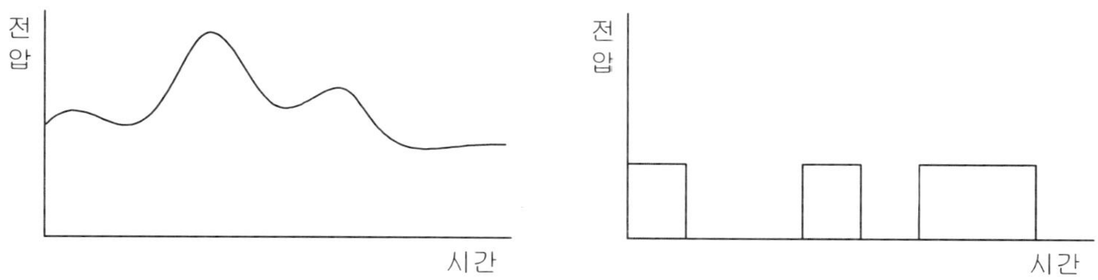

(a) 아날로그 신호 (b) 디지털 신호

그림 12-4 아날로그신호와 디지털신호

전송매체를 통하여 전송되는 신호는 감소, 왜곡, 잡음 등에 의하여 손상을 받게 된다. 아날로그신호의 경우 이러한 손상은 신호의 질을 떨어뜨리는데 반해, 디지털신호에서는 비트에러를 유발한다. 아날로그 신호는 장거리로 전송할 경우 진폭감소현상이 나타나므로 증폭기를 사용하게 된다. 하지만 이 경우 신호에 포함된 잡음성분도 같이 증폭되므로 여러 증폭기를 거치게 되면 신호의 왜곡현상이 심해진다.

디지털신호의 전송과정에서도 신호의 왜곡현상은 발생한다. 이런 왜곡현상을 바로잡기 위해 리피터(repeater)를 설치하게 된다. 특히 리피터는 <그림 12-5>에서 보는 바와 같이 디지털전송에서 발생하는 왜곡된 신호를 원래의 형태로 재생하여 전송하므로, 증폭기와는 달리 신호왜곡현상을 막고 오류가 적은 신호를 전송할 수 있다. 이중나선을 전송매체로 사용하는 경우, 장거리 아날로그전송을 위해서는 5~6km의 간격으로 증폭기가 필요하고, 디지털전송을 위해서는 2~3km마다 리피터가 필요하다.

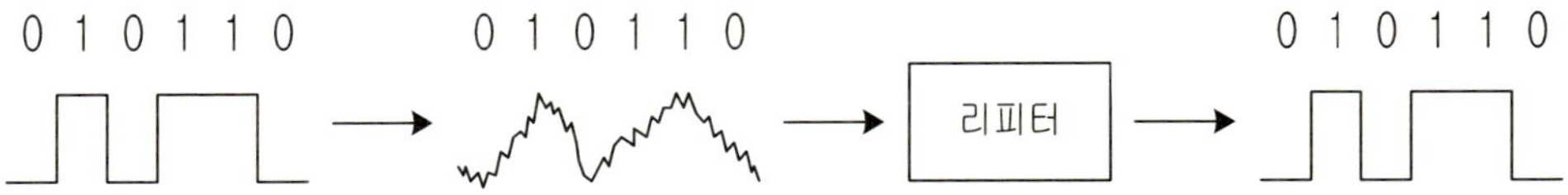

그림 12-5 리피터를 이용한 디지털 전송

전송매체, 전송거리 등 여러 제약이 있음에도 불구하고 공장 내에서 기기 간에 데이터를 전송하는 데에는 디지털전송방식이 사용된다. 공장 내의 자동화기계들과 사용되는 컴퓨터들은 모두 디지털데이터를 처리할 수 있는 장비들이기 때문이다. 그 밖에도 디지털 전송은 데이터에 에러를 제어하는 코드를 삽입할 수 있으므로, 데이터를 전송하는 도중에 오류를 발견하거나 수정하는 것이 가능하다.

2.2 신호의 변환

일반적으로 측정데이터들은 아날로그 값으로 얻어지며, 측정결과를 표시하는 것도 아날로그방식이 많이 이용된다. 아날로그신호는 디지털신호에 비해 장거리전송이 가능하고, 연산처리에 아날로그 값을 그대로 사용할 수 있다는 장점이 있다. 하지만 아날로그 계측은 신호를 분석처리하기 위한 연산회로가 별도로 필요할 뿐만 아니라, 계산정밀도가 떨어져 사용이 크게 줄어들고 있다. 반면에 반도체소자와 컴퓨터를 이용한 디지털 계측은 고속연산이 가능하며, 오류를 방지할 수 있다는 장점이 있으므로 많이 사용되고 있다.

<그림 12-6>에서는 아날로그신호를 디지털로 바꾸어 디지털계측기에서 처리한 후, 얻어진 결과를 다시 아날로그신호로 변환하여 출력하고 있다. 여기서 A/D변환기는 아날로그신호를 디지털신호로 바꾸기 위하여, D/A변환기는 디지털신호를 아날로그신호로 바꾸기 위하여 사용된다. 이처럼 필요에 따라 아날로그신호와 디지털신호를 상호 변

환해야 할 경우는 자주 있다.

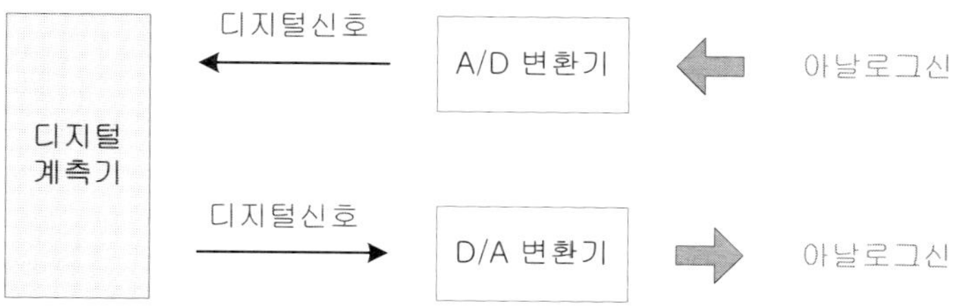

그림 12-6 아날로그신호와 디지털신호의 변환

3 디지털데이터의 전송방식

3.1 직렬전송과 병렬전송

데이터전송방식은 전송되는 데이터의 비트배열에 따라 한 비트씩 순차적으로 전송하는 직렬전송과, 여러 비트를 한꺼번에 전송하는 병렬전송으로 구분한다.

3.1.1 직렬전송

한 번에 보내는 비트들의 묶음을 '비트블록'(bit block)이라고 하며, 통상적으로 하나의 문자를 표시하는데 필요한 비트묶음을 가리킨다. 직렬전송은 하나의 전송선을 사용하여 비트블록의 비트를 하나씩 전송하게 된다. 수신측에서는 송신측에서 전송한 일련의 비트들을 정해진 길이의 블록단위로 묶으면 쉽게 원래의 정보로 복원할 수 있다. 전송거리가 긴 경우에는 직렬형 전송방식이 주로 사용되지만 전송시간이 오래 걸린다는 단점이 있다. <그림 12-7>은 송신측의 데이터를 직렬로 한 비트씩 수신측으로 전송하는 과정을 보여주고 있다.

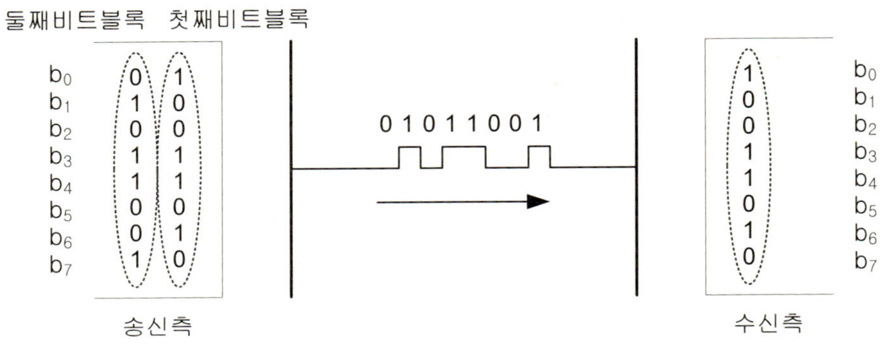

그림 12-7 직렬전송

3.1.2 병렬전송

병렬전송에서는 송신하고자 하는 비트블록의 각 비트마다 별도의 전송선을 사용하여 비트블록을 한꺼번에 전송한다. 병렬전송은 짧은 시간에 다량의 데이터를 전송할 수 있다는 장점이 있다. 하지만 전송거리가 길어질 경우 각 전송선 별로 전송비트의 도착하는 시간이 달라 노이즈가 발생하므로 장거리전송이 불가능하다. 따라서 병렬전송은 컴퓨터 CPU와 주변장치 간의 짧은 거리의 데이터전송에서 주로 사용된다. <그림 12-8>은 송신측의 첫 번째 비트블록 데이터를 병렬로 수신측에 전송하는 과정을 보여주고 있다.

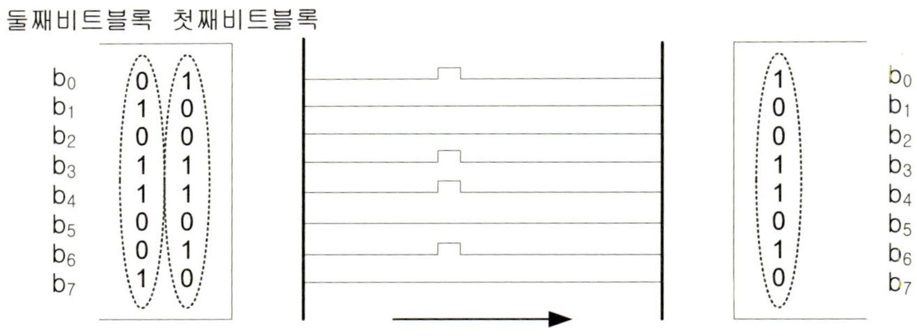

그림 12-8 병렬전송

3.2 동기방식

전송방식의 동기화는 데이터통신에서 핵심작업이다. 송신기는 전송매체를 통하여 메시지를 한 비트씩 전송한다. 이때 수신기는 전송된 블록비트의 시작과 끝을 인식해야 하며, 또한 각 비트의 지속시간을 알아서 정확한 타이밍으로 비트들을 읽어야 한다. 동기화에는 동기식과 비동기식의 2가지 방식이 사용된다.

3.2.1 비동기식 전송

비동기식 전송에서는 문자 단위의 비트블록을 전송의 기본단위로 한다. 이 방식은 송신측과 수신측 간에 동기화를 위하여 스타트비트(start bit)와 스톱비트(stop bit)를 비트블록의 앞뒤에 각각 덧붙여 전송한다.

ASCII코드의 전송을 예로 들어 비동기식 전송을 설명해 보자. <그림 12-9>에서 보는 바와 같이 7비트의 데이터비트를 전송하려면 에러 확인을 위한 패리티비트(parity bit), 문자의 시작을 알리는 스타트비트, 마지막을 알리는 스톱비트를 추가하게 된다. 비동기식 전송방식은 동기화가 비교적 간단하므로 데이터전송의 초창기부터 사용되었다. 그러나 각 문자마다 스타트비트, 스톱비트를 추가하여 송신하게 되므로 전송효율이 낮다. 비동기식 전송방식을 이용하는 통신시스템에는 UART(Universal Asynchronous Receiver and Transmitter)라는 직접회로가 있는데, 비트블록에 스타트비트와 스톱비트를 추가하고 정해진 전송률로 데이터를 전송하는 역할을 한다.

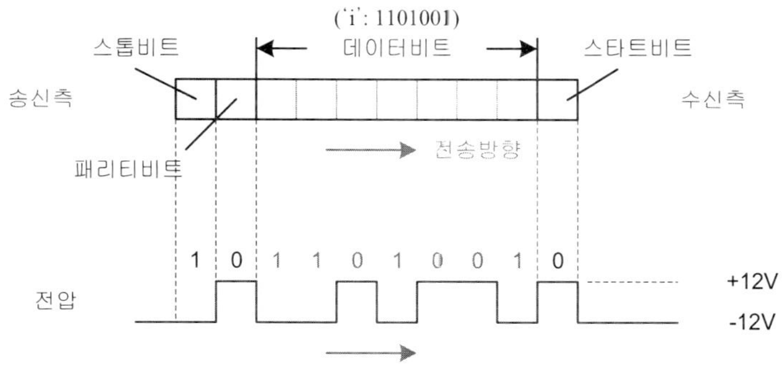

그림 12-9 비동기식방식에서 문자전송

1) 시작비트(start bit)와 정지비트(stop bit)

직렬통신에서 한 문자를 송신할 때는 1비트의 스타트비트를 선두로 하여 마지막에는 1비트로 된 패리티비트와 문자의 끝을 알리는 스톱비트(1비트 혹은 2비트)를 부가한다. 스타트비트는 1비트에 해당하는 시간 동안 '0'의 상태를 유지한다. 또한 스톱비트는 1비트 혹은 2비트만큼 '1'의 상태를 유지해야 한다. 따라서 송신측과 수신측의 스톱비트는 서로 일치되어야 한다.

2) 데이터 전송

8개의 비트를 사용하여 문자정보를 나타낼 경우 2^8개, 즉 256개의 문자를 취급할 수 있다. 영문자는 A～Z의 대문자, 소문자, 숫자, 기호를 합쳐 128개 이내이므로 7개의 비트로 표현이 가능하다. 따라서 남는 한 개의 비트는 에러 검출을 위한 패리티체크용으로 사용되고 있다. 그러나 한글 KS코드에서는 남는 비트를 한글에 할당하고 있으므로 패리티체크를 수행하지 못한다.

3) 에러 검출

데이터는 전송되는 과정에 전송선의 불량이나 외부의 충격 및 잡음 등으로 말미암아 변질될 수 있다. 여기서 변질된다는 것은 데이터가 '1'에서 '0'으로 혹은 '0'에서 '1'로 바뀌는 것을 의미한다. 데이터의 변질이 발생했을 때 이를 수신측에서 발견할 수 있도록 하기 위해 송신측에서는 데이터비트에 한 비트의 패리티비트를 추가하여 데이터를 전송한다.

예를 들어 ASCII코드로 '01000010'인 영문자 B를 7비트의 2진수로 표시하면 '1000010'이 된다. 이 7비트의 데이터비트에는 '1'의 개수가 2개 존재한다. 여기에 최상위비트인 패리티비트 '0'을 추가하면 '01000010'이 되는데, 이처럼 '1'의 개수를 짝수로 만드는 것을 '짝수패리티'(even parity)라고 한다. 반면에 패리티비트 '1'을 추가하면 '11000010'이 되며, 이처럼 '1'의 개수를 홀수로 만드는 것을 '홀수패리티'(odd parity)라고 한다.

3.2.2 동기식 전송

동기식 전송은 스타트비트와 스톱비트를 없애고 데이터를 '프레임'이라고 불리는 상대적으로 큰 크기의 문자블록 혹은 비트블록 단위로 전송한다. 프레임은 정보비트블록과 제어비트블록으로 구성된다. 한 번에 전송되는 정보비트블록의 크기가 다를 수 있으므로, 송신측과 수신측의 동기화를 위하여 전송의 시작과 끝을 알리는 제어비트블록을 정보비트블록의 앞뒤에 붙여 프레임을 구성한다. 이러한 방식은 비동기식보다 높은 효율의 송수신전송을 하기 위한 것으로 대량전송에 적합하다.

동기식 전송방식은 프레임이 문자단위로 구성된 '문자동기전송'과, 비트단위로 구성된 '비트동기전송'으로 구분된다. <그림 12-10>은 문자동기전송의 방식을 보여주고 있다. 송신측에서는 고유한 비트패턴을 가진 동기문자 'SYN'(ASCII이진, '00010110')을 선두에 붙여 전송함으로 수신측과 동기화를 위한 타이밍문제를 해결한다. 이 때 확실하게 동기화시키기 위하여 2개 이상의 동기문자를 전송하는 것이 보통이다. 프레임의 전송을 알리는 'SYN'문자에 이어 제어문자 'DLE'(ASCII이진수, '00010000')와 'STX'(ASCII이진, '00000010')로부터 데이터의 시작을 인식하고, 데이터의 끝을 나타내기 위해 'DLE'와 'ETX'(ASCII이진, '00000011')를 뒤에 추가한다.

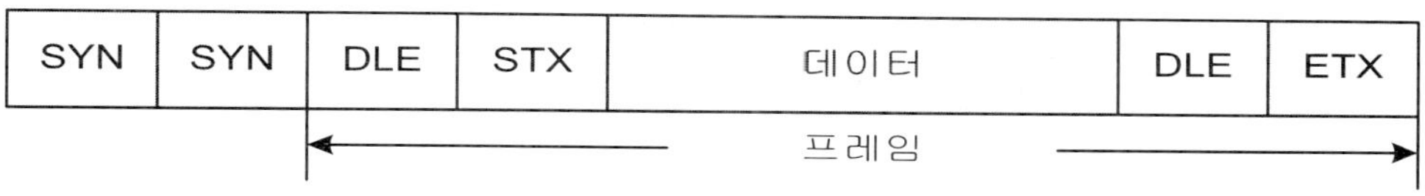

그림 12-10　문자동기전송의 방식

문자중심의 동기식전송을 하는 통신시스템은 USART(Universal Synchronous and Asynchronous Receiver and Transmitter)라는 집적회로를 사용한다. <표 12-1>에서는 비동기식 전송방식과 동기식 전송방식을 비교하고 있다.

표 12-1　비동기식과 동기식 전송방식의 비교

	비동기식 전송방식	동기식 전송방식
전송단위	문자	비트 혹은 문자블록
전송효율	낮다	높다
장비가격	싸다	비싸다
오버헤드	문자당 고정적	프레임당 고정적

3.3 전송속도

전송속도는 데이터전송속도(data rate)와 변조속도(modulation rate)를 사용한다. 데이터 전송속도는 1초 동안에 전송할 수 있는 비트의 수로 나타낸다. 단위는 비트/초이며 bps로 표시한다. 반면에 변조속도는 1초에 신호의 레벨이 몇 번 변하였는지를 나타내는 척도이며 단위는 보오(baud)다. 예를 들어 전압 펄스가 1초에 1,200번 변하는 신호의 변조속도는 1,200보오가 되며, 전압펄스의 레벨이 <그림 12-11(a)>와 같이 0, 1의 값을 가진다면 한 번의 전압펄스의 변화는 1비트의 정보를 나타내므로 데이터 전송속도는 1,200bps가 된다. 그러나 전압펄스의 레벨이 <그림 12-11(b)>와 같이 0, 1, 2, 3의 값을 가진다면, 한 번의 전압펄스의 변화는 2비트의 정보를 나타내므로 데이터 전송속도는 2,400bps가 된다.

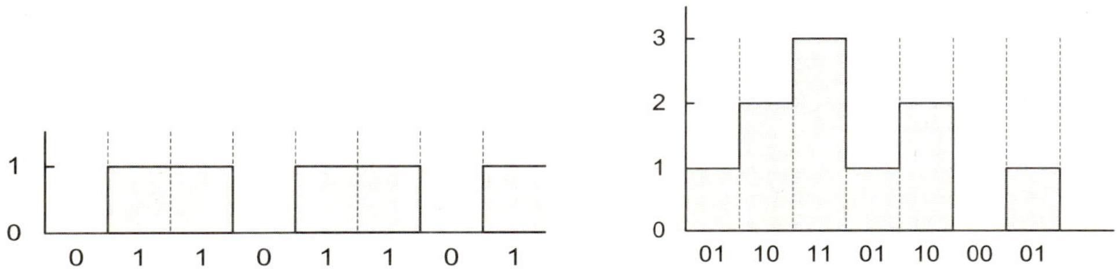

(a) 1비트의 전압레벨 (b) 2비트의 전압레벨

그림 12-11 데이터전송송속도와 변조속도의 비교

보통 한 문자단위를 8비트(1바이트)로 취급하므로, 비동기식으로 하나의 문자 정보를 송신하려면 1비트의 스타트비트, 8비트의 데이터비트, 1비트의 스톱비트 등 최소한 10비트가 필요하다. 따라서 9,600bps의 데이터 전송속도를 사용하여 1MB의 문자파일을 전송하려고 한다면 $10^6 \times 10/9600 \fallingdotseq$ 1,042초의 시간이 소요된다.

3.4 전송제어

전송매체를 통하여 두 스테이션 간에 통신을 실시하는 경우 아무런 절차없이 데이터를 전송하는 경우도 있고, 일정한 통신규약에 의하여 데이터를 전송하는 경우도 있다. 일반적으로 통신규약에 의해 데이터전송을 실행하는 경우에는 다음의 내용들을 확인하는 과정이 포함된다.

- 회선이 접속되었는지의 확인
- 상대방에 대한 확인
- 데이터가 올바로 전송되었는지에 대한 확인
- 데이터의 송신이 종료되었는지에 대한 확인

이와 같은 데이터전송에 대한 제어절차를 '전송제어'라고 한다. 전송제어에 자주 사용되는 제어문자들을 소개하면 <표 12-2>와 같다.

표 12-2 전송제어에 사용되는 제어문자

제어문자	내 용	십진ASCII
SYN	동기 신호	22
SOH	헤딩 개시	1
STX	텍스트 개시	2
ETX	텍스트 종료	3
EOT	전송 종료	4
DLE	전송제어 확장	16
ETB	전송블록 종료	23
ENQ	상대단말의 응답을 구함	5
ACK	긍정 응답	6
NAK	부정 응답	21

두 스테이션 간에 데이터를 전송하고자 할 때, 먼저 송신측 스테이션은 수신측 스테이션에서 데이터를 받을 준비가 되어있는지 알아보기 위하여 조회 메시지 'ENQ'를 보낸다. 수신측에서 데이터를 받을 준비가 되어 있다면 긍정응답 메시지 'ACK'를 보내주게 되고, 송신측 스테이션은 그 때부터 데이터프레임을 전송하게 된다. 송신측 스테이션이 데이터를 모두 전송하고 나면, 전송종료 메시지 'EOT'를 보냄으로 두 스테이션 간의 데이터 전송은 끝난다.

만약 수신측 스테이션이 데이터를 받을 준비가 되어 있지 않거나, 전송받은 데이터프레임에 에러가 발생했을 때에는, 부정응답 메시지 'NAK'를 보내줌으로 에러복구를 실시하게 된다. 에러복구는 일반적으로 송신측 스테이션이 데이터를 재송신함으로 이루어진다.

4 RS-232C 인터페이스

4.1 RS-232C의 정의

데이터단말장치와 모뎀 간의 데이터통신을 위한 통신장비의 규격을 제정한 것이 RS-232C이며, 이는 지금까지 가장 널리 사용되고 있는 인터페이스 표준이다. 여기서 RS는 Recommended Standard의 약자이며 232는 특정한 규격에 대한 식별번호다.

<그림 12-12>는 전송매체에 대한 일반적 인터페이스관계를 나타내는 것으로, DTE(Data Terminal Equipment)는 데이터단말장치로 컴퓨터나 터미널 등을 가리키며, DCE(Data Circuit-Terminating Equipment)는 DTE에 접속하기 위한 모뎀과 같은 장비를 나타낸다.

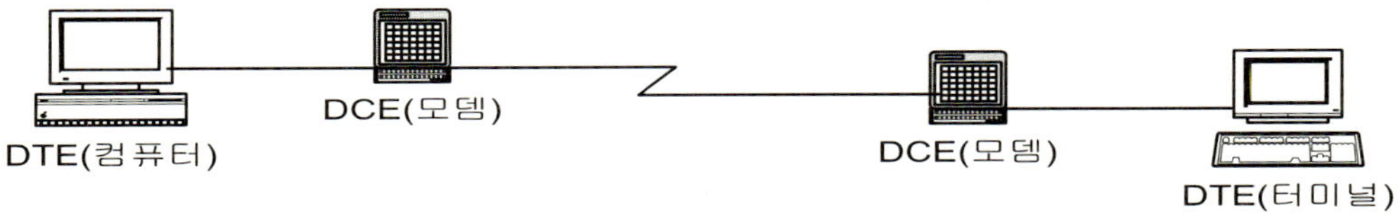

그림 12-12 전송매체에 대한 일반적 인터페이스

RS-232C에서 DTE와 DCE 간의 데이터통신을 위한 신호는 케이블에 흐르고 있는 전기신호의 전압에 의하여 상호 인식된다. 논리적으로 '0'과 '1'의 값을 갖는 데이터비트는 신호선의 ON과 OFF에 각각 해당한다. 송신측에서 데이터 '0'을 출력하고자 할 경우에는 +5V에서 +15V 사이의 전압을, 데이터 '1'을 출력하려 할 경우는 -5V에서 -15V사이의 전압을 가진 전기적 신호를 보내게 된다. 반면에 수신측에서는 +3V이상을 0(ON)으로, -3V이하를 1(OFF)로 간주한다. 일반적으로 데이터전송을 위하여 사용되는 전기신호의 전압은 ±12V이다.

4.2 RS-232C의 기계적 특성

RS-232C를 제정할 당시에는 여러 가지를 고려하여 25개의 핀을 갖는 직렬포트의 RS-232C를 정의하였다. 하지만 현재까지 21개의 핀만이 정의되었으며 이들 중에서 실제로 통신에 사용되는 핀은 8개뿐이다. 이들 8개의 핀만으로도 충분히 데이터를 송수신할 수 있으므로 이를 'big eight'이라고 부른다. 따라서 25핀 가운데서 꼭 필요한 것만을 모아 9핀 구조를 만든 것이 9핀 직렬 포트다. <그림 12-13>은 25핀과 9핀을 가진 RS-232C 커넥터를 보여준다.

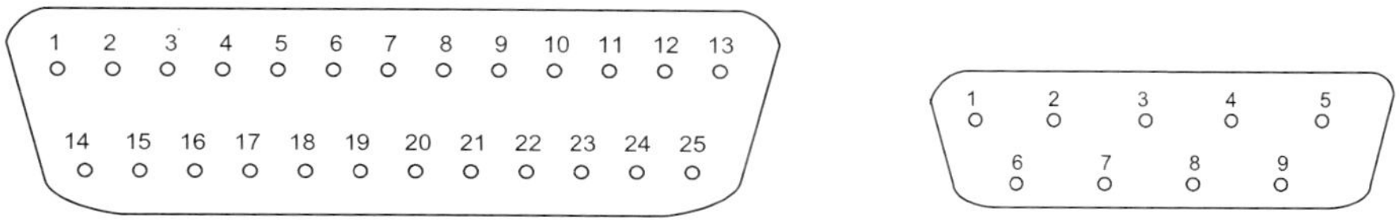

(a) 25핀 (b) 9핀

그림 12-13 RS-232C 커넥터

RS-232C 커넥터의 각 핀에는 명칭과 기능이 지정되어 있다. <표 12-3>에서는 25핀 RS-232C에서 실제로 사용되는 핀의 명칭과 기능을 설명하고 있다.

표 12-3 25핀 RS-232C에서 사용되는 핀의 명칭과 기능

핀 번호	명 칭(표기)	기능
1	Protective Ground(GND)	보안용 접지
2	Transmitted Data(TXD)	송신 데이터
3	Received Data(RXD)	수신 데이터
4	Request To Send(RTS)	송신요구
5	Clear To Send(CTS)	송신허가
6	Data Set Relay(DSR)	데이터 세트 준비완료
7	Signal Ground(SG)	신호용 접지
8	Data Carrier Detect(DCD)	데이터 캐리어 검출
20	Data Terminal Ready(DTR)	데이터 단말준비
22	Ring Indicator(RD)	벨검출

또한 <표 12-4>에서는 9핀 직렬포트의 핀의 기능을 각각 설명하고 있다.

표 12-4 9핀 직렬포트의 핀 기능

핀 번호	명칭(표기)	기능	25핀의 해당번호
1	Data Carrier Detect(DCD)	데이터 캐리어 검출	8
2	Received Data (RXD)	수신 데이터	3
3	Transmitted Data (TXD)	송신 테이터	2
4	Data Terminal Ready (DTR)	데이터 단말 준비	20
5	Signal Ground (SG)	신호용 접지	7
6	Data Set Ready (DSR)	데이터 세트 허가	6
7	Request To Send (RTS)	송신 요구	4
8	Clear To Send (CTS)	송신 허가	5
9	Ring Indicator (RI)	전화번호 인식	22

4.3 두 기기의 연결방법 정의

RS-232C 커넥터를 이용하여 두 대의 기기를 연결하는 방법은 크게 2가지로 나눌 수 있다. 하나는 실내와 같이 가까운 거리에서 모뎀장비의 추가없이 케이블을 사용하여 기기를 직접 연결하는 방법이고, 다른 하나는 원거리의 기기를 연결하는 방법으로 PC와의 연결을 위하여 모뎀을 이용하여 연결하는 방법이다.

모뎀을 이용한 통신의 경우에는 제작된 장비를 사용하면 되므로 그에 관하여는 더 이상 설명하지 않기로 한다. 여기서는 케이블을 사용하여 두 기기(DTE)를 직접 연결하는 경우 케이블의 각 단자의 신호를 접속시키는 방법에 대하여 설명한다. 모뎀 없이 두 DTE끼리 연결할 때 통신을 위한 연결선들은 서로 어긋나게 연결되며 이를 '널 모뎀'(null modem)이라고 부른다.

두 DTE를 연결하는 가장 간단한 방법으로는 3선만을 이용하여 연결하는 방법이 있다. 이러한 3선 연결법은 <그림 12-14(a)>와 같이 두 직렬포트의 7번 핀인 기준용 접지(SG) 신호선을 서로 연결시키고, 송신데이터(TXD) 신호선과 수신데이터(RXD) 신호선을 교차하도록 연결하는 방법이다. 이 방법은 연결이 간단하지만 송신측에서 수신측의 상태를 확인할 수 없으므로 송신데이터가 손실될 우려가 있다. 이러한 문제점을 해결하기 위하여 <그림 12-14(b)>와 같이 3선 연결법에 송신허가(CTS) 신호선과 송신요구(RTS) 신호선을 교차하도록 추가하여 연결한 5선 연결법도 있다.

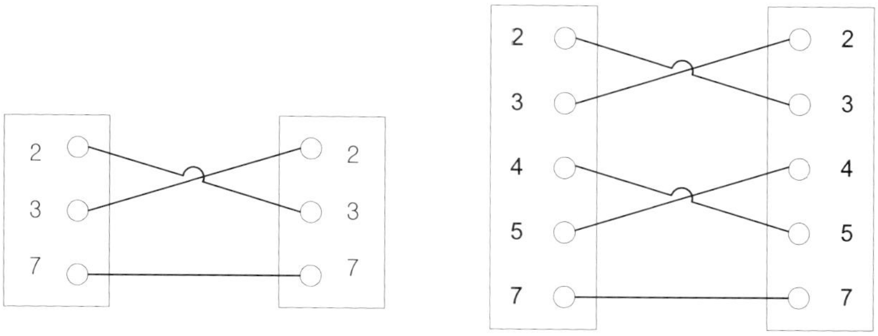

(a) 3선 연결법　　(b) 5선연결법

그림 12-14　25핀 RS-232C에서 DTE간의 연결방법

4.4 RS-232C의 개선

RS-232C는 통신잡음에 대한 성능이 나쁘기 때문에 차동증폭회로를 사용하여 개선한 것이 RS-422와 RS-423이다. RS-232C의 전송거리는 30m 이내로 단거리 데이터통신에 사용되지만, RS-422나 RS-423은 통신잡음에 대한 성능이 우수함으로 장거리 데이터통신에 많이 사용된다. 실제로 이들은 1.5km 이내의 거리에서도 원활한 데이터통신이 가능하므로 공장에서 널리 이용되고 있다.

5 OSI 참조모형 통신표준

다른 기종의 기기들 간에 데이터통신을 하려면 통신선을 연결하는 방법이 같아야 하고, 전송되는 전기적인 신호를 해석하여 포함된 데이터를 추출하는 과정이 협의되어야 한다. 따라서 통신을 위한 표준을 제정하고 모든 장비업체들이 그 표준에 따라 제품을 개발하는 것이 제안되었다. 그 필요에 따라 1977년 국제표준기구(International Standard

Organization, ISO)는 개방형 시스템의 상호접속을 위하여 일곱계층으로 이루어진 OSI (Open Systems Interconnection) 참조모형을 발표하였다. 다음은 그 일곱계층의 명칭과 기능들이다.

1) 물리계층(physical layer)

물리계층은 네트워크와 직접 연결되어 데이터비트가 전송되는 통로를 제공한다. 여기서는 비트단위의 정보를 전자기신호나 광신호로 변환시키고, 물리적 매체를 통하여 정해진 절차에 따라 신호를 교환한다.

2) 데이터링크계층(data link layer)

전송 중에 물리적 매체에서는 잡음으로 인하여 에러가 발생할 수 있다. 데이터링크계층에서는 전송된 내용 중에서 에러를 검출해내고 재전송하는 기능을 수행한다.

3) 네트워크계층(network layer)

네트워크계층에서는 전송하려는 메시지에 대하여 출발지에서 최종 목적지까지 통과해야할 경로를 선정한다.

4) 전달계층(transport layer)

전달계층에서는 출발지에서 목적지까지 오류가 없이 통신이 이루어지도록 관리한다. 에러의 검출 및 수정기능은 물론 전송된 메시지가 상실되거나, 순서가 바뀌거나, 중복되지 않도록 한다.

5) 세션계층(session layer)

세션계층은 네트워크를 이용하는 두 응용프로그램 간의 원활한 데이터 전송을 위하여 대화를 시작하고, 유지하며, 적절히 종료시키는 등의 기능을 수행한다.

6) 표현계층(presentation layer)

표현계층에서는 두 응용프로그램 간에 데이터표현방식이 다른 경우, 각각의 데이터 포맷을 변환하여 하나의 공통된 방식으로 통일한다. 또한 전송량을 줄이기 위하여 데이터를 압축하고 해제하는 기능과 암호화하고 해독하는 기능을 담당한다.

7) 응용계층(application layer)

응용계층은 OSI참조모형의 최상위 계층으로, 네트워크의 서비스를 이용하는 응용프로그램이 네트워크를 사용할 수 있도록 인터페이스를 제공하는 역할을 담당한다.

네트워크상에서 두 응용프로그램이 서로 데이터를 교환하려면 ISO참조모형의 일곱 계층에서 수행하는 기능과 그 기능을 이용하기 위한 인터페이스가 동일해야 한다. 이들 규칙과 절차를 정해 놓은 것을 가리켜 통신 '프로토콜'(protocol)이라고 한다.

6 LAN

6.1 공장자동화를 위한 LAN

1980년대에 들어서 컴퓨터의 가격은 급격히 낮아진 반면에 그 능력과 용량은 증가하였다. 따라서 사무실과 공장에는 많은 컴퓨터가 도입되었고 이들 컴퓨터를 이용하여 많은 업무가 이루어졌다. 공장과 사무실에 각기 떨어져 있는 컴퓨터들은 업무에 있어서 정보를 공유하거나 실시간으로 감시 제어할 필요가 있으므로 데이터를 주고받는 전송통신기능이 필요하게 되었다. 이러한 기능을 제공하기 위하여 수 킬로미터 이내의 제한된 지역 내에서 컴퓨터와 주변기기는 물론 데이터통신기능을 가진 공장 내의 모든 기기들은 <그림 12-15>와 같이 네트워크로 연결되기 시작했다. 그 결과로 등장한 것이 LAN(Local Area Network, 근거리망)이다.

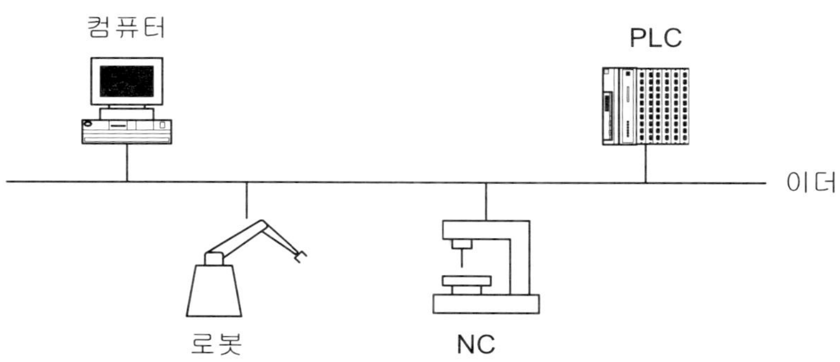

그림 12-15 공장 내에서 기기 간의 네트워크

LAN으로 연결된 공장시스템의 가장 큰 장점은 정보공유가 가능하다는 점이다. 이는 전체 시스템운영을 효율적으로 개선하는 밑바탕이 된다. 또 다른 장점은 전체적인 시스템이 점진적으로 변화해갈 수 있다는 점이다. 공장시스템은 LAN으로 연결된 다수의 기기로 구성되었으므로 전체 시스템에 큰 장애를 주지 않으면서도 소프트웨어와 하드웨어를 점진적으로 변경할 수 있다. 또한 하나의 기기가 고장을 일으켜도 시스템 전체에 미치는 영향이 상대적으로 매우 작아지므로 보다 높은 신뢰성을 가져다준다. 무엇보다도 중요한 점은 동일한 회사의 제품으로만 공장시스템을 구성하지 않아도 된다는 것이다. 이러한 여러 장점 때문에 공장자동화를 위하여 네트워크를 설치하는 것은 보편화되고 있다.

6.2 LAN의 토폴로지(topology)

토폴로지는 네트워크의 형태, 즉 네트워크를 구성하고 있는 스테이션들이 어떤 방법으로 연결되어 있는지를 가리킨다. LAN에서는 버스(bus)형과 링(ring)형의 토폴로지가 주로 이용되며, 소수이기는 하지만 스타(star)형과 트리(tree)형 토폴로지도 존재한다.

1) 버스(bus)형 토폴로지

버스형 토폴로지는 <그림 12-16(a)>와 같이 모든 스테이션들이 버스라고 부르는 하나의 케이블에 연결된 구조를 가지고 있다. 버스형의 장점은 어느 한 스테이션에 고장이 생겨도 전체 시스템은 여전히 작동하며 또한 네트워크의 구축과 확장이 용이한 것이다.

2) 링(ring)형 토폴로지

링형 토폴로지는 <그림 12-16(b)>와 같이 모든 스테이션들은 폐쇄회로케이블에 연결되어 있다. 여기서 각각의 스테이션은 신호의 변형을 바로 잡아주는 리피터를 통하여 신호를 주고받으므로 전송에러가 줄어든다. 정보는 한 방향으로 혹은 양 방향으로 전달될 수 있다. 양방향 링의 경우 어느 한 스테이션에 이상이 생기면 다른 방향으로 우회하여 전체 시스템에 영향을 미치지 않게 할 수 있다. 링형 토폴로지는 광섬유를 사용한 고속전송에서도 사용할 수 있다.

3) 스타(star)형 토폴로지

스타형 토폴로지는 <그림 12-16(c)>에서 보는 바와 같이 중앙집중장치에 모든 스테이션이 방사형으로 연결된 형태를 가진다. 한 스테이션이 전송한 신호는 중앙허브를 통하여 다른 스테이션으로 출력되므로 중앙허브에 과다한 부하가 걸리게 된다.

4) 트리(tree)형 토폴로지

트리형 토폴로지는 버스형의 일반화된 형태로 <그림 12-16(d)>에서 보는 바와 같이 헤드엔드(headend)라고 부르는 원점에서 한개 이상의 케이블이 뻗어 나오며 이들이 다시 갈라지는 형태를 가진다.

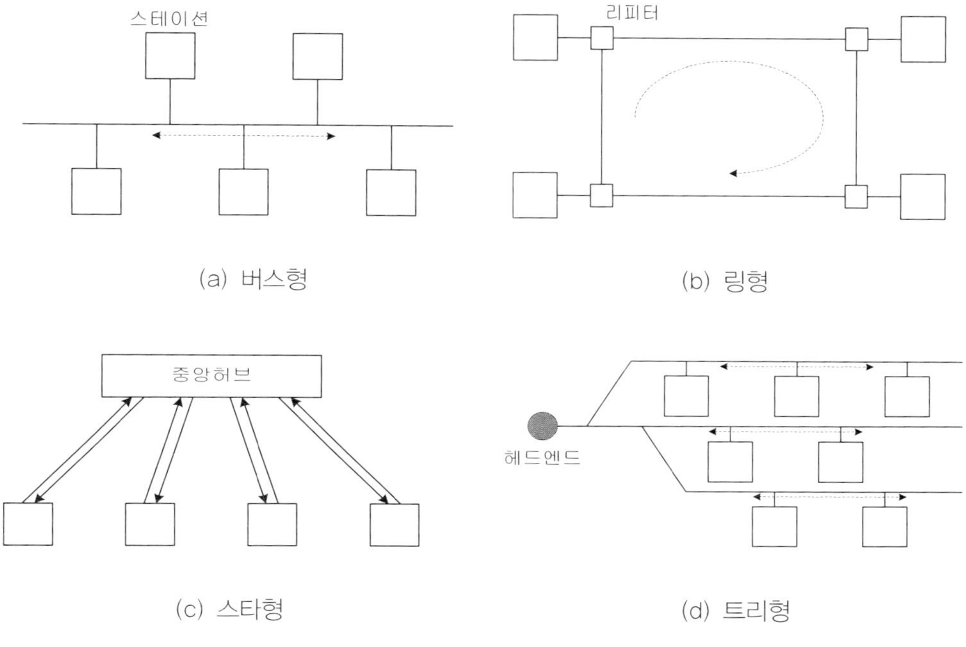

(a) 버스형 (b) 링형 (c) 스타형 (d) 트리형

그림 12-16 LAN 토폴로지의 종류

6.3 매체접속제어를 위한 LAN의 프로토콜

LAN에서는 모든 스테이션들이 버스나 링형태의 전송매체를 공유하므로 동시에 2개 이상의 스테이션이 전송하게 되면 신호가 서로 중첩되어 식별이 불가능해진다. 따라서

한 번에 하나의 스테이션만이 전송하도록 접속하고 사용하는 방식을 제어할 필요가 있는데 이를 '매체접속제어'라고 한다. 이를 위한 프로토콜에는 여러 종류가 있는데, 여기서는 CSMA/CD(Carrier Sense Multiple Access with Collision Detection)와 토큰링(token ring), 토큰버스(token bus)방식에 대하여 설명한다.

1) CSMA/CD와 이더넷(ethernet)

CSMA/CD는 LAN의 매체접속제어를 위한 프로토콜이며 보통 이더넷 프로토콜과 구별없이 사용한다. 이더넷은 원래 미국 제록스사가 개발한 버스형 LAN이었으나, 표준프로토콜로 채택되면서 다른 전송매체에도 구현되도록 확장되었다.

CSMA/CD는 한 스테이션에 전송해야할 메시지가 생기면 네트워크에 다른 사용자가 있는가를 확인하고, 다른 사용자가 이미 전송 중이면 기다렸다가 마치면 전송을 시작한다. 이러한 방법에서는 간혹 예기치 못한 메시지의 충돌이 발생할 수 있다. 만약 충돌이 일어난 경우에는 즉시 전송을 중단했다가 다시 시도한다.

2) 토큰링(token ring)

토큰링은 1980년대 초 IBM에서 개발된 대표적인 LAN으로, 이더넷이 일찍 자리잡은 미국에서보다 유럽에서 많이 이용되어 왔다. 이는 '토큰'(token)이라고 부르는 특별한 비트패턴을 이용하여 전송권리를 부여하는 방식이다. 네트워크 상에서 한 스테이션이 메시지를 전송하려면 토큰이 있어야 하므로 다른 스테이션이 가진 토큰이 올 때까지 기다려야만 한다. 일단 토큰을 넘겨받으면 전송을 시작하게 되고, 전송이 완료되면 토큰을 다음 순서의 스테이션으로 보내게 된다.

3) 토큰버스(token bus)

토큰버스프로토콜은 토큰방식을 버스형 토폴로지에 적용한 것으로, 버스에 연결된 스테이션들이 서로 순서를 정하여 토큰을 주고받으며 메시지를 전송하는 방식이다. 이 방식은 특히 공장자동화에 많이 사용된다. 실제로 GM사에서 자동차 자동공정을 위해 개발한 MAP(Manufacturing Automation Protocol)은 토큰버스 LAN을 사용하였다.

6.4 공장자동화를 위한 네트워크의 변천

1970년대 후반 미국의 자동차회사인 GM에서는 서로 다른 회사에서 만든 자동화기기들을 연결하는 인터페이스장비를 제작하는 데 너무 많은 비용을 지출하였다. 이러한 문제를 해결하기 위하여 GM에서는 1982년 OSI참조모형에 근거하여 중립적인 표준인 'MAP'(Manufacturing Automation Protocol)을 발표하였다. 그러나 MAP표준은 공장자동화에서 요구하는 기능들을 모두 만족시키지 못하였다. 특히 OSI모형의 일곱계층에서 필요한 처리시간으로 인하여 실시간처리가 어려웠고 가격이 비쌌다. 결국 MAP표준은 호스트컴퓨터와 연결하여 생산관리기능을 위한 파일을 전송하거나 데이터베이스 갱신과 조회에 사용되는 상위계층에만 사용되었다.

보다 저렴하고 빠른 표준의 필요에 따라 OSI참조모형의 3~6계층을 생략하고 1계층, 2계층, 7계층으로만 구성된 MiniMAP이 발표되어 컴퓨터, PLC, 로봇, NC기계 같은 공장 내의 기기들을 연결하는 네트워크에 사용될 수 있게 되었다. 또한 센서, 액추에이터 같은 극히 단순한 장비들을 연결하기 위하여 필드버스(fieldbus)라는 새로운 종류의 네트워크가 제안되었다. 이는 MiniMAP과 동일하게 1계층, 2계층, 7계층으로 구성되어 있지만 좀 더 저렴한 비용과 빠른 처리시간을 위하여 설계되었다.

연습문제

1 아날로그데이터전송과 디지털데이터전송의 장단점을 비교하라.

2 디지털데이터의 전송에 있어서 직렬전송과 병렬전송의 장단점을 비교하라.

3 널 모뎀은 어떤 상황에서 필요한가?

4 스톱비트가 2비트인 비동기식 전송방식으로 문자파일을 직렬전송하려고 한다.

1) 1,000바이트의 문자파일을 19,200bps의 속도로 전송할 때 전송시간을 구하라.

2) 짝수패리티방식이 사용되었을 때 문자 'B'에 대한 전송비트블록을 비트단위로 표시하라. 단 문자 'B'에 대한 ASCII코드의 십진수 값은 66이고 7비트의 2진수로 표현된다.

5 RS-232C로 직렬전송한 데이터의 흐름을 오실로스코프로 측정한 내용이 다음과 같다.

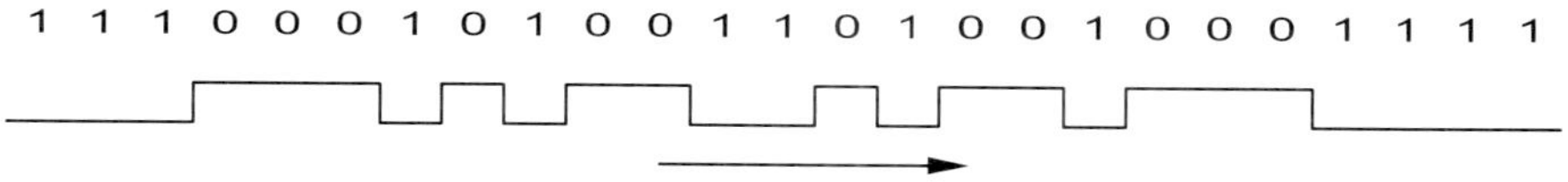

1) 문자에 해당하는 데이터비트를 추출하라.

2) 홀수패리티, 짝수패리티 중 어떤 것을 사용하고 있는가?

3) 몇 비트의 스톱비트를 사용하고 있는가?

6 스톱비트가 2비트인 문자파일을 비동기식으로 직렬전송하려고 한다. 1,000개의 영문자로 이루어진 파일을 19,200bps의 속도로 전송할 때 필요한 전송시간을 구하라.

7 공장에 LAN을 구축했을 때 얻을 수 있는 잇점은 무엇인가?

8 MiniMAP과 필드버스의 차이는 무엇인가?

13장

FMS

요즈음 제품의 수명이 짧아지고 수요가 다양해짐에 따라 다품종의 제품생산이 크게 요구되고 있다. 이렇듯 생산품종의 변화에 따라 공정변화에 유연하게 대처하기 위하여 출현된 생산시스템이 FMS다. FMS는 다양한 공정순서를 가지고 많은 부품유형을 가공하기 위한 자동생산시스템이다. 이는 소프트웨어의 변환만으로 다양한 부품들을 가공할 수 있으므로 소비자들의 요구변화에 쉽게 적응할 수 있다.

1 FMS의 출현

1.1 FMS 출현의 배경

기계가공분야에서 1970년대까지는 소품종대량생산을 위한 전용라인(transfer line)이 주류를 이루었다. 하지만 1980년대에 들어서부터 다양한 제품의 수요와 납기단축과 같은 시장변화에 대처하기 위하여, 다품종 중량생산시스템인 FMS(Flexible Manufacturing System, 유연생산시스템)가 도입되기 시작하였다. FMS는 <그림 13-1>에서 보는 바와 같이 제품의 다양성과 생산량이 중간 정도인 환경에 적합한 생산시스템이다.

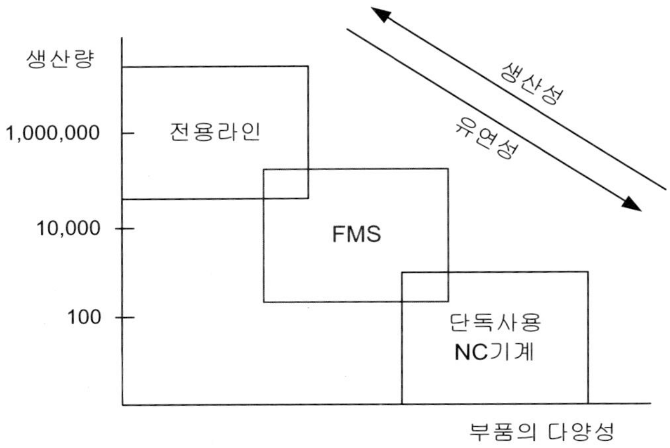

그림 13-1 부품의 생산량과 다양성에 따른 생산방식

FMS의 출현과 보급에는 다음과 같은 제품수요의 변화가 배경요인이 되고 있다.

- 다양한 제품의 수요가 증가하였다.
- 제품의 수명이 짧아졌다.
- 제품의 형상이 복잡해졌다.
- 제품의 납기가 짧아졌다.

1.2 FMS의 유연성

FMS는 자동자재취급 및 보관시스템과 연결된 작업장그룹으로 구성되어 있으며, 분산 컴퓨터시스템에 의하여 제어된다. FMS를 유연하다고 말하는 이유는 다양한 부품유형을 처리할 수 있으며, 부품유형의 혼합비율과 생산량이 수요패턴의 변화에 따라 수시로 조정될 수 있기 때문이다. 하지만 FMS에서 생산되는 부품에는 한계가 있으며, 미리 정의된 유형, 크기, 공정 내에서 단일부품군이나 제한된 범주의 부품들만을 생산할 수 있다.

FMS는 다음과 같은 유연성을 만족한다.

- 다양한 부품들을 효율적으로 가공할 수 있다.
- 수요변화로 인한 생산일정변경, 부품비율과 생산량변화 등을 즉시 수용할 수 있다.

- 기계가 고장났을 때 작업순서를 변경하여 생산의 중단을 방지할 수 있다.
- 신규로 추가된 부품을 언제든지 쉽게 가공할 수 있다.
- 시스템의 변경이나 확장이 용이하다.

2 FMS의 기능 및 구성요소

FMS는 각종 가공 및 검사기계, 로봇, 무인반송차, 자동창고, 컴퓨터제어시스템 등으로 구성되며, 가공, 물류, 창고, 통제의 4가지 기능을 가지고 있다.

2.1 가공기능

FMS에서 가공기능은 머시닝센터나 터닝센터와 같은 NC가공기계들과 각종 검사장치에 의하여 수행된다.

2.1.1 가공작업장

FMS에서 가장 흔하게 적용되는 가공분야는 절삭공정이며, 밀링, 드릴링, 보링 등의 여러 절삭작업을 수행하는 머시닝센터, 그 중에서도 수평형 머시닝센터가 가장 많이 사용된다. 일반적으로 머시닝센터는 비회전부품을 가공하기 위하여, 터닝센터는 회전부품을 가공하기 위하여 사용된다.

2.1.2 검사작업장

가공작업장에서 가공된 부품들은 출하되기 전에 검사과정을 거쳐야 한다. 부품의 검사에는 다음과 같은 장비들이 사용되고 있다.

1) 3차원측정기(Coordinate Measuring Machine, CMM)

3차원측정기는 작업물 표면에 탐침(probe)을 접촉이동하면서 필요한 위치점의 좌표값을 검출하는 기기로, 접촉식과 비접촉식으로 분류된다. 접촉식 3차원측정기는 탐침을 작업물 표면에 일정한 압력으로 접촉시킬 때 발생하는 신호에 의해 위치점의 좌표값을 검출한다. 비접촉식 3차원측정기는 해상도가 높은 CCD카메라에 의하여 이미지를 얻고

화상처리하여 원하는 위치점의 좌표값을 검출한다.

<그림 13-2>는 접촉식 3차원측정기를 보여준다. 여기서 탐침은 위아래 Z축 방향으로 움직이며, 몸체는 X축과 Y축으로 이동이 가능하다.

그림 13-2 접촉식 3차원측정기

2) 기상측정시스템(On the Machine Measuring, OMM)

가공을 마친 작업물을 3차원측정기에서 측정하려면 공작기계에서 탈착하여 검사장으로 이동시켜야 한다. 이는 많은 시간이 소요될 뿐 아니라 대형작업물인 경우 3차원측정기의 크기가 작아 검사가 아예 불가능할 수도 있다. 기상측정시스템은 작업물의 가공이 종료되면 주축에 공구대신 탐침을 장착하여 기계 위에서 작업물의 위치점의 측정값을 검사하는 방법이다.

3) 머신비전검사장치

머신비전은 검사에 자주 응용되고 있다. 머신비전에 의한 검사작업은 대량생산의 부품에 주로 적용되며, 전형적으로 검사에는 다음의 내용들이 포함된다.

- 치수측정
- 부품의 유무확인
- 부품결함의 검출

2.2 물류기능

FMS의 물류기능에는 다음의 장비들이 사용되고 있다.

1) 장착/탈착 작업장

원자재는 장착/탈착 작업장을 통하여 FMS에 들어오고, 완성품은 시스템 밖으로 내보내어진다.

2) 작업장들 간에 작업물운반을 위한 반송장치

작업장들 간에 작업물을 운반하기 위한 반송장치로는 AGV(Automated Guided Vehicle), RGV(Rail-Guided Vehicle), 컨베이어가 주로 이용된다. 이들은 작업물을 가공작업장으로, 탈착작업장으로, 혹은 창고로 운반하는 역할을 한다.

3) 작업장 내에서 작업물운반을 위한 장치

작업장으로 투입된 작업물은 APC, 로봇 등에 의하여 가공할 장비의 테이블 위에 올려지고 정확한 위치를 잡도록 한다.

2.3 창고기능

FMS에서 소재, 반제품, 완제품은 자동창고(AS/RS)에 보관된다. 자동창고는 저장구조물, 입출고스테이션, 스태커크레인, 보관선반으로 구성된다.

1) 저장구조물

저장구조물 내에는 많은 보관선반이 준비되어 있으며, 입고된 자재들을 보관하도록 제작되었다. 이 구조물은 보관된 자재들의 무게로 인하여 변형이 생기지 않을 정도로 충분한 강도를 가져야 한다.

2) 입출고스테이션

입출고스테이션은 자재를 자동창고의 내부와 외부로 이동하는 곳이다. 입고스테이션과 출고스테이션은 복도의 반대편 양끝에 각기 설치될 수도 있고, 한쪽 끝에 함께 설치될 수도 있다.

3) 스태커크레인(stacker crane)

스태커크레인은 'S/R기계'라고도 불리며 통로마다 한 대씩 배치된다. 자재를 입고스테이션으로부터 보관선반에 저장하는 일과, 보관선반으로부터 출고스테이션으로 꺼내오는 작업을 수행한다.

4) 보관선반(rack)

보관선반은 입고된 각각의 자재를 저장하는 저장구조물 내의 단위장소로, 팰릿, 서랍형식으로 제작된다. 스태커크레인에 의해 자동적으로 운반되도록 하기 위해 표준크기로 만들어지는 것이 일반적이다.

<그림 13-3(a)>는 자동창고의 저장구조물과 입출고스테이션을, <그림 13-3(b)>는 물품을 자동창고로 옮기기 위해 통로를 이동 중인 스태커크레인을 보여준다.

(a) 입출고스테이션　　(b) 작업 중인 스태커크레인

그림 13-3 자동창고

2.4 통제기능

FMS는 작업장, 자재취급시스템 및 기타 하드웨어를 연결하는 분산컴퓨터시스템이 필요하다. 중앙컴퓨터는 시스템의 전 공정이 원활하게 운영되도록 전체 작업을 통제한다. FMS컴퓨터 제어시스템이 수행하는 역할은 다음과 같다.

- 작업장제어: 작업장에 각종 명령이나 프로그램을 전송하여 원하는 작업을 수행하도록 한다.
- 생산통제: 사용가능한 팰릿을 장착/탈착작업장에 보내거나 작업물장착의 명령을 내린다.
- 운반제어: 작업물의 운반을 담당하는 무인반송차, 컨베이어, 로봇, APC 등을 제어한다.
- 작업물관리: 작업물의 작업상태를 감시한다.
- 공구관리: 공구위치를 추적하거나 공구수명을 관리한다.
- 성능감시 및 보고: FMS의 공정과 성능에 관한 데이터를 수집한다.
- 시스템진단: 고장횟수와 정지시간을 줄여 시스템의 가동률을 향상시킨다.

2.5 FMS의 예

<그림 13-4>에서 보여주는 Vought Aerospace의 FMS는 비행기부품을 생산하고 있다. 이 FMS는 8대의 머시닝센터와 자동검사작업장으로 구성되어 있다. 작업장들 간에 이루어지는 작업물운반은 AGV가 수행하고 있으며, 작업물의 장착과 탈착은 2대의 장착/탈착작업장에서 이루어지고 있다.

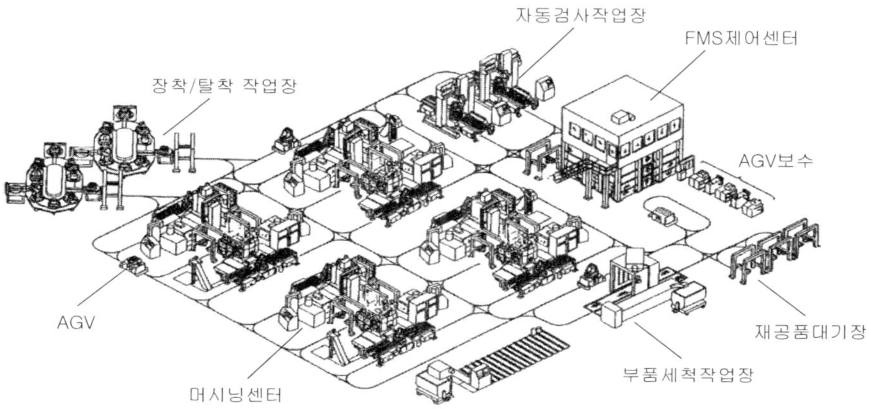

그림 13-4 Vought Aerospace의 FMS

3 자재운반시스템

FMS에서 많이 사용되는 무인운반차와 컨베이어에 대하여 살펴보기로 하자.

3.1 무인운반차(Automated Guided Vehicle, AGV)

무인운반차는 유연한 화물이송장치로 화물을 적재하거나 견인하여 다양한 지점에 운반하는데 적합하다. 20세기 중반부터 제품의 운반을 위하여 생산라인에서 사용되어 왔으며 마이크로프로세서가 탑재된 컴퓨터에 의하여 제어된다.

3.1.1 무인운반차의 구조

<그림 13-5>는 무인운반차의 각부 명칭을 설명하고 있다. 무인운반차는 배터리를 전원으로 사용하며, 바퀴와 연결된 모터를 구동하여 움직인다. 운행 중에 충돌을 방지하기 위하여 장애물센서를 가지고 있으며, 장애물이 감지되면 운행이 정지된다. 장애물감지를 위해서는 광센서, 초음파센서, 적외선센서 등이 주로 이용된다. 차량이 이동 중인 것을 사람들에게 알리기 위해 경고등이나 경고음이 작동되기도 한다.

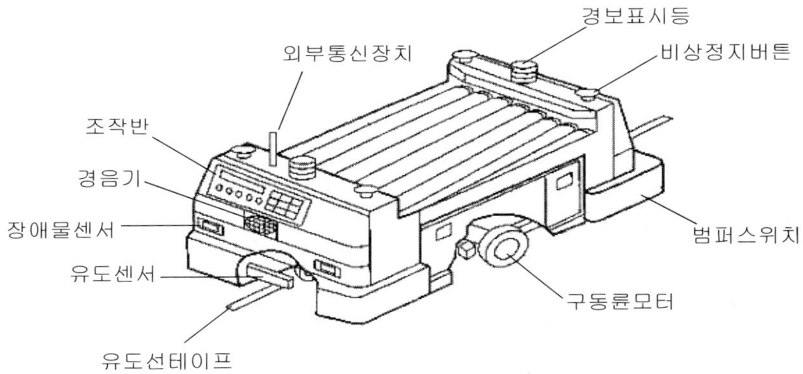

그림 13-5 무인운반차의 각부 명칭

3.1.2 무인운반차의 유도방식

무인운반차의 유도방식은 미리 경로를 설정하고 자기나 빛을 검출하여 따라가는 고정경로식, 경로 상에 마크를 설정하고 이를 해독하여 위치와 방향을 인식하는 반고정경로식, 자신의 위치를 파악하면서 원하는 위치와 방향을 인식하는 무고정경로식으로 구분된다. 일반적으로 고정경로식 유도에는 전자유도식, 자기유도식, 광학유도식이 채택되고 있다. 무고정경로식에는 지상원조식과 자율주행식이 있다. 무고정경로식은 유도공사비용이 절감되고 높은 유연성이 있으나 아직 연구단계이고 실용화된 예도 많지 않다.

1) 전자유도식

전자유도식은 공장바닥면에 깔린 유도전선을 이용하는 방식이다. 전선에 전류가 통하면 자계가 발생한다. 무인운반차는 차바닥에 설치한 픽업코일로 자계를 검출하여 주행한다. 기계를 가공생산하는 중공업에서 널리 사용된다.

2) 광학유도식

광학유도식은 공장바닥면에 붙여져 있는 반사테이프를 이용하는 방식이다. 차바닥에 설치된 투광기에서 빛을 발사하고 반사테이프에서 반사된 빛을 수광기에서 검출하며 주행한다. 경공업이나 깨끗한 환경을 요구하는 비제조업 분야에서 주로 사용된다.

3) 자기유도식

자기유도식은 공장바닥면에 붙이거나 또는 채워 넣은 자기테이프에서 발생되는 자계를 무인운반차 밑바닥에 설치된 자기센서에서 검출하여 주행하는 방식이다.

4) 자율주행식

자율주행식은 가장 최근에 개발된 유도방식이다. 이는 유도선을 사용하는 대신 위치측정기법(dead reckoning)과 차량에 탑재된 센서로, 공장의 여러 곳에 설치된 무선표지(beacon)를 식별하는 방법을 결합하여 사용한다.

위치측정기법은 바닥에 설치된 경로가 없더라도 차량이 주어진 경로를 따라갈 수 있는 기법이다. 차량의 움직임은 차량에 탑재된 컴퓨터가 바퀴의 회전수와 순서대로 입력된 조향각도를 계산하여 얻어진다. 하지만 이 기법은 이동거리가 길어지면 정확성이 떨어지므로 계산된 차량의 위치를 몇 개의 정해진 위치와 주기적으로 비교하여 확인해야 한다. 정해진 위치는 무선표지를 사용한다. 예를 들어 복도를 따라 설치된 바코드를 사용하는 경우, 차량에 설치된 회전하는 레이더스캐너로 바코드를 식별한다. 차량에 탑재된 컴퓨터는 무선표지의 위치를 파악하고 삼각측량법을 이용하여 위치측정기법으로 계산한 위치를 보정한다. 다른 방법으로는 자이로스코프나 자성표지를 이용하기도 한다.

3.2 컨베이어

컨베이어는 고정된 경로를 따라 특정한 지점 간에 많은 양의 물자를 운반할 때 사용된다. 컨베이어는 동력 컨베이어와 무동력 컨베이어로 구분된다. 자동자재취급시스템에서는 동력컨베이어가 대부분 사용되며, 구동방식은 벨트, 회전롤, 체인 등이 사용된다.

벨트컨베이어는 컨베이어 양쪽 끝에 풀리를 설치하고 벨트를 감아 연속적으로 움직인다. 회전롤컨베이어는 컨베이어시스템에서 널리 사용되는 방식이다. 이는 제품의 진행방향에 수직하게 설치된 롤러가 있으며 롤러가 회전할 때 위에 놓인 제품은 앞으로 진행한다. 체인컨베이어는 컨베이어 양쪽 가장자리에 설치된 치차에 체인이 계속 순환하도록 만들어진다. 평행인 체인 사이에는 푸시바가 있어서 이것이 제품을 움직이게 하여 트랙을 따라 운반된다.

컨베이어의 특징은 다음과 같다.

- 한 위치에 고정되어 경로를 설정한다.
- 대부분의 경우 한 방향 흐름이다.
- 바닥이나 공중에 모두 설치될 수 있다.
- 제품을 운반하거나, 버퍼용으로 사용될 수 있다.

4 FMS의 도입효과

공장에서 FMS를 성공적으로 도입하면 다음과 같은 효과를 기대할 수 있다.

- 다양한 부품을 생산할 수 있다.
- 작업물을 임의의 순서로 처리할 수 있다.
- 제조시간이 단축되어 신속한 납품이 가능하다.
- 다양한 부품이 동시에 가공되므로 공정 중 재고가 배치생산 때보다 감소된다.

- 기계가동률이 향상된다.
- 신제품 도입, 긴급주문과 같은 상황변화에 대한 대응능력이 높아진다.
- 기계의 고장, 공구의 파손 같은 돌발사고에 크게 영향을 받지 않는다.

연습문제

1 FMS가 가지고 있는 기능은 무엇인가?

2 3차원측정기와 비교할 때 기상측정시스템의 장점은 무엇인가?

3 기상측정시스템의 원리를 조사해 보라.

4 무인자동차의 유도방식 중 자율주행식이란 무엇인가?

5 컨베이어의 종류를 조사해 보라.

부록

ASCII코드

10진	16진	문자	10진	16진	문자	10진	16진	문자	10진	16진	문자	10진	16진	문자
0	0	NUL	29	1D	GS	58	3A	:	87	57	W	116	74	t
1	1	SOH	30	1E	RS	59	3B	;	88	58	X	117	75	u
2	2	STX	31	1F	US	60	3C	〈	89	59	Y	118	76	v
3	3	ETX	32	20	SPACE	61	3D	=	90	5A	Z	119	77	w
4	4	EOT	33	21	!	62	3E	〉	91	5B	[	120	78	x
5	5	ENQ	34	22	"	63	3F	?	92	5C	₩	121	79	y
6	6	ACK	35	23	#	64	40	@	93	5D	]	122	7A	z
7	7	BEL	36	24	$	65	41	A	94	5E	^	123	7B	{
8	8	BS	37	25	%	66	42	B	95	5F	_	124	7C	|
9	9	HT	38	26	&	67	43	C	96	60	`	125	7D	}
10	A	LF	39	27	'	68	44	D	97	61	a	126	7E	～
11	B	VT	40	28	(	69	45	E	98	62	b	127	7F	Δ
12	C	FF	41	29	)	70	46	F	99	63	c			
13	D	CR	42	2A	*	71	47	G	100	64	d			
14	E	SO	43	2B	+	72	48	H	101	65	e			
15	F	SI	44	2C	,	73	49	I	102	66	f			
16	10	DLE	45	2D	–	74	4A	J	103	67	g			
17	11	DC1	46	2E	.	75	4B	K	104	68	h			
18	12	DC2	47	2F	/	76	4C	L	105	69	i			
19	13	DC3	48	30	0	77	4D	M	106	6A	j			
20	14	DC4	49	31	1	78	4E	N	107	6B	k			
21	15	NAK	50	32	2	79	4F	O	108	6C	l			
22	16	SYN	51	33	3	80	50	P	109	6D	m			
23	17	ETB	52	34	4	81	51	Q	110	6E	n			
24	28	CAN	53	35	5	82	52	R	111	6F	o			
25	19	EM	54	36	6	83	53	S	112	70	p			
26	1A	SUB	55	37	7	84	54	T	113	71	q			
27	1B	ESCAPE	56	38	8	85	55	U	114	72	r			
28	1C	FS	57	39	9	86	56	V	115	73	s			

참고문헌

강승찬 외 3인, 컴퓨터 통신의 이해, 대림, 1996

고서에, 김재원, 디지털 영상처리, 대영사, 2002

김상진, 자동화제어기기, 성안당, 1987

김영록, 프로그래머블 컨트롤러 입문, 성안당, 1989

김종오, 이준호, PLC제어이론과 프로그래밍, 일진사, 1996

김태윤, 김홍복, 산업용 로봇, 생능, 1991

김평길 외 9인, 생산자동화시스템, 멀티정보사, 2003

김한근, 박선국, 최신 센서공학, 기전연구사, 2003

박왈서, 지능형 공장자동화입문, 청문각, 1997

박용군, 정호성, 메카트로닉스의 기초, 두양사, 2007

서지한, 서광규, CAD/CAM개론, 북스힐, 2002

시스템사이언스연구소, RS-232C통신핸드북, 세운, 1993

안재봉, PLC활용기술, 기술, 1990

이상범, 디지털논리회로설계, 정익사, 1995

이석희 외 3인, 생산자동화, 북스힐, 1999

이종락 역, 센서의 활용, 세화, 1997

이철수, 생산자동화의 기초, 북스힐, 2007

진상호, 박정규, 메카트로닉스 개론, 복두출판사, 2004

차동완, 정보통신세계, 영지문화사, 1996

차홍식 외 2인, 자동화시스템, 일진사, 2003

천인국, 윤영택, 기초편 영상처리, 기한재, 1998

최병규 외3인, CAD/CAM시스템과 CNC절삭가공, 희중당, 1996

홍준희, 함승덕, 아하! 생산자동화, 대광서림, 1997

홍준희, 함승덕, 수치제어공작기계, 대광서림, 2000

홍준희, 송화섭, 자동화를 위한 메카트로닉스, 시그마프레스, 2000

HCEM편저, 시퀀스제어와 PLC응용, 삼성북스, 2007

Asfahl, C., Robots and Manufacturing Automation(2nd ed), Wiley, 1992

Bedworth, D., Henderson, M, and Wolfe, P., Computer-Intergrated Design and Manufacturing, McGraw Hill, 1991

Boothroyd, G., Poli, C., and Murch, L., Automatic Assembly, Dekker, 1982

Gonzalez, R.C., and Woods, R.E., Digital Image Processing, Addison-Wesley, 1992

Groover, M. P., Automation, Production Systems, and Computer-Integrated Manufacturing (2nd ed), Pearson Edition, 1987

Luggen, W., Flexible Manufacturing Cells and Systems, Prentice Hall, 1991

Halsall, F., Data Communications, Computer Networks and OSI, Addison-Wesley, 1988

Kalpakjian, S, Manufacturing Processes for Engineering Materials, Addison-Wesley, 1991

Landt, J., Shrouds of Time: The history of RFID, An AIM Publication, 2001

Shahinpoor, M., A Robot Engineering Textbook, Harper & Row, 1987

Thompson, B.S., Creative Engineering Design(4th ed), Okemos Press, 1998

찾아보기

(ㅇ)